edition suhrkamp 2049

»Zeit: der 28. Februar 1994. Ort: eine Insel, Capri. Ein Hotel, ein Tisch, an dem die versammelten Freunde miteinander reden. Beinahe ungeordnet, ohne ordnende Begriffe außer einem Wort: dem klarsten und zugleich dunkelsten: *Religion. Warum bereitet dieses Phänomen, diese überhastet ›Rückkehr der Religionen‹ genannte Erscheinung soviel Schwierigkeiten?* Warum versetzt es besonders jene in Erstaunen, die der Auffassung sind, es bestünde eine Opposition zwischen der Religion auf der einen Seite und der Vernunft, der Aufklärung, der Wissenschaft, der Kritik andererseits, als ob nur eine der beiden Seiten Bestand haben könnte? Beschränkt sich die ›Rückkehr des Religiösen‹ auf das, was in der öffentlichen Meinung diffus ›Fundamentalismus‹, ›Integrationismus‹, ›Fanatismus‹ genannt wird? Und so haben letztendlich historische Zwänge uns diese Frage vorgegeben.«

Jacques Derrida

Zu den Beiträgern dieses Bandes gehören neben Jacques Derrida und Gianni Vattimo Maurizio Ferraris, Hans-Georg Gadamer, Aldo Gargani, Eugenio Trías und Vincenzo Vitiello.

Jacques Derrida
Gianni Vattimo
Die Religion

Suhrkamp

edition suhrkamp 2049
Erste Auflage 2001
© Éditions du Seuil/Éditions Laterza
© der deutschen Ausgabe:
Suhrkamp Verlag Frankfurt am Main 2001
Deutsche Erstausgabe
Alle Rechte vorbehalten, insbesondere das
des öffentlichen Vortrags
sowie der Übertragung durch Rundfunk und Fernsehen,
auch einzelner Teile.
Kein Teil des Werkes darf in irgendeiner Form
(durch Fotografie, Mikrofilm oder andere Verfahren)
ohne schriftliche Genehmigung des Verlages reproduziert
oder unter Verwendung elektronischer Systeme verarbeitet,
vervielfältigt oder verbreitet werden.
Satz: Jung Crossmedia, Lahnau
Druck: Nomos Verlagsgesellschaft, Baden-Baden
Umschlag gestaltet nach einem Konzept
von Willy Fleckhaus: Rolf Staudt
Printed in Germany

2 3 4 5 6 – 06 05 04 03 02 01

Inhalt

Gianni Vattimo
Begleitumstände 7

Jacques Derrida
Glaube und Wissen
Die beiden Quellen der »Religion« an den
Grenzen der bloßen Vernunft 9

Gianni Vattimo
Die Spur der Spur 107

Eugenio Trías
Die Religion durchdenken
(Das Symbol und das Heilige) 125

Aldo Giorgio Gargani
Die religiöse Erfahrung
Ereignis und Interpretation 144

Vincenzo Vitiello
Wüste Ethos Verlassenheit
Beitrag zu einer Topologie des Religiösen 172

Maurizio Ferraris
Der Sinn des Seins als bestimmte ontische Spur 208

Hans-Georg Gadamer
Gespräche auf Capri Februar 1994 240

Gianni Vattimo
Begleitumstände

Ich habe allen Grund, einige Worte über die Begleitumstände dieses Buches zu verlieren: nicht über die Religion, sondern über die Entstehung dieser Initiative. 1992 entwarf Giuseppe Laterza das Projekt, die mit dem *Italienischen Jahrbuch für Philosophie* gesammelte Erfahrung durch die Gründung eines *Europäischen Jahrbuchs* zu erweitern, eine Aufgabe, die er Jacques Derrida und mir selbst anvertraute. Es galt nur noch, das Thema zu wählen. Ich dachte an die Religion und erzählte Maurizio Ferraris davon. Kurze Zeit später, im Monat November desselben Jahres, bevor ich mit Thierry Marchaisse von den Éditions du Seuil darüber gesprochen hatte, stellten Maurizio Ferraris und Giuseppe Laterza dieses Projekt Derrida mit der Bitte vor, er solle einen Diskussionsgegenstand dafür wählen. Und auch in diesem Fall lautete die Antwort: die Religion.

Diese Koinzidenz auf halbem Weg zwischen prästabilierter Harmonie und reinem Zufall, der man den Namen »Zeitgeist« gibt, schien uns Grund genug, die kardinale Bedeutung dieses Themas einzuräumen. Zweifelsohne haben sich die Zeiten seit jener Epoche geändert, in der Hegel schrieb, das Grundgefühl seiner Epoche drücke sich in dem Satz »Gott ist tot« aus. Aber »unsere Zeit« (die wie diejenige Hegels mit Christi Geburt beginnt), ist sie wirklich so anders? Und dieses Phänomen, das man zu Unrecht die »Renaissance der Religion« nennt (in den Parlamenten, unter den Terroristen und in den Medien mehr noch als in den Kirchen, die immer leerer werden), ist es wirklich etwas anderes als der »Tod Gottes«? Dies ist die Frage, die wir uns – wie zweifelsohne heute jedermann – gestellt haben und die wir den Freunden und Kollegen unterbreiteten, die eingeladen waren, mit uns zusammenzuarbeiten.

Da der Zeitgeist nicht der heilige Geist ist, schien uns das Vorgehen, Kollegen mit der Anfrage, Essays »über die Religion« zu schreiben, problematischer denn je. Aus diesem Grund organisierten wir ein Seminar, das dank der Großzügigkeit des *Istituto italiano per gli studi filosofici* auf Capri stattfand; an seinen Präsidenten Gerardo Marotta und dessen Sekretär Antonio Gargano geht an dieser Stelle wie immer unser herzlicher Dank. Auf dieses Treffen, das sich vom 28. Februar bis zum 1. März 1994 abspielte, nehmen die folgenden Essays – insbesondere derjenige Derridas – Bezug.

Zum Abschluß möchten wir hier all den Freunden danken, die unserer Einladung, nach Capri zu kommen, gefolgt sind und die uns innerhalb der bewilligten Frist die Früchte ihrer Reflexion haben zukommen lassen. Unser Dank gilt insbesondere Hans-Georg Gadamer, der wie Platons Parmenides sich nicht scheute, dem Meer der *logoi* die Stirn zu bieten, das es ein weiteres Mal zu überqueren galt.

Aus dem Französischen von Johannes Türk

Jacques Derrida
Glaube und Wissen

Die beiden Quellen der »Religion«
an den Grenzen der bloßen Vernunft

Kursivschrift (Italisches)

1. *Wie soll oder wie kann man »über Religion« reden? Wie soll oder wie kann man von der* Religion *handeln? Wie soll oder wie kann man heutzutage gerade von der* Religion *sprechen? Wie soll oder wie kann man es wagen, in der heutigen Zeit ohne Furcht und Zittern in der Einzahl von der Religion zu sprechen? Auf eine so gedrängte und so überstürzte Weise? Wer besitzt wohl die Schamlosigkeit, den Anspruch zu erheben, daß es hierbei um einen wiedererkennbaren und gleichzeitig neuartigen Gegenstand geht? Wer maßt es sich an, diesem Gegenstand einige Aphorismen anzumessen? Um den nötigen Mut zu finden, die Arroganz oder die Gelassenheit, deren es bedarf, muß man vielleicht einen Augenblick lang so tun, als könne man abstrahieren – als könne man im Zuge einer gewissen Abstraktion von allem oder von fast allem absehen. Vielleicht muß man alles auf die Abstraktion setzen, die bestimmter und zugänglicher ist als alle anderen Abstraktionen, mag sie auch verlassener und leerer sein.*

Gilt es, sich durch das Abstrahieren zu retten, oder muß man vor der Abstraktion fliehen, muß man sich vor ihr retten? Wo liegen Rettung und Heil? (Im Jahr 1807 fragt Hegel: »Wer denkt abstrakt?«. »Denken? Abstrakt? – Sauve qui peut!« – mit diesem französischen Ausdruck übersetzt er den Ausruf »Rette sich wer kann!«, mit dem ein Verräter sowohl das Denken als auch die Abstraktion und die Metaphysik wie die »Pest« zu fliehen sucht.[1])

2. Retten, gerettet sein, sich retten. *Vorwand für eine einleitende Frage: Kann man trennen zwischen einem Diskurs über die Religion und einem Diskurs über das Heil, das Heile, Ge-*

1 G. W. F. Hegel, *Wer denkt abstrakt?*, in: ders., *Werkausgabe*, hg. Eva Moldenhauer und Karl Markus Michel, Band II, Frankfurt/M. 1970, S. 575.

sunde, *Heilige, Weihevolle, Geborgene, Unversehrte, Immune* (ich denke an die Wörter *sacer*, sanctus, heilig°, holy *und an all die Wörter,*[2] *von denen man annimmt, daß sie ihnen in vielen anderen Sprachen entsprechen)? Ist das Heil zwangsläufig Erlösung im Angesicht des Bösen, im Anschluß an die Schuld oder die Sünde? Wo aber* ist *nun das Böse, wo ist es* heute und gegenwärtig? *Nehmen wir an, daß es eine beispielhafte und bislang unbekannte Gestalt des Bösen gibt, des radikal Bösen, die allein und ausschließlich unsere Zeit auszeichnet. Muß man dieses Böse erkennen, um Zugang zu jenem zu finden, was für unsere Zeit die Gestalt oder das Versprechen eines Heils sein könnte, die Besonderheit also des Religiösen, von dem man in allen Zeitungen sagt, daß es wiederkehrt?*

Im folgenden wollen wir uns vornehmen, die Frage der Religion mit der Frage nach dem Bösen der Abstraktion zu verbinden, mit der Frage nach der Krankheit, welche die Abstraktion verursacht, mit der Frage nach dem Fehl, den sie zeitigt. Wir möchten die Frage der Religion in Verbindung bringen mit der radikalen Abstraktion. Nicht mit der abstrakten Gestalt des Todes, nicht mit dem Bösen, das im Tod liegen soll, nicht mit der Krankheit zum Tode, sondern mit jenen Formen des Bösen, die man herkömmlich mit dem radikalen Entreißen, *das heißt: mit der Entwurzelung der Abstraktion verbindet. Dabei werden wir im späteren Verlauf jene* Orte der Abstraktion *kreuzen, als die man die Maschine, die Technik, die Wissenschaftstechnik, vor allem aber die tele-technologische Transzendenz betrachten muß. »Religion und* mechané«, »Religion und *Cyberspace«, »Religion und Zählbarkeit«, »Religion und digitale Ordnung«, »Religion und virtueller Zeitraum«: um eine kurze Abhandlung auf diese Themen abzurichten und uns an das zugewiesene ökonomische Maß zu halten, wollen wir eine kleine Diskursmaschine entwerfen oder erfinden, die sich nicht allzu ohnmächtig und kraftlos ausnimmt, mag sie als solche auch endlich und vervollkommnungsfähig sein.*

Von dem Vorsatz geleitet, die Religion in der Gegenwart abstrakt *zu denken, gehen wir von dem Vermögen und den Kräften der Abstraktion aus; wir tun dies, um es am Ende zu wagen, die folgende Hypothese aufzustellen: Im Hinblick auf all die*

---

2 Das nachgestellte Zeichen ° bedeutet: im Original deutsch.

Kräfte der Abstraktion und der auflösenden Trennung (Entwurzelung, Entortung, Entkörperlichung, Formalisierung, verallge-
meinernde Schematisierung, Objektivierung, Telekommunikation usw.) erweist sich die Religion als jenes, was in einen
reaktiven Antagonismus eingebettet ist und was gleichzeitig in
einer überbietenden wiederholten Selbstbehauptung besteht.
Diese Gleichzeitigkeit kann man dort erkennen, wo Glaube und
Wissen immer schon ein Bündnis eingegangen sind, am Ort
selbst, dort, wo das in der Entgegensetzung eingegangene Bündnis einen Knoten bildet. Verbunden und verbündet sind Glaube
und Wissen, die »kapitalistische«, treuhänderische Wissenschaftstechnik und das Gläubige, das im Vertrauen liegt; verbunden und verbündet sind Kredit, Zuverlässigkeit und Glau-
benszeugnis. Wir haben es folglich mit einer Aporie, mit einem
gewissen Fehlen des Weges, der Bahn, des Ausganges, des Heils
zu tun – und mit zwei Quellen.

3. Um auf die Abstraktion und die Aporie der Ausweglosigkeit
setzen zu können, muß man sich vielleicht zunächst in eine Wüste zurückziehen oder auf einer Insel absondern. Vielleicht muß
man zunächst eine kurze Geschichte erzählen, die kein Mythos
ist, eine Geschichte von der Art »Es war einmal . . .«, ein einziges
Mal, an einem bestimmten Tag, auf einer Insel oder in einer Wüste, stellen Sie (es) sich vor: um »über Religion« zu reden, haben
sich, wie es scheint, einige Menschen, einige Männer (Philosophen, Professoren, Hermeneutiker, Eremiten oder Anachoreten)
die Zeit genommen, sich als eine kleine Gemeinschaft auszuge-
ben, als eine esoterische und zugleich egalitäre, freundschaftliche
und brüderliche Gemeinschaft. Vielleicht muß man auch noch
das Anliegen dieser Geschichte und dieser Gemeinschaft ausmachen, vielleicht muß man ihm einen Ort zuweisen und es so
im Raum und in der Zeit abgrenzen; vielleicht muß man den Ort
und die Landschaft nennen, den inzwischen vergangenen Augenblick, die Spanne eines bestimmten Tages; vielleicht muß
man das Vergängliche und Eintägige mit einem Datum versehen, es als ein Besonderes auszeichnen; vielleicht muß man so
tun, als würde man Tagebuch führen, ein Tagebuch, aus dem
man eine bestimmte Anzahl Seiten herausreißt. Gesetz der Gattung: die Ephemeride (schon können Sie es nicht vermeiden, vom
Tag zu sprechen). Datum: 28. Februar 1994. Ort: eine Insel, die

Insel Capri. Ein Hotel, ein Tisch, um den wir freundschaftlich miteinander reden, fast ohne Redeordnung, fast ohne Tagesordnung, fast ohne die ordnende Funktion von Losungs- oder Erkennungswörtern – mit nur einem einzigen Schlüsselwort, das deutlicher und dunkler ist als alle Schlüsselwörter, das Wort Religion. Wir glauben, daß wir so tun können, als würden wir (daran) glauben, ein Vorverständnis zu teilen: treuhänderische Handlung. Wir tun so, als würden wir über einen Gemeinsinn verfügen, der uns mitteilt, was »Religion« in all den Sprachen bedeutet, von denen wir zu wissen glauben, wie man sie spricht (wieviel an diesem Tag geglaubt worden ist!). Wir glauben an eine minimale Zuverlässigkeit dieses Wortes. Wie Heidegger, der in der Einleitung zu Sein und Zeit *von einem Faktum beim Gebrauch des Wortes »Sein« ausgeht, glauben wir Sinn und Bedeutung des Wortes »Religion« im voraus zu verstehen, und sei es, um Fragen aufwerfen und uns fragend über den Gegenstand verständigen zu können. Wir werden aber im weiteren noch darauf zurückkommen müssen, daß (in beiden Fällen) ein solches Faktum keineswegs etwas Sicheres oder Abgesichertes ist. Vielleicht verweist das, worum es bei der Frage der Religion geht, auf diesen Mangel an Sicherheit, auf diese fehlende Zuversicht.*

4. *Am Anfang eines vorläufigen Meinungsaustausches und an dem erwähnten Tisch schlägt mir Gianni Vattimo vor, zu improvisieren und einige Anregungen zu geben. Man gestatte mir, an dieser Stelle jene Anregungen in Erinnerung zu rufen; man gestatte mir, sie in Kursivschrift wiederzugeben und so ein schematisches und telegraphisches Vorwort zu schreiben. Weitere und zweifellos andere Behauptungen zeichnen sich in einem Text anderer Art ab, den ich nachträglich geschrieben habe, zusammengedrängt aufgrund erbarmungsloser zeitlicher und räumlicher Beschränkungen. Auch wenn es sich vielleicht bei diesem Text um etwas ganz anderes handelt, um eine ganz andere Geschichte, wird das Gedächtnis der Worte, die am Anfang auszusprechen ich an einem bestimmten Tag gewagt habe, mir jenes diktieren, was ich schreibe – aus der Ferne oder in der Nähe.*

Zunächst hatte ich vorgeschlagen, eine tatsächliche und einmalige Lage an den Tag der Reflexion zu bringen; Verkennungen und Verneinungen sollten dabei soweit wie möglich vermieden werden. Gemeint war die Lage, in der wir uns damals befanden: Tatsachen, eine gemeinsame Verpflichtung, ein Datum, ein Ort. In Wahrheit hatten wir es auf uns genommen, auf einen doppelten Vorschlag zu antworten, auf einen philosophischen und verlegerischen Vorschlag, der unmittelbar und von sich aus den Raum für eine doppelte Frage eröffnete: den Raum für die Frage der Sprache und für die der Nation. Wenn es heutzutage, am Tag, auf den man sich mit diesem Ausdruck bezieht, eine andere »Frage der Religion« gibt, eine aktuelle und neue Verteilung, ein unerhörtes Wiedererscheinen oder Wiederauftauchen jener alterslosen Sache oder Angelegenheit, weltumfassend und von planetarischem Ausmaß, so geht es dabei zweifellos um die Sprache, genauer noch: um das Idiom, die Buchstäblichkeit, die Schrift, die das letztlich unzerlegbare und unübersetzbare Element einer jeden Offenbarung und eines jeden Glaubens bilden; es geht aber um die Sprache als untrennbares Idiom, als Idiom, das man von dem gesellschaftlichen, politischen, familiären, ethnischen, gemeinschaftlichen Band der Nation und des Volkes nicht trennen kann – Ureinwohnerschaft, Blut und Boden, zunehmend problematisches Verhältnis zur Staatsbürgerschaft und zum Staat. Die Sprache und die Nation verleihen in dieser Zeit dem geschichtlichen Körper aller religiösen Leidenschaften seine Gestalt. Wie die Zusammenkunft der Philosophen, von der ich rede, ist die internationale Veröffentlichung, die man uns vorschlägt, zunächst eine »westliche«: begrenzt dadurch, daß sie einigen europäischen Sprachen anvertraut wird, den Sprachen, die »wir« auf Capri gesprochen haben, auf dieser italienischen Insel: Deutsch, Spanisch, Französisch, Italienisch.

5. Wir sind nicht weit von Rom entfernt, wir sind jedoch nicht mehr in Rom. Für zwei Tage sind wir buchstäblich abgesondert, wir führen auf den Höhen von Capri das Dasein von Insulanern, gezeichnet von dem Unterschied zwischen dem Römischen und dem Italischen, der für all jenes einstehen und zum Symbol werden kann, was im Hinblick auf das allgemein Römische eine beugende Wirkung haben und ins Abseits führen kann. Über »Religion« nachzudenken bedeutet, das »Römische« zu denken. Geschehen kann das weder in Rom noch in allzu großer Ferne zu Rom. Glücksfall, der es ermöglicht, Notwendigkeit, die dazu anhält, die Geschichte dessen, was »Religion« heißt, zu erinnern: alles, was man in ihrem Namen sagt und tut, müßte die kritische

Erinnerung an ihre Namensgebung wachhalten. Die Religion,
eine europäische Angelegenheit, gehört zunächst in den Sprach-
raum des Lateinischen. Dies ist eine Gegebenheit, deren Gestalt,
deren Grenze, deren gestalthafte Abgrenzung kontingent und
zugleich bedeutsam ist. Sie fordert, daß man sie beachtet, daß
man sie reflektierend einholt, daß man sie thematisiert und da-
tiert. Schwierig, »Europa« zu sagen, ohne Athen, Jerusalem,
Rom, Byzanz zu konnotieren; ohne sich auf die Religionskriege
und den offen geführten Krieg zu beziehen, der die Einverlei-
bung Jerusalems und die Einnahme des Berges Moria betrifft,
das »Hier bin ich« Abrahams oder Ibrahims angesichts des ge-
forderten äußersten »Opfers«, der unbedingten Opfergabe des
geliebten Sohnes, der verlangten Hinrichtung oder Tötung der
einzigen Nachfolge, der am Vortag einer jeden Passion in der
Schwebe gehaltenen Wiederholung. Gestern (ja, wirklich ge-
stern, vor nur wenigen Tagen) hat in Hebron am Grab der Pa-
triarchen das Massaker stattgefunden: an diesem gemeinsamen
Ort, in diesem symbolischen Ab- oder Einschnitt der sogenann-
ten abrahamischen Religionen. Wir vertreten vier verschiedene
Sprachräume und sprechen vier verschiedene Sprachen, unsere
gemeinsame »Kultur« aber ist deutlich die christliche, sie ist, sa-
gen wir es ruhig, mehr eine christliche »Kultur« als etwa eine jü-
disch-christliche. Leider befindet sich kein Moslem unter uns, zu-
mindest nicht während dieser vorläufigen Diskussion, in dem
Augenblick, in dem wir vielleicht damit beginnen sollten, unser
Augenmerk auf den Islam zu richten. Auch Vertreter anderer
Kulte sind nicht anwesend. Und keine Frau ist in unserer Mitte!
Wir werden diese Umstände berücksichtigen müssen: Wir wer-
den für diese stummen Zeugen sprechen, ohne für sie zu spre-
chen, an ihrer Stelle, wir werden alle möglichen Schlußfolgerun-
gen daraus ziehen.

6. *Warum ist es so schwierig, das Phänomen zu denken, das man*
etwas vorschnell die »Rückkehr der Religionen« nennt? Warum
zeitigt es eine überraschende Wirkung? Warum verwundert es
jene, die mit allzu großer Arglosigkeit an die Alternative ge-
glaubt haben, welche die Religion der Vernunft, der Aufklärung,
der Wissenschaft, der Kritik (der marxistischen Kritik, der Nietz-
scheschen Genealogie, der Freudschen Psychoanalyse und ihrem
Erbe) entgegensetzt, so, als würde die Vernunft zwangsläufig das

Ende der Religion bedeuten, ihre Grenze und ihr gewaltsames Verschwinden? Im Grunde müßte man von einem anderen Schema ausgehen, wollte man den Versuch unternehmen, die sogenannte »Rückkehr des Religiösen« zu denken. Läßt sich diese Rückkehr auf jenes zurückführen, was die doxa *undeutlich und verwirrt als »Fundamentalismus«, als »Integrismus«, als »Fanatismus« bezeichnet? Vielleicht muß eine solche Frage, gemessen an der geschichtlichen Not, zu unseren einleitenden Fragen gehören. Was (so könnte man weiter fragen) hat es gerade mit dem Islam im Schoß der abrahamischen Religionen auf sich, in der Mitte der »fundamentalistischen« und »integristischen« Bewegungen, die heute von universaler Tragweite sind und die in allen Religionen sich auswirken? Überstürzen wir aber lieber nichts, verwenden wir den Begriff oder den Namen des Islam nicht im Zuge einer Überstürzung. Was man dort findet, wo ein überstürzter Bezug auf den »Islam« hergestellt wird, scheint sich heute weltweit durch einen gewissen geopolitischen Vorzug auszuzeichnen, aufgrund der Art der physischen Gewalttaten des »Islam«, aufgrund einiger seiner ausdrücklich gegen das demokratische Modell gerichteten gewaltsamen Handlungen, aufgrund einiger seiner expliziten Verletzungen des internationalen Rechts (man muß an dieser Stelle den »Fall Rushdie« und auch viele andere Fälle nennen, man muß an das »Recht auf Literatur« und an das »Recht der Literatur« erinnern), aufgrund der archaischen und zugleich modernen Gestalt, die seine »im Namen der Religion« begangenen Verbrechen annehmen, aufgrund des Archaischen und Modernen seiner phallozentrischen Figuren, seiner demographischen und theologisch-politischen Formen. Weshalb zeichnet sich der »Islam« durch diesen Vorzug aus? Um auf die Frage antworten zu können, werden wir Unterscheidungen treffen müssen; vergessen wir nicht, daß sich der Islam nicht mit dem Islamismus gleichsetzen läßt, mag der Islamismus auch im Namen des Islam wirken – wir rühren damit an die ernste Frage des Namens.*

7. *Behandeln wir die Kraft, die der Name dort hat, wo etwas im Namen der Religion geschieht, getan oder gesagt wird (in unserem Kontext im Namen des Islam), niemals als unwesentlich. Denken wir daran, daß das Theologisch-Politische (wie alle anderen Begriffe, die man auf die Fragen aufklebt, die uns hier be-*

schäftigen, vor allem aber die Begriffe der Demokratie und der Säkularisierung, des Rechts der Literatur und des Rechts auf Literatur) auf mittelbare oder unmittelbare Weise europäischer Herkunft ist, genauer noch: griechisch-christlicher und griechisch-römischer Herkunft. Wir werden in diesem Zusammenhang von den Fragen des Namens umzingelt und belagert werden, von den Fragen, die jenes betreffen, was man »im Namen von etwas tut«: Fragen nach dem Namen »Religion«, nach den Namen Gottes, nach der Zugehörigkeit oder Nichtzugehörigkeit des Namens zum Sprachsystem, das heißt nach der Übersetzbarkeit und der Iterabilität des Namens (die ihn zu einem Schauplatz der Wiederholung und der Idealisierung macht, der techné also – der Wissenschaftstechnik, der wissenschaftstechnischen Ferne des Fernrufs); Fragen nach der Beziehung zwischen dem Namen und der performativen Dimension der Anrufung im Gebet (an jenem Punkt, wo das Gebet, wie Aristoteles es ausdrückt, weder wahr noch unwahr ist), Fragen nach dem Band, das zwischen dem Namen und jenem besteht, was in jedem performativen Akt, in jeder Anrede und in jeder Bezeugung Glauben von einem anderen erfordert, jenem folglich, was als gelobte Treue, als das versprochene Halten einer Zusage sich zu erkennen gibt.

8. Das Licht ist mit einem Ort, einem Ereignis verbunden. *Und der Tag. Es ist unmöglich, das Zusammentreffen von Sonnenstrahl und topographischer Einzeichnung trennend zu durchkreuzen: Phänomenologie der Religion, Religion als Phänomenologie, Rätsel des Orients, des Ostens und des Mittelmeerraums auf der Landkarte des Erscheinens. Licht* (phōs) *überall dort, wo diese* arché *den Diskurs beherrscht und eröffnet, überall dort, wo davon die Initiative ausgeht* (phōs, phainesthai, phantasma, *also Gespenst, Geist usw.), sowohl im philosophischen Diskurs als auch in den Diskursen einer Offenbarung oder einer Offenbarkeit, einer ursprünglicheren Möglichkeit des Offenbarens. Ursprünglicher, will sagen: näher an der Quelle, der einzigen und selbigen Quelle. Überall bestimmt das Licht jenes, was man gestern noch auf naive Weise der Religion entziehen und entgegensetzen zu können glaubte, jenes, dessen Zukunft wir heute erneut denken müssen (Aufklärung,* Lumières, Enlightenment, Illuminismo*). Vergessen wir nicht, daß die indoeuropäische Sprache, die, wie Benveniste schreibt, über keinen einheitlichen*

Begriff verfügte, »um die Religion selbst, den Kultus« zu bezeichnen, nicht einmal den Namen des Priesters oder eines persönlichen Gottes, ihren Sammelpunkt bereits in »dem Begriff ›Gott‹ (deiwos)« fand, dessen »›eigentlicher Sinn‹ ›leuchtend‹ und ›himmlisch‹ gewesen sein soll«.[3]

9. Im gleichen Licht, unter dem gleichen Himmel möchte ich am heutigen Tag drei Orte oder Schauplätze *nennen: die Insel, das Gelobte Land, die Wüste. Es handelt sich um drei aporetische Orte, ohne sicheren Weg oder Ausweg, ohne Route, ohne Ankunft, ohne ein Außen, dessen Ort auf einer Karte* im voraus aufgefunden *und dessen programmatische Funktion* berechnet *werden könnte. Diese drei Orte* bilden und gestalten *unseren Horizont, hier und jetzt. (Man müßte jedoch gerade ein bestimmtes Fehlen des Horizonts denken – was innerhalb der vorgegebenen Grenzen schwierig sein wird. Das Fehlen, die Abwesenheit des Horizonts bedingt in einer paradoxen Wendung die Zukunft selbst. Der Einbruch des Ereignisses muß jeden Erwartungshorizont aufbrechen. Deshalb auch machen wir an diesen Orten einen furchterregenden Abgrund aus, etwa eine Wüste in der Wüste, die sich dort erstreckt, wo jenes, was – vielleicht – kommen und sich ereignen könnte, nicht vorausgesehen werden kann und nicht vorausgesehen werden darf. Jenes, was man noch* kommen lassen muß, *jenes, was dadurch bleibt, daß man es* kommen läßt.)

10. Ist es ein Zufall, daß wir, von Geburt aus mediterrane *Menschen oder durch eine Art Anziehung zu solchen geworden, trotz der vielen Unterschiede, die uns trennen, von einer gewissen Phänomenologie uns haben leiten lassen, also wiederum vom Licht? Ist es ein Zufall, daß wir, die wir heute auf dieser Insel versammelt sind und die wir wohl auf mehr oder weniger ge-*

---

3 Emile Benveniste, *Le Vocabulaire des Institutions Indo-européennes* [Der Wortschatz der indoeuropäischen Institutionen], Band II, Paris 1969, S. 180. Wir werden Benveniste häufig zitieren und ihm dabei eine gewisse Verantwortung überlassen: zum Beispiel die Verantwortung dafür, mit großer Selbstsicherheit und Zuversicht von einem »eigentlichen Sinn« reden zu können, in einem Fall, in dem es um die Sonne oder um das Licht geht, aber auch in Fällen, in denen etwas ganz anderes gemeint ist. Diese Selbstsicherheit, diese Zuversicht scheint weitgehend übertrieben und mehr als bloß problematisch zu sein.

heime Weise uns gegenseitig auserwählt oder anerkannt haben,
einst, an einem Tag in der Vergangenheit, einer doppelten Versu-
chung nachgegeben haben, der Versuchung eines Abweichens
von der Husserlschen Phänomenologie und der Versuchung ei-
nes hermeneutischen Denkens, das dem religiösen Text soviel
verdankt? Unsere Pflicht ist aus solcher Sicht nur desto gebiete-
rischer: Wir dürfen jenes, jenen oder jene nicht vergessen, die un-
sere implizite Verpflichtung oder Abmachung, unser »Zusam-
men-Sein« ausschließen muß. Man müßte, man hätte damit
beginnen müssen, ihnen das Wort zu geben.

11. *Rufen wir auch jenes in Erinnerung, was ich zu Recht oder*
zu Unrecht für offenkundig halte. Wie immer wir auch zur Re-
ligion überhaupt und zu dieser oder jener bestimmten Religion
stehen mögen – wir sind weder Priester, verbunden durch ein
Amt, noch Theologen; wir sind weder geeignete, ausgezeichnete,
zuständige Vertreter der Religion noch Feinde der Religion als
solcher, Feinde in dem Sinne, in dem, wie man glaubt, manche
Philosophen der sogenannten Aufklärung es waren. Es will mir
aber scheinen, daß wir gerade deshalb etwas anderes gemein ha-
ben, nämlich (bedienen wir uns einer vorsichtigen Redeweise)
ein vorbehaltloses Gefallen an dem, was in der Politik als repu-
blikanische Demokratie bezeichnet wird; wir haben eine unbe-
dingte Vorliebe für diese Demokratie als Modell, das verallge-
meinert werden kann und sich als von universaler Tragweite
erweist – so ist die Philosophie an die öffentliche Sache und an die
Öffentlichkeit gebunden, das heißt: an das Tageslicht, an die
Aufklärung, an die aufgeklärte Tugend, die sich im Spielraum
der Öffentlichkeit behauptet; so ist die Philosophie auch frei von
den Banden, die sie an eine äußere, nicht weltliche oder nicht im
Laienstand gründende Macht fesseln: Befreiung von der religiö-
sen Dogmatik, Orthodoxie oder Autorität, von einer gewissen
Form der doxa oder der Gläubigkeit, was freilich nicht schon be-
deutet, daß die Philosophie von allem Glauben frei ist. Auf eine
zumindest analogische Weise (ich komme darauf noch zu spre-
chen), werden wir zweifellos in der Zeit, in der wir versammelt
sind, um miteinander zu reden, versuchen, eine in der Schwebe
haltende, zurücktretende Einstellung in unser Hier und Jetzt zu
transponieren, jene Art von epoché, die darin besteht, die Reli-
gion »in den Grenzen bloßer Vernunft« zu denken oder erschei-

nen zu lassen – mit guten oder unzureichenden Gründen (was auf dem Spiel steht, ist ernsthaft genug).

12. *Frage, die damit zusammenhängt: Wie steht es heute um diesen Kantischen Gestus? Wie würde heutzutage ein Buch aussehen, das, wie jenes von Kant, den Titel* Die Religion innerhalb der Grenzen der bloßen Vernunft *tragen würde? Die fragliche epoché gibt auch, wie ich an anderer Stelle zu zeigen versucht habe,[4] einem politischen Ereignis eine Chance. Sie gehört sogar zur Geschichte der Demokratie, vor allem dort, wo der theologische Diskurs die Gestalten der* via negativa *hat annehmen müssen, und selbst dort noch, wo er das Befolgen einer einweihenden Lehre, die Einfügung in eine hierarchische Ordnung, ein abgeschiedenes Gemeinschaftsleben, ein Dasein in der Wüste oder in esoterischer insularer Abgeschirmtheit vorgeschrieben hat.[5]*

13. *Vor der Insel (Capri kann man freilich nicht mit Patmos gleichsetzen) wird es jenes gegeben haben, was man das Gelobte Land nennt. Wie kann man darüber improvisierend reden, wie kann man sich bloß bei einer solchen improvisierten Rede erwischen lassen? Muß man sich angesichts des Abgründig-Unermeßlichen dieses Gegenstandes nicht fürchten, muß man nicht zittern? Ist das Gelobte Land nicht auch die Gestalt, welche die wesentliche Verknüpfung annimmt, die das Versprechen eines Ortes an die Geschichtlichkeit bindet? Unter Geschichtlichkeit können wir heute mehreres verstehen. Zunächst einmal meint der Ausdruck die hervorstechende Besonderheit des Begriffes der Religion; er meint die Geschichte seiner Geschichte, seiner in seinen Sprachen und in seinem Namen ineinandergreifenden Genealogien. Wir werden Glaube und Religion unterscheiden müssen: nicht immer ist es möglich gewesen und nicht immer wird es möglich sein, den Glauben mit der Religion zu identifizieren, ja mit der Theologie, die wiederum etwas anderes ist. Alles Sakrale*

---

4 Vgl. Jacques Derrida, *Sauf le nom*, Paris 1993, besonders S. 103ff. (deutsche Übersetzung: *Außer dem Namen*, in: *Über den Namen*, Wien 1999).

5 An dieser Stelle verweise ich den Leser auf meinen Aufsatz »Comment ne pas parler« in: Jacques Derrida, *Psyché. Inventions de l'autre*, Paris 1987, S. 535ff. (deutsche Übersetzung: *Wie nicht sprechen*, Wien 1989). Die Themen der Hierarchie und der »Topolitologie« habe ich hier, in einem ähnlichen Zusammenhang, auf genauere Art und Weise behandelt.

und alles Heilige ist nicht zwangsläufig religiöser Natur, zumindest dann nicht, wenn man sich an einen vorgeblich strikten Wortsinn hält. Wir werden auf das Werden und auf die Semantik des Namens »Religion« zurückkommen müssen, wir werden dabei sein Römisch-Abendländisches durchqueren und uns dem eng geknüpften Band zuwenden müssen, das man zwischen diesem Namen und den abrahamischen Offenbarungen ausmachen kann. Die abrahamischen Offenbarungen sind nicht bloße Ereignisse, da derartige Ereignisse nur dann und nur dort stattfinden, wo sie sich als sinnhaft und richtungsweisend erweisen, indem sie die Geschichtlichkeit der Geschichte und die Ereignishaftigkeit des Ereignisses als solches eröffnen und einbringen. Die testamentarischen Offenbarungen und die koranische Offenbarung sind untrennbar von der Geschichtlichkeit der Offenbarung selbst – im Unterschied zu anderen Erfahrungen des »Glaubens«, des »Heiligen«, des »Unversehrten«, des »Geborgenen«, des »Sakralen«, des »Göttlichen«, im Unterschied auch zu anderen Strukturen, die man aufgrund zweifelhafter Analogien als »Religionen« bezeichnen möchte. Sicherlich begrenzt der messianische oder eschatologische Horizont jene Geschichtlichkeit, aber allein deshalb, weil er zunächst ihre (Er-)Öffnung ist.

14. Es handelt sich hierbei um eine andere geschichtliche Dimension, um eine andere Geschichtlichkeit als die, die wir gerade noch erinnert haben, es sei denn, daß beide Geschichtlichkeiten sich abgründig überschneiden oder daß die eine den Abgrund der anderen gräbt. Wie können wir die Geschichte der Geschichtlichkeit in einem heutigen Kontext berücksichtigen, in dem es uns darum zu tun ist, von der Religion innerhalb der Grenzen der bloßen Vernunft zu handeln? Wie können wir, um sie ans Tageslicht und auf den Stand unserer Tage zu bringen, eine Geschichte der politischen und wissenschaftstechnischen Vernunft in sie einfügen, eine Geschichte des radikal Bösen und seiner Gestalten, die nie einfach Gestalten sind und die stets (das ist gerade das Üble) ein neues Böses erfinden? Die »radikale Verkehrtheit im menschlichen Herzen«, von der Kant spricht,[6] ist, wie wir inzwischen wissen, weder eine einheitliche Perversion noch ein für al-

6 Immanuel Kant, *Die Religion innerhalb der Grenzen der bloßen Vernunft*, in: ders., *Werke in zwölf Bänden*, herausgegeben von Wilhelm Weischedel, Band VIII, Wiesbaden 1958, S. 686.

lemal als solche gegeben. Es ist, als wäre es unvermeidlich, daß sie
unablässig bislang unbekannte Gestalten, Figuren oder Tropen
ihrer selbst hervorbringt. Vielleicht können wir uns an dieser
Stelle fragen, ob dieser Umstand sich mit jener Absicht vereinbaren läßt, die dort zum Ausdruck kommt, wo Kant darauf hin-
weist, daß die Schrift die geschichtliche und zeitliche Verfassung
des radikal Bösen angemessen »vorstellig macht«, selbst wenn es
sich lediglich um eine »Vorstellungsart«[7] handelt, deren die
Schrift aufgrund der menschlichen »Schwäche« sich bedient, ja
selbst wenn Kant darum kämpft, Rechenschaft abzulegen von
dem vernünftigen Ursprung eines Bösen, das für die Vernunft
unbegreiflich bleibt: behauptet doch Kant auch, daß die Deutung
der Schrift die Befugnisse und die Zuständigkeiten der Vernunft
überschreitet und daß, gemessen an allen »öffentlichen« Religionen, die es je gegeben hat, allein die christliche Religion eine »moralische« gewesen ist.[8] Seltsame Behauptung, die man aber samt
ihren Prämissen sehr ernst nehmen muß.

15. In der Tat gibt es für Kant (er sagt es ausdrücklich) einzig
zwei religiöse Familien, zwei Quellen oder zwei Stämme der Religion. Wenn es indes allein zwei Genealogien gibt, kann man sich
fragen, warum sie einen Namen gemein haben, einen Eigenna-
men oder einen Gattungsnamen. Auf der einen Seite gibt es die
Religion des »bloßen Kultus«, welche um die »Gunst« Gottes
sich bewirbt, obwohl sie im Grunde auf kein Handeln zielt und
lediglich die Bitte und den Wunsch lehrt. Es liegt nicht im Sinne
dieser Religion, daß der Mensch sich bessert, und sei es durch die
Vergebung seiner Sünden. Auf der anderen Seite gibt es die »moralische« Religion, die eine »Religion des guten Lebenswandels«
ist; sie bestimmt das Handeln und unterwirft ihm das Wissen, das
sie von ihm trennt. Sie schreibt die Besserung durch zweckgelei-
tetes Handeln vor, dort, wo »der Grundsatz [gilt]: ›Es ist nicht
wesentlich und also nicht jedermann notwendig zu wissen, was
Gott zu seiner Seligkeit tue, oder getan habe‹; aber wohl, was er
selbst zu tun habe, um dieses Beistandes würdig zu werden.«[9]
Kant definiert auf diese Weise einen »reflektierenden« Glauben,
das heißt: einen Begriff, dessen Möglichkeit vielleicht den Raum

7 Ebd., S. 691.
8 Ebd., S. 703.
9 Ebd., S. 704.

schafft, in dem unsere Diskussion stattfinden wird. Weil es für den reflektierenden Glauben wesentlich ist, daß er von keiner geschichtlichen Offenbarung abhängt, weil er sich deshalb der Rationalität einer reinen praktischen Vernunft anmißt, begünstigt der »reflektierende« Glaube den guten Willen jenseits des Wissens. Er setzt sich so dem »dogmatischen« Glauben entgegen, er setzt sich deutlich von ihm ab, da der »dogmatische« Glaube den Anspruch auf ein Wissen erhebt oder so tut, als würde er über ein Wissen verfügen, *und folglich den Unterschied zwischen Glauben und Wissen unberücksichtigt läßt.*

Ich unterstreiche diese Entgegensetzung, läßt sie sich doch vielleicht nicht einfach auf eine Frage der Definition, der Taxinomie oder der Theorie zurückführen. Sie mag uns nicht nur dazu verhelfen, verschiedenartige Religionen zu klassifizieren, indem wir ihnen den einen Namen »Religion« geben. Ihr Grund kann für uns in der Gegenwart den Ort eines Krieges anzeigen, eines Streites im Kantischen Wortsinn. Heute noch kann er uns bei der Gliederung einer Problematik hilfreich sein – zumindest im Zuge einer ersten Annäherung.

Sind wir bereit und darauf vorbereitet, ohne zu schwanken die Implikationen und die Konsequenzen der Kantischen These zu ermessen? Sie scheint stark, einfach und schwindelerregend zu sein: die christliche Religion soll die einzige Religion sein, die eigentlich »moralisch« ist. Ihr allein kommt eigentlich die Aufgabe zu, einen »reflektierenden« Glauben frei erscheinen zu lassen. Daraus folgt zwangsläufig, daß die reine Moralität und das Christentum in ihrem Wesen und in ihrem Begriff unablösbar voneinander sind. Daß es kein Christentum ohne reine Moralität gibt, liegt dann daran, daß die christliche Offenbarung uns etwas Wesentliches lehrt, etwas, das wesentlich mit der Idee der Moralität oder der Sittlichkeit als solcher zusammenhängt. Aus dieser Sicht ist der Gedanke einer reinen Moral, einer reinen Sittlichkeit, die nicht christlich ist, widersinnig. Er übersteigt Verstand und Vernunft und muß als ein Widerspruch in sich selbst abgetan werden. Die unbedingte Allgemeinheit des kategorischen Imperativs ist evangelisch. Das sittliche Gesetz ist in das Innerste unserer Herzen als Gedächtnis des Leidens Christi eingezeichnet. Wenn es sich an uns richtet, redet es das Idiom des Christen – oder es schweigt.

Ist diese Kantische These, die wir später mit jenem in Verbin-

dung bringen wollen, was wir die weltweite Latinisierung *nen-*
nen werden, in ihrem inhaltlichen Kern nicht ebenfalls eine
Nietzschesche These, selbst wenn Nietzsche einen unerbittlichen
Krieg gegen Kant führt? Nietzsche würde vielleicht vom »Jü-
disch-Christlichen« sprechen; daß aber Paulus zu den bevorzug-
ten Zielscheiben seines Denkens gehört, weist darauf hin, daß er
das Christentum oder eine gewisse Verinnerlichung im Christen-
tum verantwortlich gemacht hat und die schwerste Verantwor-
tung hat tragen lassen. In seinen Augen bilden die Juden und das
europäische Judentum vielleicht noch das Bollwerk eines ver-
zweifelten Widerstandes, eines Widerstandes, der dort, wo er
wirklich Widerstand ist, eine letzte innere Verwahrung, ein letz-
tes inneres Glaubensbekenntnis gegen ein bestimmtes Christen-
tum darstellt.

   Zweifellos verrät diese These etwas über die Geschichte der
Welt; so groß ist ihre Tragweite. Lenken wir schematisch den
Blick auf zwei Konsequenzen, die sich aus ihr ergeben können,
auf zwei der vielen paradoxen Wendungen, die aus ihr resultie-
ren:

   1) Wo er den »reflektierenden« Glauben bestimmt und jenes,
was unablösbar die Idee der reinen Moralität an die christliche
Offenbarung bindet, bezieht sich Kant auf die Logik eines ein-
fachen Grundsatzes, *den wir gerade im Wortlaut angeführt ha-*
ben: um sich moralisch zu verhalten, um moralisch zu handeln,
muß man letztlich so tun, als würde es Gott nicht geben oder als
würde er sich nicht um unser Heil kümmern. Genau dieses ist
moralisch und folglich christlich, zumindest dann, wenn es einem
Christen obliegt, moralisch zu sein: nicht an Gott sich zu wenden
in dem Augenblick, in dem man im Sinne des guten Willens han-
delt, sich so zu verhalten, als hätte Gott uns verlassen. Der Be-
griff des »Postulats« der praktischen Vernunft, der es ermöglicht,
das Dasein Gottes zu denken (und es theoretisch auch aufzuhe-
ben); dieser Begriff, durch den die Freiheit und die Unsterblich-
keit der Seele, die Verbindung von Tugend und Glück gedacht
werden können, sichert die Möglichkeit einer radikalen Ent-
zweiung und übernimmt im Grunde die vernünftige und philo-
sophische Verantwortung für ein Verlassensein: er trägt hier un-
ten, im Diesseits der Erfahrung, die Folgen des Verlassenseins.
Behauptet man damit nicht, daß das Christentum seiner morali-
schen Berufung und die Moral ihrer christlichen Berufung nur

dadurch gerecht werden können, daß sie hier unten, in der phänomenalen Geschichte, den Tod Gottes aushalten, jenseits noch
der Figuren der Passion? Behauptet man nicht, daß das Christentum Gottes Tod ist, von Kant auf der neuzeitlichen Höhe der
Aufklärung angekündigt und erinnert? Es könnte aus diesem
Blickwinkel dann so erscheinen, als wären das Judentum und der
Islam die letzten beiden Formen des Monotheismus, die sich gegen alles erheben, was im Zuge der Verchristlichung unserer Welt
für den Tod Gottes einsteht, für den Tod in Gott. Zwei Formen
des Monotheismus, die nicht heidnisch sind und die weder den
Tod noch die Vielfalt in Gott gelten lassen (Passion, Trinität
usw.), zwei Formen des Monotheismus, die im Herzen des griechisch-christlichen oder des heidnisch-christlichen Europa wie
Fremdkörper wirken, Fremdkörper in einem Europa, das den
Tod Gottes bedeutet, fremd genug, um es um jeden Preis daran
zu erinnern, daß »Monotheismus« sowohl Glaube an Eines, an
ein lebendig Eines bedeutet als auch Glaube an einen einzigen,
einzigartigen und einheitlichen Gott.

2) Ebnet nicht Heidegger im Vergleich zu dieser Logik, zu ihrer formalen Strenge und zu ihren Möglichkeiten, einen anderen
Weg? In Sein und Zeit beharrt er ja bekanntlich darauf, daß das
ursprüngliche »Gewissen«, das ursprüngliche »Schuldigsein«
und die ursprüngliche »Bezeugung« vor-religiösen und vor-mo-
ralischen (oder vor-ethischen) Wesens sind (sie sind vor-ethischen
Wesens in dem Maße, in dem »ethisch« auf eine Bedeutung von
ethos verweist, die Heidegger für abgeleitet und unangemessen,
für eine späte Übersetzung hält). Folgt man Heidegger an dieser
Stelle, gelangt man in das Diesseits dessen, was Moral und Religion (hier: Moral und Christentum) zusammenschweißt. Im
Prinzip kann man so die Nietzschesche Genealogie der Moral
wiederholen und deren Entchristlichung, wo nötig, weitertrei-
ben: Entwurzelung des christlichen Stammes, von dem sie noch
zehrt. Es handelt sich bei dieser Strategie um eine für Heidegger
notwendige Strategie, die in ihrer Befolgung um so gewundener
sich ausnimmt, als Heidegger niemals aufhört, das Christentum
anzugreifen, sich von ihm loszureißen und loszusagen, mit einer
Gewalt, die vielleicht deshalb so groß ist, weil es stets schon zu
spät ist, gewisse urchristliche Motive der ontologischen Wiederholung und der existentialen Analytik zu verleugnen.

Was bezeichnen wir hier als »Logik«, als ihre »formale

Strenge« und als ihr »Mögliches«? Wohl das Gesetz selbst, eine Notwendigkeit, die, wie man sieht, eine unendliche Überbietung programmiert, eine beunruhigende und verwirrende Unbeständigkeit der »Stellungen«. Denn die »Stellungen« können nacheinander oder gleichzeitig von denselben »Subjekten« eingenommen werden. Im Verhältnis der Religionen zueinander, im Übergang von einer Religion zur anderen lassen heutzutage die »Fundamentalismen« und die »Integrismen« diese Überbietung hyberbolisch ansteigen. Sie sorgen für ein Anreizen und ein Erschöpfen der Überbietung in dem Augenblick, in dem, wie sich noch zeigen wird, die weltweite Latinisierung (jenes eigentümliche Bündnis des Christentums als Erfahrung von Gottes Tod mit dem fernwissenschaftstechnischen Kapitalismus) eine hegemonische Position einnimmt und zugleich an ihr Ende gelangt, übermächtig und fast schon erschöpft. Es verhält sich einfach so, daß, wer an der Überbietung sich beteiligt, sie in alle Richtungen treiben und dabei alle »Stellungen« einnehmen kann, gleichzeitig oder nacheinander, bis ins äußerste Extrem.

Ist das nicht wahnsinnig, die absolute Anachronie unserer Zeit, die Disjunktion einer jeden Selbstgegenwart und Zeitgemäßheit des Selbst, der verhängte Tag eines jeden Heute?

16. Die Bestimmung des reflektierenden Glaubens findet sich in dem ersten der vier Parerga, die Kant am Ende eines jeden Teils der Religion innerhalb der Grenzen der bloßen Vernunft hinzugefügt hat. Diese Parerga sind kein integraler Bestandteil des Buchs; sie gehören nicht in das Innere der »Religion innerhalb der Grenzen der reinen Vernunft«, aber »stoßen doch an sie.«[10] Ich insistiere darauf aus theo-topologischen, ja theo-architektonischen Gründen: die Parerga beschreiben vielleicht den Rand, sie zeichnen vielleicht den Grenzstreifen, auf dem wir am heutigen Tag unsere Überlegungen ansiedeln können. Vor allem deshalb, weil das erste, in der zweiten Auflage hinzugekommene Parergon eine nachgeordnete (parergon) Aufgabe definiert, die im Zusammenhang mit dem moralisch Unzweifelhaften darin besteht, Schwierigkeiten aus dem Weg zu räumen, die sich aus Fragen der Transzendenz ergeben: Wenn man die moralischen Ideen in das Element der Religion übersetzt, wird die Reinheit

10 Ebd.

ihrer Transzendenz verunreinigt. Eine solche Verunreinigung, eine solche Perversion kann auf zwei Weisen zweimal bewirkt werden. So entsteht ein Viereck; vorausgesetzt, daß man über die Richtigkeit der Übertragungen wacht, könnte es heute den Rahmen für ein analytisches Programm abgeben, das die Gestalten des Bösen zum Gegenstand hätte, die Gestalten, die die Taten des Bösen annehmen, die »im Namen der Religion« an allen (vier) Ecken der Welt begangen werden. Ich muß mich damit begnügen, Stichworte und Kriterien anzugeben (Natur/Übernatur, innen/außen, theoretisches Licht/praktische Handlung, konstativ/performativ): 1) die vermeintlich innere Erfahrung (Gnadenwirkungen): Fanatismus oder Enthusiasmus der Schwärmerei; 2) die angeblich äußere Erfahrung (Wunder): Aberglaube; 3) die »gewähnte Verstandeserleuchtung in Ansehung des Übernatürlichen« (Geheimnisse): »Illuminatism«, Adeptenwahn; 4) der »gewagte Versuch, aufs Übernatürliche hin zu wirken« (Gnadenmittel): Thaumaturgie.

Hält Marx die Kritik der Religion für die Prämisse einer jeden Ideologiekritik, hält er die Religion für die Ideologie schlechthin, für die Matrix der Ideologie und der Bewegung der Fetischisierung, so muß man sich fragen, ob sein Gedanke sich in den parergonalen Rahmen der rationalen Kritik einordnen läßt, ob er sich, unabhängig von der mit ihm verbundenen Absicht, darin bewährt. Oder dekonstruiert er bereits Kants grundsätzlich christliche Axiomatik, eine Vermutung, die man für wahrscheinlicher halten kann, mag es auch schwieriger sein, sie zu bewahrheiten? Vielleicht ist diese Frage die undurchsichtigste und dunkelste, die wir aufwerfen können, da nichts verbürgt, daß die Grundsätze der Marxschen Kritik nicht selbst einer bestimmten Heterogenität zwischen Glaube und Wissen, zwischen praktischer Gerechtigkeit und Erkenntnis bedürfen, um als solche aufgestellt werden zu können. In letzter Instanz ist es vielleicht nicht unmöglich, die fragliche Heterogenität auf die Eingebung oder den Geist der Religion innerhalb der Grenzen der bloßen Vernunft zurückzuführen. Um so weniger als diese Gestalten des Bösen jenen »Kredit« in gleichem Maße diskreditieren und akkreditieren, als den man die Bezeugung (des Glaubens) ansehen muß. Sie schließen den Rekurs auf die Religion aus und erklären ihn zugleich, sie bedürfen seiner mehr denn je, sie müssen auf den Grundsatz des Glaubens rekurrieren, und sei es im Sinne der ra-

dikal treuhänderischen Gestalt eines »reflektierenden Glaubens«. Genau diese Mechanik, genau diese mechanische Rückkehr der Religion möchte ich hier untersuchen.

17. Wie soll man unter diesen Umständen – in den Grenzen bloßer Vernunft – eine Religion denken, die heutzutage als universale Religion wirksam wäre und die sich nicht wiederum in eine »natürliche Religion« zurückverwandeln würde? Eine Religion, die nicht am christlichen oder abrahamischen Paradigma ihre Schranke hätte? Wie würde der Entwurf für das »Buch« einer solchen Religion aussehen? Im Zusammenhang mit der Religion innerhalb der Grenzen der bloßen Vernunft geht es auch um eine Welt, die ein Altes-Neues Buch sein soll. Hätte der Entwurf des »Buches« eine Chance, wäre er überhaupt sinnvoll? Hätte er einen geopolitischen Sinn, eine geopolitische Chance? Oder ist die Idee eines derartigen »Buches« in ihrem Ursprung und in dem, was sie bezweckt, christlichen Wesens? Wäre das zwangsläufig eine Grenze, eine Grenze, die man mit anderen Grenzen vergleichen könnte? Ein Christ, aber auch ein Jude oder ein Moslem wäre der, der Zweifel an dieser Grenze wiederholt anmelden würde, Zweifel daran, daß es sie gibt, daß sie besteht, daß sie sich mit anderen Grenzen vergleichen und auf die gängige Figur der Grenze reduzieren läßt.

18. Im Geiste dieser Fragen gewärtig, können wir jenes, worum sie kreisen, als Maß für zwei Versuchungen ansetzen. Vom Standpunkt ihrer schematischen Verfassung aus gesehen ist die eine Versuchung eine des »hegelschen« Typus: Ontotheologie, die das absolute Wissen als Wahrheit der Religion bestimmt, im Verlauf der zweckgerichtet-abschlußhaften Bewegung, mit der die Phänomenologie des Geistes oder die Abhandlung Glauben und Wissen zu ihrem Ende gelangen – im Verlauf einer Bewegung, die eine »Religion der neuen Zeit« ankündigt, die auf dem Empfinden beruht, daß Gott selbst tot sei. Der »unendliche Schmerz« ist dabei »rein als Moment« vorhanden, das moralische Opfer des empirischen Wesens markiert lediglich das absolute Leiden und den »spekulativen Karfreitag«.[11] Die dogmati-

---

11 G. W. F. Hegel, Glauben und Wissen, in: ders., Werkausgabe, siehe Anmerkung 2, S. 432.

schen Philosophien und die natürlichen Religionen müssen untergehen; aus der größten »Härte«, aus der unbarmherzigsten Gottlosigkeit, aus der Kenose, aus der Leere der schlimmsten Beraubung Gottes, soll die leuchtendste Freiheit in ihrer höchsten Ganzheit wiedererstehen. Vom Glauben, vom Gebet und vom Opfer verschieden, zerstört die Ontotheologie die Religion; vielleicht aber ist es sie selbst, die in einer anderen paradoxen Wendung die Verwandlung des Glaubens in eine Angelegenheit der Theologie, der Kirche, ja der Religion einleitet. Die zweite Versuchung (gibt es nicht gute Gründe, diesen Begriff beizubehalten?) ist eine des »heideggerschen« Typus: jenseits der Ontotheologie, die Opfer und Gebet unberücksichtigt läßt. Man müßte, wollte man dieser Versuchung nachgeben, zulassen, daß sich eine »Offenbarkeit« offenbart, deren Licht vor aller Offenbarung als ein ursprüngliches Licht (sich) manifestieren würde. Man müßte unterscheiden zwischen einer Theo-logie (Diskurs über Gott, den Glauben oder die Offenbarung) und einer Theio-logie (Diskurs über das Sein des Göttlichen, über dessen Wesen und Göttlichkeit). Man müßte die unversehrte und unberührte Erfahrung des Heiligen, Geborgenen, Geretteten erwecken. Der Kette, die die Wörter für das Heilige bilden, soll unsere ganze Aufmerksamkeit gelten, ausgehend von dem deutschen Wort (»heilig«), dessen semantische Geschichte der strengen Unterscheidung zu widerstehen scheint, die Lévinas Lévinas aufrechterhalten möchte: der Unterscheidung zwischen einem natürlich, »heidnisch«, griechisch-christlich Sakralen und der Heiligkeit[12] des (jüdischen) Gesetzes, vor oder unter der Herrschaft der römischen Religion. Was die »römische« Sache[13] angeht, kann man

12 *Sainteté*: das lateinische Wort, dessen Lévinas sich bedient, zum Beispiel in seinem Werk *Du sacré au saint* (Paris 1977), ist selbstverständlich eine Übersetzung aus dem Hebräischen (*kiddusch*).
13 Vgl. etwa die folgenden Ausführungen in Heideggers Aufsatz *Andenken* (1943): »Die Dichter sind, wenn sie in ihrem Wesen sind, *prophetisch*. Sie sind aber keine ›Propheten‹ nach der jüdisch-christlichen Bedeutung dieses Namens. Die ›Propheten‹ dieser Religionen sagen nicht erst nur voraus das voraufgründende Wort des Heiligen. Sie sagen sogleich vorher den Gott, auf den die Sicherheit der Rettung in die überirdische Seligkeit rechnet. Man verunstalte Hölderlins Dichtung nicht durch ›das Religiöse‹ der ›Religion‹, die eine Sache der römischen Deutung des Verhältnisses zwischen Menschen und Göttern bleibt.« Der Dichter ist weder ein »Seher« noch ein »Wahrsager«: »Das dichterisch zum voraus gesagte Heilige öffnet nur den Zeit-Raum eines Erscheinens der Götter und

sich fragen, ob Heidegger nicht von Sein und Zeit *an eine onto-
logisch-existentiale Wiederholung der christlichen Motive unter-
nimmt, jener Motive, die ausgehöhlt und ausgeleert sein sollen
und die selbst das noch entbehren, was sie ursprünglich ermöglicht hat, eben ihre vor-römische Möglichkeit. Vertraut Heidegger nicht schon im Jahr 1921 Karl Löwith an, daß er, um das geistige Erbe antreten zu können, das die Faktizität seines »Ich bin«
ausmacht, »Ich bin ein ›christlicher Theologe‹« sagen muß? Damit ist nicht das Römische gemeint. Wir kommen darauf zurück.*

19. *In ihrer abstraktesten Form läßt sich die Aporie, in der wir
uns widerstreitend bewegen, vielleicht in einer Reihe von Fragen
zum Ausdruck bringen. Die Fragen lauten: Ist die Offenbarkeit
(die Möglichkeit des Offenbarens) ursprünglicher als die Offen-*

weist in die Ortschaft des Wohnens des geschichtlichen Menschen auf
dieser Erde [...]. Ihr Traum [der Traum der prophetischen Dichter] ist
göttlich, aber sie träumen nicht einen Gott.« (Martin Heidegger, *Erläuterungen zu Hölderlins Dichtung*, Frankfurt/M. 1981 (5., durchgesehene
Auflage), S. 114)

Noch 1962, fast zwanzig Jahre später, verwahrt sich Heidegger beharrlich gegen Rom und protestiert gegen die wesentlich römische Gestalt
der Religion. Er legt Einspruch ein gegen die Konfiguration, die der neu-
zeitliche Humanismus, die Technik, die Politik und das Recht bilden.
Während seiner Reise durch Griechenland, nach dem Besuch des orthodoxen Klosters Kaisariani, das über Athen liegt, notiert Heidegger: »Das
Christliche der kleinen Kirche enthielt noch einen Nachklang des alten
Griechischen, das Walten eines Geistes, der sich dem kirchenstaatlich-
juristischen Denken der römischen Kirche und ihrer Theologie nicht
beugen wird. Am Ort der Klosterniederlassung war einst ein der Artemis
geweihtes ›heidnisches‹ Heiligtum.« (Martin Heidegger, *Aufenthalte*,
Frankfurt/M. 1989, S. 28 im reproduzierten Manuskript)

Vor dieser Stelle findet sich ein Abschnitt, in dem Heidegger, der sich
gerade in der Gegend der Insel Korfu aufhält (noch eine Insel!), daran erinnert, daß Goethe die größte Nähe zu Griechenland auf einer *anderen
Insel*: auf Sizilien empfunden hat. Im Zuge dieser erinnernden Beschwö-
rung der Vergangenheit stellt Heidegger im Abstand von wenigen Sätzen
einen Zusammenhang her zwischen den »Zügen eines römisch-italischen
Griechenlands«, das im »Licht eines neuzeitlichen Humanismus« betrachtet wird, und dem »Heraufkommen des Maschinenzeitalters« (ebd.,
S. 5). Da die Insel hier den Ort bildet, auf den wir immer wieder zurückkommen werden, wollen wir es nicht versäumen, darauf aufmerksam zu
machen, daß die griechische Reise für Heidegger ein »Aufenthalt« ist, ein
scheues Verweilen in der Nähe von Delos, dem Sichtbaren oder Offenbaren: Nachdenken über die Entbergung, das der Name der »heiligen Insel«, der Insel der Bergung, bewirkt (ebd., S. 19).

barung und folglich von aller Religion unabhängig? Kann man diese Unabhängigkeit an den Strukturen ihrer Erfahrung und an der Analytik, die sich auf sie bezieht, ablesen? Rührt man mit einer solchen Offenbarkeit an den Ursprung eines »reflektierenden Glaubens«, ja an den Ursprung des Glaubens selbst? Oder besteht umgekehrt das Ereignis der Offenbarung darin, daß es die Offenbarkeit offenbart hat, den Ursprung des Lichts, das ursprüngliche Licht, die Unsichtbarkeit des Sichtbaren? Möglich, daß der Gläubige oder der Theologe genau dies behaupten würde; vor allem der Gläubige des Urchristentums°, der in der Überlieferung Luthers steht, in einer Überlieferung, der Heidegger, nach eigenem Bekunden, soviel verdankt.

20. *Nächtliches Licht also, dunkler und dunkler. Beeilen wir uns, um ans Ende zu kommen: gehen wir auf einen dritten Ort zu, der vielleicht mehr ist als bloß vor-ursprünglich, anarchischer als alle anderen Orte und widerspenstiger gegen das Archiv, keine Insel und kein Gelobtes Land, eine gewisse Wüste, die nicht die Wüste der Offenbarung ist, sondern eine Wüste in der Wüste, eine Wüste, welche die Wüste ermöglicht, eröffnet, gräbt, aushöhlt, ins Unendliche verlängert. Ekstase oder Existenz der äußersten Abstraktion. »In« dieser Wüste ohne Weg, ohne Route und ohne Innen, hat wohl die Möglichkeit einer* religio *und eines* relegere *noch eine orientierende Funktion, aber bevor man auf das »Band« und die »Verbindung« des* religare *stößt (problematische Etymologie, zweifellos das Ergebnis eines nachträglich hergestellten Zusammenhangs), auf das Band, das die Menschen als solche oder den Menschen und die Göttlichkeit des Gottes verbindet. Wir haben es hier mit so etwas wie der Bedingung des »Bandes« zu tun, das auf seine ärmste und unabdingbare semantische Bestimmung zurückgeführt worden ist: abhaltender Skrupel (*religio*), zurückhaltende Scheu, Verhaltenheit°, von der Heidegger in den* Beiträgen zur Philosophie *redet, Achtung, Verantwortung der Wiederholung in der Verbürgung der Entscheidung oder der Bejahung (*re-legere*), die sich an sich selbst bindet, um sich an den anderen zu binden. Selbst wenn man dieses treuhänderische »Band« ein gesellschaftliches Band oder das Band der Verbundenheit mit dem anderen überhaupt nennen kann, so ist es doch ursprünglicher als jede bestimmte Gemeinschaft, als jede positive Religion, als jeder onto-anthropo-theolo-*

gische Horizont. *Bevor sie eine gesellschaftliche oder politische Bestimmung erhalten, verbindet es bereits reine Besonderheiten; es verbindet bereits reine Besonderheiten, bevor zwischen dem Heiligen (oder Sakralen) und dem Profanen ein Gegensatz besteht. Dies kann sicherlich einer Verwüstung ähneln; die Gefahr einer solchen Ähnlichkeit ist unabstreitbar, doch kann die Verwüstung zugleich auch jenes* ermöglichen, *was sie zu gefährden und zu bedrohen scheint. Die Abstraktion der Wüste kann so all jenem stattgeben, dem sie sich entzieht; gerade dadurch, daß sie ihm stattgibt und stattgeben kann, entzieht sie sich ihm und kann sie sich ihm entziehen. Wir erkennen damit die Zweideutigkeit oder Doppelzüngigkeit des religiösen Zuges, des religiösen Entzuges und des doppelten religiösen Zuges, der Abstraktion und der Subtraktion dieses Zuges. Der wüstenhafte Rückzug, der verwüstende Entzug oder doppelte Zug macht eine Wiederholung möglich, eine Wiederholung dessen, was bereits der Sache* stattgegeben *hat, in deren Namen man gegen es Einspruch einlegt, gegen das, was der Leere und der Unbestimmtheit der bloßen Abstraktion lediglich* ähnelt.

Da wir mit nur zwei oder drei Worten alles sagen sollen, wollen wir der Doppeltheit der beiden Ursprünge zwei Namen geben. Hier ist nämlich der Ursprung ein Doppeltes, das eine sowohl als auch das andere. Nennen wir die beiden Quellen, die beiden Schächte oder Pisten, die in der Wüste noch unsichtbar sind. Verleihen wir ihnen ihre beiden »geschichtlichen« Namen, obwohl ein bestimmter Begriff der Geschichte an dieser Stelle sich als ungeeignet erweisen muß. Beziehen wir uns vorläufig, *wie ich unterstreichen möchte, und zu pädagogischen oder rhetorischen Zwecken auf das »Messianische« einerseits und auf die* chora *andererseits. In einem anderen Zusammenhang habe ich schon versucht, auf eine genauere und hoffentlich auch strengere Art und Weise ebendies zu tun.*[14]

21. Erster Name: *das Messianische, das Messianistische ohne Messianismus. Genannt ist damit eine Öffnung auf die Zukunft*

---

14 Vgl. Jacques Derrida, *Khôra*, Paris 1993 (deutsch: *Chora*, in: *Über den Namen*, Wien 1999); ders., *Spectres de Marx*, Paris 1993 (deutsche Übersetzung: *Marx' Gespenster*, Frankfurt/M. 1995); ders., *Force de loi*, Paris 1994 (deutsche Übersetzung: *Gesetzeskraft. Der »mystische Grund der Autorität«*, Frankfurt/M. 1991·).

hin, auf das Kommen des anderen als widerfahrende Gerechtigkeit, ohne Erwartungshorizont, ohne prophetisches Vorbild, ohne prophetische Vorausdeutung und Voraussicht. Das Kommen des anderen kann nur dort als besonderes und einzigartiges Ereignis hervortreten, wo keine Vorwegnahme den anderen kommen sieht; nur dort, wo der andere, der Tod und das radikal Böse (uns) jederzeit überraschen können. Möglichkeiten, die die Geschichte zu eröffnen und zugleich zu unterbrechen vermögen, zumindest den gewöhnlichen Lauf der Geschichte. Von diesem gewöhnlichen Lauf handeln die Philosophen, die Historiker und häufig auch die Klassiker (die klassischen Theoretiker) der Revolution. Die Geschichte unterbrechen oder entzweien, Geschichte machen, indem man darin eine Entscheidung trifft, eine Entscheidung, die zum Kommen des anderen führen kann und die dann die dem Anschein nach untätige Gestalt einer Entscheidung des anderen annimmt: Erscheint die Entscheidung als solche, als Entscheidung, die in sich selbst – in mir ruht, kommt sie stets von einem anderen, ist sie stets Entscheidung des anderen, ohne daß ich darum von irgendeiner Verantwortung entlastet wäre. Das Messianische setzt sich der absoluten Überraschung aus. Diese Aussetzung mag sich stets in der phänomenalen Form des Friedens oder der Gerechtigkeit zu erkennen geben, dennoch muß das Messianische, das sich auf solch abstrakte Weise aussetzt, sowohl das Beste als auch das Schlimmste erwarten, da das eine niemals ohne die offen vorhandene Möglichkeit des anderen gegeben ist. Erwartung ohne sichernde Selbstreflexion. Es handelt sich dabei um eine »allgemeine Struktur der Erfahrung«. Die messianische Dimension hängt von keinem Messianismus ab, sie folgt keiner bestimmten Offenbarung, sie gehört keiner abrahamischen Religion eigentlich an (was nicht bedeutet, daß ich ihr hier nicht »unter uns« weiterhin Namen geben muß, die von den abrahamischen Religionen geprägt sind: ich muß dies aus wesentlichen linguistischen und kulturellen Gründen tun, aus Gründen, die mit provisorischer Rhetorik und historischer Strategie zusammenhängen).

22. Ein unbesiegbarer und unüberwindlicher Gerechtigkeitsdrang verbindet sich mit dieser Erwartung. Zu deren Bestimmung gehört, daß nichts ihr Gewißheit verleiht oder verleihen darf, daß sie von keinem Wissen, keinem Bewußtsein, keiner

Voraussicht, keinem Programm als solchen Sicherheit erhält. Das abstrakt Messianistische, um das es hier geht, ist von Anfang an Teil der Glaubenserfahrung, der Erfahrung des Glaubens, der Erfahrung eines Kredits, den man nicht auf das Wissen zurückführen kann, und der Erfahrung einer Zuverlässigkeit, die in der Bezeugung den »Grund« für jedes Verhältnis zum anderen legt. Die Gerechtigkeit, um die es hier geht, unterscheide ich vom Recht: sie allein gestattet es, jenseits der Gestalten des »Messianismus« Hoffnung auf eine Kultur der Besonderheiten zu setzen, die sich universalisieren läßt, auf eine Kultur, in der die abstrakte Möglichkeit der unmöglichen Übersetzung sich trotz allem ankündigt. Diese Gerechtigkeit ist stets schon in das Versprechen eingezeichnet, in die Glaubensbekundung oder den Glaubensaufruf, der jedem Sprechakt, jeder Anrede eines anderen innewohnt. Einzig die universalisierbare Kultur dieses Glaubens – nicht die Kultur eines anderen Glaubens, nicht die Kultur, die sich vor jedem Glauben als eine universale ausgibt – erlaubt es, einen »vernünftigen« und allgemeinen oder universalen Diskurs über die »Religion« vorzubringen. Das ganz und gar kärgliche Messianistische, das von allem entkleidet sein muß, der Glaube ohne Dogma, der sich in die Gefahr einer vollkommenen Nacht begibt, der sich umgeben von den Gefahren einer solchen Nacht vorwagt, kann man in keinen überkommenen Gegensatz der Überlieferung einordnen; man kann zum Beispiel dieses Messianistische und diesen Glauben nicht in den Gegensatz von Vernunft und Mystik einzwängen. Sie kündigen sich überall dort an, wo eine rein vernünftige oder rationale Analyse, eine Analyse, die reflektiert, ohne sich im schlechten Sinne als flexibel zu erweisen, das Paradoxon aufzeigt, das darin besteht, daß die Begründung des Gesetzes – daß das Gesetz des Gesetzes, die Einrichtung einer Einrichtung, der Ursprung der Konstitution – ein »performatives« Ereignis ist, das nicht dem durch es begründeten, eröffneten oder gerechtfertigten Ganzen zugehören kann. Ein solches Ereignis läßt sich in der Logik des von ihm Eröffneten nicht rechtfertigen. Es ist die Entscheidung des anderen in der Unentscheidbarkeit. Deshalb muß die Vernunft an dieser Stelle jenes anerkennen, was Montaigne und Pascal als den unabweislichen »mystischen Grund der Autorität« bezeichnen. So verstanden ist das Mystische ein Bündnis zwischen dem Vertrauen, dem Kredit, dem Treuhänderischen, *dem Zuverlässigen, dem Geheimnis (das »Mystische« bedeutet nichts anderes) und dem Grund, der Begründung, dem Wissen, der Wissenschaft als »Tun«, »Handeln«, »Hervorbringen« (wir werden davon noch sprechen), als Theorie, Praxis und theoretische Praxis; das Mystische ist ein Bündnis zwischen Glauben und wissenschaftstechnischer oder tele-technologischer Verrichtung, zwischen Glauben und dem Vermögen solcher Verrichtung; es ist ein Bündnis zwischen Glauben und Glauben, zwischen dem Glauben und dem Glauben, der dem performativen Charakter der Wissenschaftstechnik oder der Tele-Technologie einwohnt. Wo die Grundlegung einen Grund legt und dabei selbst einbricht, wo der Grund unter dem Grund des Begründeten sich entzieht, in dem Augenblick, in dem er dadurch, daß er sich in der Wüste verirrt, noch seine eigene Spur und das Gedächtnis eines Geheimnisses verliert, muß die »Religion« beginnen, muß sie stets wieder von neuem anheben: auf eine fast automatische, mechanische, maschinelle, unbewußte,* spontane *Art und Weise.* Spontan *ist in diesem Zusammenhang ganz im Sinne der Wortbedeutung von Spontaneität zu verstehen, als Ursprung des Hervorquellenden* (sponte sua) *und zugleich als jenes, was mit dem automatischen Charakter des Maschinellen hervorquillt – um das Beste zu bewirken und das Schlimmste anzurichten, ohne irgendeine Sicherheit und ohne anthropotheo-logischen Horizont. Ohne diese Wüste in der Wüste gäbe es weder ein Glaubensbekenntnis oder eine Glaubensbekundung noch ein Versprechen, eine Zukunft, ein erwartungsloses Erwarten des Todes und des anderen; es gäbe keinen Bezug zur Besonderheit des anderen. Die Chance dieser Wüste in der Wüste (das heißt: die Chance dessen, was bis zur Verwechslung, aber nicht bis zur Deckungsgleichheit jenem negativen Weg ähnelt, der in der Richtung, die eine griechisch-jüdisch-christliche Tradition vorgibt, die Wüste durchquert) liegt in dem Umstand, daß man nur die Überlieferung zu entwurzeln und zu enttheologisieren braucht, die jene Wüste in sich trägt, damit die Abstraktion, ohne den Glauben zu verleugnen, eine universale Rationalität und eine von ihr untrennbare politische Demokratie freilegt.*

23. Zweiter Name *(oder auch vorgängiger Vorname, Name, der vor dem ersten Namen kommt):* chora. *Platon nennt sie im*

Timaios,[15] *kann sie jedoch nicht in einer zusammenhängenden und stichhaltigen Deutung seines eigenen Vorhabens und ihres eigenen Wesens sich aneignen. Vom offenen Inneren eines Korpus, eines Systems, einer Sprache oder einer Kultur aus weist* chora *auf den Ort einer abstrakten Verräumlichung, auf den Ort selbst, den Ort einer absoluten Äußerlichkeit, den Ort einer Gabelung, die zwei Annäherungen an die Wüste voneinander trennt. Gabelung einer Tradition des »negativen Wegs«, deren Möglichkeit (ungeachtet ihrer christlichen Geburtsurkunde oder in ihrer Zugehörigkeit zum Christentum) an einer griechischen (platonischen oder plotinischen) Überlieferung hängt, die sich bis zu Heidegger und jenseits seines Denkens fortsetzt: Denken dessen, was jenseits des Seins (ist), epekeina tēs ousias. Diese griechisch-abrahamische Zwitterbildung ist anthropo-theologischen Wesens. In ihren uns bekannten Gestalten, in ihrer Kultur und Geschichte äußert sie sich in einem »Idiom«, das sich nicht verallgemeinern läßt. Es spricht einzig an den Grenzen einer mittelöstlichen Wüste, im Hinblick auf sie, an der Quelle der monotheistischen Offenbarungen und dort, wo Griechenland seinen Ursprung hat. Hier können wir vielleicht den Ort bestimmen, an dem »wir« heute und auf dieser Insel uns aufhalten, den Ort, auf den wir immer wieder hinweisen. Wenn es unsere Pflicht ist, immer wieder darauf hinzuweisen; wenn wir dabei für einige Zeit noch die Namen gebrauchen, deren Erbe uns hinterlassen worden ist, so liegt das daran, daß ein neuer und bis zum heutigen Tag unbekannter Religionskrieg um diesen Grenzort ausgebrochen ist. Es handelt sich* sowohl um ein inneres als auch um ein äußeres *Ereignis. Seinen erschütternden Wirbelsturm läßt dieser Krieg in unmittelbarer Nähe zur treuhänderischen Weltumspannung toben, welche die Wissenschaftstechnik, die Wirtschaft, die Politik und das Recht bewirken; er stellt zwischen sich und jener Weltumspannung eine Beziehung her, er setzt Begriffe des Politischen und des internationalen Rechts, der Nationalität, der staatsbürgerlichen Subjektivität, der staatlichen Souveränität aufs Spiel. Diese hegemonischen Begriffe tendieren wohl dazu, über eine Welt zu herrschen, aber nur als endliche Begriffe:*

15 Ich verweise den Leser an dieser Stelle auf meine Auslegung dieses Textes, vor allem auf die »politische« Lesart, die ich in *Wie nicht sprechen*, *Chora* und *Außer dem Namen* vorschlage (siehe Anmerkung 4, 5 und 14).

die ansteigende Spannung, die ihre Herrschaft durchzieht, ist mit ihren Schwankungen so wenig unvereinbar wie mit ihrem Potential zur Vervollkommnung. Beide (die Schwankung und die Vervollkommnung) können nicht anders als stets aneinander zu mahnen.

24. *Man wird so lange nicht verstehen, was es mit der brandenden »islamischen« Bewegung auf sich hat, man wird sich so lange nicht dazu verhalten können, wie man es versäumt, das Innere und das Äußere dieses Grenzortes zu untersuchen; so lange, wie man sich damit begnügt, eine innere Erklärung zu geben (eine Erklärung aus der Innensicht der Geschichte des Glaubens, der Religion, der Sprachen oder der Kulturen als solcher). Man muß den Übergang zwischen dem Innen und jenen Dimensionen bestimmen, die dem Anschein nach bloß äußere Dimensionen sind, wissenschaftstechnische und tele-bio-technologische Dimensionen, Dimensionen auch des Politischen und Sozioökonomischen.*

Während man auf der einen Seite die onto-theologisch-politische Tradition analysieren muß, in der die griechische Philosophie mit den abrahamischen Offenbarungen sich kreuzt, muß man andererseits vielleicht jenes erproben und erfahren, was dieser Tradition noch widersteht, was ihr immer widerstanden hat, von ihrem Inneren aus oder als ein Äußeres, das im Inneren am Werk ist und Widerstand leistet. Chora, *»die Prüfung, der* chora *unterzieht«,*[16] *ist zumindest im Sinne der Deutung, an der mich versuchen zu können ich geglaubt habe, der Name, der den Ort benennt,* ein besonderer Name für den Ort *jener Verräumlichung, die sich von keiner theologischen, ontologischen oder anthropologischen Instanz beherrschen läßt, die alterslos und geschichtslos ist, älter als alle Gegensätze (etwa als der Gegensatz zwischen dem Sinnlichen und dem Intelligiblen), und die sich nicht einmal auf einem negativen Weg als etwas ankündigen läßt, was sich »jenseits des Seins« hält. So ist* chora *unempfindlich und erschütterlich, sie bleibt allen Prozessen geschichtlicher Offenbarung oder anthropo-theologischer Erfahrung gegenüber ein Fremdartiges, mögen sie auch ihrerseits der Abstraktion bedürfen, an die wir mit* chora *rühren. Niemals ist sie ein Teil der Religion, niemals ist sie religiös geworden; niemals wird sie sich*

16 Jacques Derrida, *Sauf le nom*, siehe Anmerkung 4, S. 95.

36

weihen, heiligen, vermenschlichen lassen; niemals wird man sie kultivieren, in eine Geschichte einfügen oder in eine Angelegenheit der Theologie verwandeln können. Radikal heterogen im Verhältnis zum Gesunden und Geborgenen, zum Heiligen und Sakralen, läßt sie sich niemals entschädigen oder in etwas Unverletztes, Heiles verwandeln. Diese Behauptung vermag man in der Gegenwart gar nicht aufzustellen, da chora als solche niemals erscheint. Sie ist nicht das Sein, nicht das Gute, nicht Gott, nicht der Mensch, nicht die Geschichte. Stets wird sie diesen Instanzen widerstehen, stets wird sie der Ort eines unendlichen Widerstandes gewesen sein, eines unendlich unempfindlichen und unerschütterlichen Überbleibens: ein ganz anderes, das kein Gesicht hat (nicht einmal die Vergangenheit in der Zukunft ermöglicht die Wiederaneignung, die beugende Unterwerfung oder die Reflexion einer chora, die außer Rand und Band ist, ohne Gesetz und ohne Glaube, gewissenlos).

25. Chora ist nichts (kein Seiendes, nichts Gegenwärtiges oder Anwesendes), sie ist jedoch nicht das Nichts, das in der Angst des Daseins° die Seinsfrage eröffnet. Dieser griechische Name nennt in unserem Gedächtnis jenes, was sich nicht wiederaneignen läßt, auch nicht durch unser Gedächtnis, durch unser »griechisches« Gedächtnis. Er nennt das Unvordenkliche einer Wüste in der Wüste, zu der keine Schwelle hinführt und um die man nicht trauern kann. Offen bleibt dadurch die Frage, ob man diese Wüste »vor« der Wüste denken kann, die uns bekannt ist, ob es sich bewerkstelligen läßt, daß man »vor« der uns bekannten Wüste von ihr Kunde hat (»vor« der Wüste der Offenbarungen und der Rückzüge, der vielen Leben und Tode Gottes, der Gestalten der Kenose und der Transzendenz, der religio und der geschichtlichen »Religionen«); oder ob nicht »im Gegenteil« es erforderlich ist, »von« dieser uns bekannten Wüste aus die Wüste wahrzunehmen, die ihr vorausgeht, die Wüste vor der ersten und letzten Wüste, die ich die Wüste in der Wüste nenne. Muß man nicht das unentschiedene Schwanken (zwischen Offenbarung und Offenbarkeit, zwischen Ereignis und Möglichkeit oder Virtualität des Ereignisses); muß man nicht die Verhaltenheit (oder epoché), von der oben bereits die Rede war, selbst achten und beachten? Liegt nicht die Chance einer jeden verantwortlichen Entscheidung, eines anderen »reflektierenden Glaubens«, einer neuen

*Toleranz in der Achtung vor dieser eigenartigen und besonderen
Unentschiedenheit beschlossen, in der Achtung vor dieser hyper-
bolischen Überbietung, die zwischen zwei Ursprüngen stattfindet, zwischen zwei Quellen, zwischen der Ordnung des »Offen-
barten« und der Ordnung des »zu Offenbarenden« (Ausdrücke,
die man als anzeigende Kürzel verstehen sollte)?*

26. *Nehmen wir an, daß zwischen »uns« hier Einverständnis
herrscht: wir sind* für *»Toleranz«, selbst wenn es nicht unsere of-
fizielle Aufgabe ist, sie zu fördern, sie praktisch zu bekunden
oder sie zu begründen. Wir sind hier versammelt, um den Versuch zu unternehmen, jenes zu denken, was in Zukunft »Toleranz« heißen könnte. Ich benütze Anführungszeichen, weil ich
das Wort »Toleranz« seinen Ursprüngen entziehen, weil ich von
seinen Ursprüngen abstrahieren möchte. Ich möchte durch diesen Gebrauch des Wortes und durch die Dichte seiner Geschichte
hindurch eine Möglichkeit ankündigen, die nicht bloß wiederum
christlichen Wesens ist. Denn im strengen Wortsinn gehört der
Begriff der Toleranz zunächst einmal in eine Art zähmenden
christlichen Haushalt. Unter dem Namen »Toleranz« ist* buchstäblich *ein Sekret (und ein Geheimnis,* secret) *der christlichen
Gemeinschaft zu verstehen. Er ist im Namen des christlichen
Glaubens geprägt, ausgegeben und in Umlauf gebracht worden;
er steht in einem Verhältnis zu der ebenfalls christlichen Herkunft dessen, was Kant als »reflektierenden Glauben« bezeichnet; er hat einen Bezug zur reinen Moralität als Sache des Christentums. Die Lehre der Toleranz ist an erster Stelle eine
beispielhafte Lehre, ein beispielgebendes Verhalten, ein Beispiel,
das der Christ allein der Welt geben zu können glaubte, auch
wenn er selbst das beispielgebende Verhalten und die beispielhafte Lehre erst lernen mußte. Aus diesem Blickwinkel waren
die* Lumières *nicht weniger als die Aufklärung in ihrem Wesen
christlich. In dem Artikel seines philosophischen Wörterbuchs, in
dem Voltaire von der Toleranz handelt, wird der christlichen Religion ein doppelter Vorzug zuerkannt. Einerseits soll sie beispielhaft tolerant sein, da sie besser als alle anderen Religionen und
also* vor *jeder anderen Religion Toleranz lehrt. Ja, tatsächlich:
Voltaire scheint in einer der Manier Kants durchaus ähnlichen
Weise von der Annahme auszugehen, daß das Christentum die
einzige »moralische« Religion ist, ist sie doch die erste Religion,*

*die ein Beispiel geben kann, geben muß und geben soll. Dieser
Umstand erklärt die Treuherzigkeit, ja zuweilen Torheit derer,
die den Namen Voltaire in ein Schlagwort verwandeln, um in
dem Kampf der kritischen Moderne, schlimmer noch: um in dem
Kampf, der um die Zukunft der kritischen Moderne geführt
wird, sich unter seinem Banner zusammenzufinden. Andererseits ist Voltaires Lehre den Christen zubestimmt, jenen Menschen, die »intoleranter gewesen [sind] als alle anderen«.[17] Voltaire klagt und prangert die christliche Religion und Kirche an,
dabei erinnert er aber an die Lehre des Urchristentums, an die
»Zeiten der ersten Christen«, an Jesus und die Apostel, die von
einer »katholisch-apostolischen römischen Kirche verraten worden sind«, die »in all ihren feierlichen Handlungen und Dogmen
das Gegenteil ist von der Religion Christi«.[18]*

*Eine andere »Toleranz« würde sich an die Erfahrung einer
»Wüste in der Wüste« anmessen, sie würde die Entfernung der
unendlichen Andersheit als Besonderheit achten. Eine solche
Achtung wäre noch religio, sie wäre religio als Skrupel oder Verhaltenheit, als Distanz, Dissoziation, Disjunktion – auf der
Schwelle zu jeder möglichen Religion als Band oder Verbindung
der Wiederholung, auf der Schwelle zu jeder möglichen gesellschaftlichen oder gemeinschaftlichen Verbindung.[19]*

17 Zwar antwortet Voltaire auf die Frage »Was ist Toleranz?«, sie sei das
»Vorrecht der Menschheit«, doch ist das Beispiel des Vorzugs, die höchste Eingebung dieser »Menschheit« christlicher Herkunft: »Zweifellos
ist es von allen Religionen die christliche, die zur größten Toleranz an-
halten und die die größte Toleranz eingeben muß, mögen auch die Christen bislang intoleranter gewesen sein als alle anderen Menschen.« (Voltaire, *Dictionnaire philosophique*, Paris 1961, S. 401 und 403)

Das Wort »Toleranz« birgt also eine Erzählung in sich; es erzählt zunächst eine innerchristliche Erzählung, es erzählt zunächst von einer in-
nerchristlichen Erfahrung. Die Christen (»intoleranter [...] als alle anderen Menschen«) werden von einem Glaubensgenossen auf eine Art, die
wesentlich der eines Glaubensgenossen entspricht, an das Wort Jesu und
an das wahrhaftige Urchristentum erinnert. Würde man sich nicht
scheuen, zu viele Leute auf einmal zu entrüsten, so könnte man behaupten, daß Voltaire und Heidegger gerade aufgrund ihres heftigen Antichri-
stentums, ihres Widerstandes gegen die römische Kirche und ihrer aus-
gesprochenen, zuweilen sehnsüchtigen Vorliebe für das Urchristentum,
der gleichen protokatholischen Tradition angehören.

18 Ebd.

19 Wie an anderer Stelle (vgl. Jacques Derrida, *Spectres de Marx*, siehe Anmerkung 14, S. 46f.) würde ich auch hier versuchen, die Bedingung der

Vor und nach dem logos, *der am Anfang war, vor und nach
dem Abendmahl, vor und nach der Heiligen Schrift.*

Nachschrift

Krypten...

27. [...] **Die Religion?** Sollte man hier und jetzt, am heutigen
Tag noch von ihr *reden*, von der Religion, so müßte man vielleicht versuchen, sie *selbst* zu denken und sich der damit verbundenen Aufgabe zu widmen. Man müßte vor allem den Versuch
unternehmen, sie *zum Ausdruck zu bringen*, eine Aussage über
sie zu machen oder sich über sie *zu äußern* – freilich mit der nötigen Strenge, das heißt mit der Verhaltenheit, der Scheu, der
Achtung, dem Eifer, kurz: den Skrupeln (*religio*), die jenes erfordert, was in seinem Wesen Religion ist oder zu sein beansprucht.
Man müßte bereits, so könnte man versucht sein zu folgern, mit
einer gewissen *Religio*-sität von diesem Wesen reden, ganz im
Sinne der Wortbedeutung. Einzig auf solche Weise würde man
es vermeiden, etwas Fremdes in die Religion einzuführen; einzig
auf solche Weise würde man sie jenes sein lassen, was sie ist: unberührt, gerettet, unverletzt, unbeschädigt, *unversehrt*, *heil*.
Heil in der Erfahrung des Heilen, die sie hat sein wollen. Ist das
Heile[20] nicht die Sache selbst der Religion?

> Gerechtigkeit von einer bestimmten Auflösung oder Ent-bindung aus zu
> denken; ich würde sie nicht in der »Versammlung« suchen, wo Heidegger
> sie immer ausmacht (er läßt sich dabei von dem bis zu einem gewissen
> Punkt gerechtfertigten Anliegen leiten, die *dikē* der Vorherrschaft des *ius*
> zu entziehen, also späteren ethisch-juridischen Vorstellungen), sondern
> in der stets geborgenen, stets zu rettenden Möglichkeit des Geheimnisses
> oder des Verbergenden der Dissoziation.
>
> 20 Heil, *indemnis*, meint jenes, was keinen Schaden genommen hat und
> nicht beschädigt worden ist (*damnum*). Im Französischen geht das Wort
> *dam*, das man im Ausdruck *au grand dam* [zum großen Nachteil, zum
> großen Schaden] findet, auf *damnum* zurück; *damnum* läßt sich von *dap-
> no-m* herleiten, das mit *daps, dapis* zusammenhängt, mit dem Opfer, das
> den Göttern in rituellem Ausgleich dargebracht wird. Man könnte aus
> der Sicht dieses Zusammenhangs oder dieser Zusammengehörigkeit von
> *Entschädigung* [*indemnisation*] reden; wir werden hier und dort dieses
> Wort gebrauchen, um die Bewegung des Ausgleichens zu bezeichnen
> und die Rückerstattung, die zuweilen durch ein Opfer geschieht und die
> die unberührte Reinheit *wieder*herstellt, die heile, geborgene, unver-

Aber nein, im Gegenteil. Erwidert der andere. Man würde *von* der Religion gar nicht reden, würde man einfach *in ihrem Namen* reden, würde man sich damit begnügen, sie zu *reflektieren*, in einem Spiegel und mit religiöser Hingabe. Wiederum ein anderer oder auch der, der gerade gesprochen hat, fügt dieser Erwiderung dann eine Frage hinzu: Haben der wahrste Glaube, die ursprünglichste Heiligkeit nicht immer schon ihr Hilfsmittel und ihre Hilfsquelle in dem Bruch mit der Religion gefunden, und sei es, um einen Augenblick lang die religiöse Zugehörigkeit aufzuheben? Auf jeden Fall müßte man auf eine möglichst a-religiöse, ja irreligiöse Art sowohl jenes in Betracht ziehen, was Religion gegenwärtig sein *kann*, als auch jenes, was zur Zeit *in ihrem Namen geschieht, gesagt und getan wird* – in der Welt und in der Geschichte. Dort, wo die Religion sich nicht mehr reflexiv in ihrem Namen erkennen, dort, wo sie ihn zuweilen nicht mehr verantworten oder tragen kann. Man sollte nicht leichtfertig, wie im Vorbeigehen von dem sprechen, was »am heutigen Tag« geschieht, »zur Zeit«, »in der Welt« und »in der Geschichte«, und dabei jenes vergessen, was *da* geschieht, was unter dem Namen der Religion, ja in ihrem Namen erneut auf *uns* zukommt und *uns* immer noch überrascht. Was uns da zustößt, hängt gerade mit der Erfahrung und der radikalen Interpretation dessen zusammen, was all diese Wörter und Begriffe bedeuten sollen: es betrifft die Einheit einer »Welt« und eines »In-der-Welt-Seins«, die Begriffe der Welt und der Geschichte in ihrer westlichen Überlieferung, in der christlichen oder griechisch-christlichen

sehrte Vollständigkeit, das unbeschädigte Eigene der Eigenheit und das fleckenlos oder unbefleckt Reinliche. Genau das bezeichnet ja das Wort »heil« [*indemne*]: das Reine, Nicht-Kontaminierte, Unberührte, das Sakrale oder Heilige, das noch nicht entweiht, geschändet, verwundet worden ist, an dem man sich noch nicht vergangen und das noch keine Verletzung erlitten hat. Häufig hat man im Französischen das Wort *indemne* benutzt, um eine Entsprechung für den Gebrauch zu finden, den Heidegger im Deutschen von dem Wort *heilig*° macht und das man auch mit *sacré* [heilig, sakral], *sain et sauf* [gesund und geborgen] oder *intact* [unberührt] übersetzen könnte. Da das Wort *heilig*° im Mittelpunkt unserer Überlegungen stehen wird, haben wir also schon an dieser Stelle klären müssen, wie wir die Wörter *indemne* [heil, unversehrt, vergütet], *indemnité* [Vergütung], *indemnisation* [Entschädigung] gebrauchen werden. Wir werden diese Wörter regelmäßig in einen Zusammenhang mit den Wörtern »immun«, »Immunität«, »Immunisierung« und vor allem »Auto-Immunität« stellen.

Tradition, die bis hin zu Kant, Hegel, Husserl, Heidegger reicht; es betrifft auch den Begriff des *Tages* und ebenfalls den der *Gegenwart*. (Im weiteren Verlauf sollten wir diese beiden rätselhaften Motive vergleichen: die unversehrte, heile *Gegenwart* des Gegenwärtigen *und* das *Glaubende* des Vertrauens; das Sakrosankte, Heile und Geborgene einerseits – *und* den vertrauenden Glauben, die Zuverlässigkeit, den Kredit andererseits). Die neuen »Religionskriege« entzünden sich, wie andere zuvor, auf der menschlichen Erde (die man mit der Welt nicht verwechseln darf) und kämpfen heute darum, den Himmel bis in den letzten Winkel zu beherrschen, *mit Finger und Auge*: digitales System, virtuell unmittelbare panoptische Sichtbarmachung, »Luftraum«, Satelliten der Telekommunikation, Autobahnen der Information, Konzentration der kapitalistischen Medien-Mächte, kurz und mit drei Schlagwörtern ausgedrückt: *digitale Kultur*, *desk-jet* und *Fernsehen*. Ohne sie gibt es heute keine religiöse Bekundung; ohne sie wären zum Beispiel die Reisen und Ansprachen des Papstes undenkbar sowie jede organisierte Ausstrahlung jüdischer, christlicher, moslemischer Kulte, mögen sie »fundamentalistischen« Wesens sein oder nicht.[21] Indem sie so

21 Wir verfügen nicht über genügend Platz, um all die Bilder und Indizien, wir könnten auch sagen: all die Ikonen unserer Zeit aufzuzählen, die in diesem Kontext genannt werden müßten, im Kontext der *Organisation*, der *Konzeption* (erzeugende Kräfte, Strukturen, Kapitalien) und der *audiovisuellen Repräsentation* der kultischen oder religionssoziologischen Phänomene. In einem digitalisierten *Cyberspace*, in dem Prothese auf Prothese aufgesetzt ist, wacht ständig ein himmlischer, monströser, tierischer oder göttlicher Blick, eine Art Auge von CNN: Es wacht über Jerusalem und seine drei Monotheismen, über die Vielfalt, die Geschwindigkeit und das Ausmaß der Reisen eines Papstes, der im Hinblick auf die Rhetorik des Fernsehens besonders erfahren und mit allen Wassern gewaschen ist. (Seine letzte Enzyklika, *evangelium vitae*, verurteilt Abtreibung und Euthanasie, um sich für die Heiligkeit oder den sakralen Charakter eines gesunden und geborgenen Lebens [*indemne, holy*, heil, heilig°] auszusprechen, für die Vermehrung in ehelicher Liebe, die mit dem Zölibat der Priester die einzige Möglichkeit sein soll, eine angebliche *Immunität* gegen den Virus der menschlichen Immunschwäche [HIV] zu verbürgen. Diese Enzyklika wird sofort und unmittelbar auf CD-ROM verbreitet, sie erhält durch CD-ROM ein massives »Marketing« und wird dadurch überall verfügbar. Man »cederomisiert« noch die Anzeichen der Anwesenheit und Gegenwart im eucharistischen Mysterium.) Ein himmlisches Auge wacht über die Wall-Luftfahrten nach Mekka; über die vielen *live* sich ereignenden Wunder, auf die Werbung folgt, vor einem Publikum von Zehntausenden in einem nordamerikani-

geführt werden, geht es in den Religionskriegen, deren Raum und deren Verräumlichung vom *Cyberspace* abhängen, um eben genau jene Bestimmung der »Welt«, der »Geschichte«, des »Tages«, der »Gegenwart«, die ich oben genannt habe. Sicherlich kann das, worum es geht, einen bloß impliziten Stellenwert haben; es muß nicht immer auf ausreichende und deutliche Weise thematisiert oder zum Ausdruck gebracht werden. Es kann auch durch »Verdrängung« andere Dinge, um die es ebenfalls geht, verdecken oder versetzen, das heißt: es kann sie, der Topik der Verdrängung gemäß, an andere Orte rücken oder in andere Systeme einschreiben. Zwangsläufig tauchen dabei Symptome und Wunschbilder auf, Geister und Gespenster, *phantasmata*, die es zu untersuchen gilt. In beiden Fällen (gleichgültig, ob wir einer Logik des Ausdrücklichen oder einer Logik des Nichtausdrücklichen folgen) müssen wir die radikalsten Konsequenzen dessen, worum es *ausdrücklich* geht, in Betracht ziehen und uns fragen, was es virtuell zumindest verschlüsseln kann – wie ein Krypto-

schen Fernsehstudio (meistens handelt es sich um Heilungen [*healings*]), also um eine Rückkehr zum Heilen und Heiligen° [*holy*], um eine Entschädigung und Vergütung). Ein himmlisches Auge wacht über die internationale Diplomatie des Dalai-Lama, die an den Auswirkungen des Fernsehens sich ausrichtet…

Das Vermögen der *Bezeugung*, das in all diesen Phänomenen liegt, ist auf eine derart ausgezeichnete Weise an die Maßstäbe und die fortschreitenden Entwicklungen der weltumfassenden Demographie angepaßt, es stimmt so gut und so genau mit den wissenschaftstechnischen, ökonomischen und medialen Mächten unserer Zeit überein, daß es eine ungeheure Verstärkung erfährt; es sammelt sich in dem digitalisierten Raum, steigert sich durch das Fliegen mit Schallgeschwindigkeit und das Empfangen durch audiovisuelle Antennen. Stets hat der Äther der Religion einer bestimmten geisterhaften Virtualität gegenüber sich als gastfreundlich erwiesen. Die Religion, die der CD-ROM und dem *Cyberspace* untersteht, gegenwärtige Gestalt der Erhabenheit des bestirnten Himmels in der Tiefe unserer Herzen, muß heutzutage auch als beschleunigter, hyperkapitalisierter, erhöhter Wiedereinsatz der Gründungsgeister betrachtet werden. Auf CD-ROM, auf den Himmelsbahnen der Satelliten, durch das Fernsehen, über *desk-jet, E-mail* oder die *networks* des *Internet*. Unmittelbar oder der Möglichkeit nach universalisierbar, ultrainternationalisierbar, verkörpert in neuen »Körperschaften«, die gegenüber der staatlichen Macht mehr und mehr an Unabhängigkeit gewinnen (wenig verschlägt es dabei, ob es sich um demokratische Staatsmächte handelt oder nicht; es gilt, all diese Begriffe in Frage zu stellen und erneut zu untersuchen, wie sich auch an der »weltweiten Latinität« des internationalen Rechts zeigt, das in seiner heutigen Verfassung auf der Schwelle zu immer schnelleren und unvorhersehbaren Verwandlungen steht).

gramm der Wurzel selbst, wie eine Geheimschrift in der Tiefe der Radikalität. Jenes, worum es *ausdrücklich* geht und was *ausdrücklich* auf dem Spiel steht, scheint bereits ein grenzenloses Ausmaß zu haben: was sind die »Welt«, der »Tag«, die »Gegenwart«, was ist die gesamte Geschichte, was sind die Erde, die Menschlichkeit des Menschen, die Menschenrechte, die politische und kulturelle Organisation der Gesellschaft, der Unterschied zwischen Mensch, Gott und Tier, die Phänomenalität des Tages, der Wert des Lebens oder seine »Entschädigung«, das Recht auf Leben, der Umgang mit dem Tod usw.? Was ist die Gegenwart, das heißt: was ist die Geschichte – die Zeit, das Sein, das Sein in seiner Eigentlichkeit (ein Unversehrtes, Heiles, Geborgenes, Sakrales, Geheiligtes, Heiliges°, etwas, das man *holy* nennen kann)? Was hat es hier mit der Heiligkeit und dem Sakralen auf sich? Sind beide das gleiche? Wie steht es um die Göttlichkeit Gottes? Wie viele Bedeutungen kann man dem Wort *theion* verleihen? Ist die Frage so angemessen gestellt?

28. Die Religion? Bestimmter Artikel in der Einzahl? *Mag sein* (stets gegebene Möglichkeit), daß etwas anderes, daß andere (ökonomische, politisch-militärische) Interessen sich hinter den neuen »Religionskriegen« verbergen, hinter dem, was, mit dem Namen der Religion versehen, zur Erscheinung kommt, jenseits des in ihrem Namen Verteidigten oder Angegriffenen, jenseits dessen, was in ihrem Namen tötet, sich tötet oder sich gegenseitig umbringt und was aus diesem Grund ausdrücklich auf das In-Frage-Stehende sich beruft – was also am hellichten Tag die Entschädigung (als Wiederherstellung des Heilen) beim Namen ruft. Wenn aber, wie wir oben hervorgehoben haben, das *uns* so *Zustoßende* häufig (nicht immer) die Gestalt des Bösen und des Schlimmsten annimmt, das in den ungeahnten Formen eines *abscheulichen* »Religionskriegs« erscheint, kann man dennoch nicht davon ausgehen, daß dieser Krieg seinen Namen stets eingesteht. Es ist nämlich denkbar, daß im Schatten oder im Angesicht der aufsehenerregendsten und rohesten Verbrechen mancher (gegenwärtiger oder vergangener) »Integrismen« andere überbewaffnete Kräfte uneingestandene »Religionskriege« führen. Sind die Kriegshandlungen oder die militärischen Eingriffe des jüdisch-christlichen Abendlands, die im Namen der ehrwürdigsten Sache geschehen (im Namen des internationalen

Rechts, der Demokratie, der Souveränität der Völker, der Nationen oder der Staaten, ja im Namen humanitärer Gebote), in gewisser Weise nicht ebenfalls Religionskriege? Die in einer solchen Frage enthaltene Hypothese hat nicht zwangsläufig eine verleumdende Wirkung, sie ist nicht einmal besonders originell, außer in den Augen jener, die überstürzt glauben, daß die gerechte Sache, die aufgezählten Gründe weltlichen Wesens sind und *rein*, frei von aller Religiosität. Um einen Religionskrieg *als solchen* zu umgrenzen und zu bestimmen, müßte man die Grenzen des Religiösen ziehen können. Man müßte Gewißheit darüber haben, daß sich alle Prädikate des Religiösen angeben lassen (die Dinge verwickeln sich, wie wir noch sehen werden, weil man bei der Bestimmung des Religiösen mindestens *zwei* Familien, zwei Stämme oder zwei Quellen unterscheiden muß, die ineinanderfließen, die sich überschneiden, überkreuzen, überlappen, die sich anzapfen, aufpfropfen und anstecken, ohne darum einfach in einem Wirrwarr zu verschwinden; was die Dinge aber noch weiter verwickelt, ist der Umstand, daß eine der beiden Quellen gerade der Trieb des Heilen ist, der Trieb dessen, was sich der Ansteckung und Kontamination gegenüber allergisch verhält, *geborgen* in und durch sich selbst, *sich selbst auf auto-immune Weise heilend*). Man müßte die wesentlichen Züge des Religiösen selbst von jenen trennen, die etwa die Begriffe des Ethischen, des Juridischen, des Politischen oder des Ökonomischen begründen. Nichts jedoch erweist sich als problematischer. Um uns auf eine einzige umgrenzenden Bestimmung zu beschränken: die Grundbegriffe, die es uns häufig erlauben, *das Politische* abzuheben oder zumindest *so zu tun*, als könnten wir es absondern und isolieren, sind in ihrem Wesen religiös oder zumindest theologisch-politischer Natur. Führen wir dafür ein Beispiel an. Carl Schmitt, der das Politische und den politischen Feind in den Religionskriegen identifizieren wollte, in den Kreuzzügen, hat einen der unbeugsamsten und strengsten Versuche unternommen, den Bereich des Politischen in seiner Reinheit abzuheben und vor allem von den Bereichen des Ökonomischen und des Religiösen abzusondern. Er mußte jedoch zugeben, daß es sich bei den von ihm aufgefundenen, dem Anschein nach reinsten politischen Kategorien um das Erzeugnis einer Verweltlichung oder einer theologisch-politischen Vererbung handelte. Wo er die gegenwärtig stattfindende »Entpolitisierung« anprangerte, die Bewegung einer Neutralisierung des Politischen, stellte er explizit einen Zusammenhang mit dem europäischen Recht her, das in seinen Augen von »unserem« Denken des Politischen zweifellos untrennbar ist.[22] Unabhängig davon, ob man diese Prämissen akzeptiert, muß man die Möglichkeit in Betracht ziehen, daß die bislang unbekannten Gestalten der heutigen Religionskriege noch andere radikale Anfechtungen beinhalten können, die sich gegen unser Projekt richten, das Politische abzugrenzen. Man müßte dann in jenen Gestalten eine Antwort auf das mitgeführt Religiöse erblicken, auf das Erbe einer bestimmten, eigentlich religiösen Herkunft, das unsere Idee der Demokratie beispielsweise antritt – unsere Idee der Demokratie und all die mit ihr verbundenen juridischen, ethischen und politischen Begriffe, zu denen die eines souveränen Staates, eines staatsbürgerlichen Subjekts, einer öffentlichen und einer privaten Sphäre gehören.

Aus solcher Sicht wird man (trotz der ethischen und politischen Dringlichkeit, die es nicht zuläßt, daß man auf **die Antwort** wartet) die Überlegungen, die um den lateinischen Namen »Religion« kreisen, nicht für das Erledigen einer bloßen Schulaufgabe halten, für ein philologisches Vorspiel, das außerhalb des Werks steht, für einen etymologischen Luxus, für ein Alibi, das dazu bestimmt ist, das Urteil und die Entscheidung zu suspendieren, oder bestenfalls für eine weitere *epoché*.

29. *Die* Religion? Antwort: »Die Religion ist **die Antwort**.« Ist es nicht genau das, was man von Anfang an vielleicht antworten müßte, ist es nicht genau diese Antwort, für die man sich sofort einsetzen muß? Freilich müßte man dann auch wissen, was *antworten* und damit *Verantwortung* bedeutet. Man müßte es genau wissen – und daran glauben. Denn keine Antwort erfolgt ohne den Grundsatz der Verantwortung, ohne daß eine Verantwortung auf dem Spiel steht: Man muß dem anderen antworten, dem anderen und sich selbst Rede und Antwort stehen. Es gibt indes keine Verantwortung ohne *gelobte Treue*, ohne Pfand,

---

22 Ich kann an dieser Stelle nicht auf andere Schwierigkeiten mit der Schmittschen Theorie des Politischen (und, wie sich zeigt, des Religiösen) eingehen, auf andere mögliche Einwände gegen sie. Deshalb verweise ich auf mein Buch *Politiques de l'amitié*, Paris 1994 (deutsch: *Politik der Freundschaft*, Frankfurt/M. 2000).

Versicherung, Eid, ohne ein *sacramentum* oder *ius iurandum*. Bevor wir überhaupt die semantische Geschichte der Bezeugung, des Eides, des beglaubigenden Schwurs schreiben (Genealogie und Interpretation, die für jenen unerläßlich sind, der die eigentlichen oder verweltlichten Formen der Religion denken möchte); bevor wir überhaupt daran erinnern, daß ein »Ich verspreche die Wahrheit (zu sagen)« stets am Werk ist, ein »Ich verpflichte mich dazu im Angesicht des anderen, sobald ich mich an ihn richte, und sei es, um den Eid zu brechen, ja gerade in diesem Fall« – bevor wir dies tun, müssen wir Kenntnis davon nehmen, daß **wir bereits Lateinisch reden.** Wir machen darauf aufmerksam, um uns ins Gedächtnis zurückzurufen, daß die Welt heute Lateinisch spricht (meistens in der Form des Anglo-Amerikanischen), wenn sie des *Namens Religion* sich bedient oder auf ihn sich beruft. Der Einsatz eines vereidigten Versprechens, der im Ursprung einer jeden Anrede schon enthalten ist, der *im Augenblick der Anrede* vom anderen kommt und der ein Kommen des anderen ist, das die Anrede auslöst, erweist sich unmittelbar als eine Anrufung Gottes, die ihn als Zeugen vorlädt. Deshalb kann dieser Einsatz nicht anders als eben Gott zu erzeugen, wenn man so sagen darf, auf eine fast maschinelle Art. *A priori* unvermeidlich, inszeniert ein ex machina erfolgendes Hinabsteigen Gottes das Wirken einer transzendentalen Maschine der Anrede. Man fängt also damit an, im Rückblick das absolute Altersvorrecht eines Einen zu behaupten, das nie geboren wurde und das ungeboren bleibt. Denn indem ein Eid Gott als Zeugen anruft (auch dort, wo Gott ungenannt bleibt, auch dort, wo es um die »weltlichste« Verpflichtung und ihr Pfand geht), ist es unumgänglich, daß er Gott als etwas erzeugt, als etwas anruft oder herbeiruft, was bereits da ist, was also ungeboren ist und nicht geboren werden kann, was vor dem Sein selbst kommt: nicht erzeugbar. Abwesend an seinem eigenen Ort. Erzeugung und Wiedererzeugung dessen, was nicht erzeugt werden kann und an seinem eigenen Ort abwesend ist. Alles beginnt mit der Gegenwart oder Anwesenheit dieser Abwesenheit – dort, an jenem Ort. Die »Tode Gottes«, auf die man vor dem Christentum, im Christentum und jenseits des Christentums stößt, sind lediglich Figuren und Peripetien einer solchen Anwesenheit einer Abwesenheit. Das Nichterzeugbare, das so immer wieder erzeugt wird, ist der leere Ort. Ohne Gott kein absoluter Zeuge. Kein absoluter Zeuge, den man bei der Bezeugung als Zeugen anruft. Mit Gott aber, mit einem gegenwärtigen oder anwesenden Gott, mit dem Dasein eines absoluten Dritten *(tiers, terstis, testis)* wird das Bezeugen überflüssig, unbedeutend oder zweitrangig. Das Bezeugen, das heißt ebenfalls: das Zeugnis, als welches das Testament gilt. In der Zeugenanrufung, in der Vorladung eines Zeugen, die sich nicht unterdrücken, vermeiden oder bezähmen läßt, ist Gott also der *Name des Zeugen*, er wird *angerufen* als Zeuge und damit *genannt*, auch wenn manchmal das von diesem Namen Genannte nicht ausgesprochen und nicht bestimmt werden kann, unnennbar im Namen selbst, auch wenn es abwesend bleiben muß und nicht existieren kann, unerzeugbar und niemals vorkommend. Gott: der Zeuge als das »Nennbar-Unnenbare«, der anwesend-abwesende Zeuge, der Zeuge, der in jedem möglichen Eid, in jedem Einsatz und jeder Hinterlegung (eines Pfandes) anwesend und zugleich abwesend ist. Wenn, *concesso non dato*, der geringste Bezug zwischen der Religion und dem, was wir hier Gott nennen, besteht, so gehört sie nicht nur in die allgemeine Geschichte des Nennens und der Benennung, sondern ebenfalls und in einem strengeren Sinn, der mit ihrem Namen *religio* verbunden ist, in die Geschichte des *sacramentum* und des *testimonium*. Sie ist dann diese Geschichte, sie läßt sich von ihr dann nicht (unter)scheiden. Auf dem Schiff, das uns von Neapel nach Capri brachte, sagte ich mir, daß ich damit beginnen würde, diese allzu leuchtende, allzu klare Evidenz in Erinnerung zu rufen; doch habe ich es dann nicht gewagt. Ich dachte im Inneren auch, daß man das Phänomen verkennt, das »Religion« oder »Rückkehr des Religiösen« *heute* genannt wird, behauptet man weiterhin auf naive Weise einen Gegensatz zwischen Vernunft und Religion, Kritik und Religion, Wissenschaft und Religion, wissenschaftstechnischer Moderne und Religion. »Was-heute-in-der-Welt-mit-der-Religion-geschieht«: Versteht man, wird man verstehen, was es damit auf sich hat – vorausgesetzt, daß es dabei überhaupt um ein Verstehen gehen kann? (Warum »in der Welt«? Was ist die »Welt«? Was bedeutet eine solche Voraussetzung? usw.) Wird man es verstehen, wenn man weiterhin an jenen Gegensatz glaubt, ja an jene Unvereinbarkeit, das heißt: wenn man weiterhin in einer *gewissen* Tradition der Aufklärung steht, der Aufklärung, die in den vergangenen drei Jahrhunderten eine in sich vielfältige, vielzahlige Aufklärung gewesen ist? Ich meine nicht die Aufklärung°, deren kritische Kraft und deren kritisches Vermögen tief in der Reformation verankert sind, sondern die Aufklärung, die wie ein einziger Lichtstrahl eine *gewisse* kritische und antireligiöse Wachsamkeit durchquert, eine anti-jüdisch-christlich-islamische Wachsamkeit? Ich meine eine *gewisse* Abstammung, die Ahnenreihe »Voltaire-Feuerbach-Marx-Nietzsche-Freud- (und sogar) Heidegger«. Wenn wir uns jenseits des Gegensatzes zwischen Religion und Vernunft begeben würden, jenseits seines bestimmten, umgrenzten Erbes (die Erben sind im übrigen auch auf der anderen Seite gut vertreten, auf der Seite der religiösen Autorität), könnten wir vielleicht versuchen zu »verstehen«, weshalb die unerschütterliche und unendlich fortschreitende Entwicklung der kritischen und wissenschaftstechnischen Vernunft der Religion eine Stütze ist, weshalb sie die Religion fortsetzt und voraussetzt, weit davon entfernt, sich ihr einfach entgegenzusetzen. Man müßte nachweisen (einfach ist das nicht), daß Religion und Vernunft derselben Quelle entspringen. (Wir verbinden hier die Vernunft mit der Philosophie und mit der Wissenschaft als Wissenschaftstechnik, als kritische Geschichte der Wissenserzeugung, als Geschichte des Wissens, das Erzeugung ist: Handwerk, Kunstfertigkeit, ferngesteuerter Eingriff, Fernwissenschaftstechnik, die in ihrem Wesen ausführt, verrichtet, vollzieht, bewerkstelligt, performativ wirksam ist.) Religion und Vernunft haben eine gemeinsame Entwicklung, die ausgeht von ihrem gemeinsamen Kräftevorrat, von der Hilfsquelle des bezeugenden Einsatzes, des Pfandes der Bezeugung, das in jeder performativen Handlung liegt und das dazu verpflichtet, dem anderen Rede und Antwort zu stehen, sowie für die wirksame Ausführung, für die Performativität der Wissenschaftstechnik sich verantwortlich zu zeigen: Antwort *vor* dem anderen, in seinem Angesicht, Verantwortung *für* ein anderes. Dieselbe einzigartige Quelle teilt sich maschinell, automatisch, und richtet sich in einem reaktiven Zug gegen sich selbst: daher der Gegensatz der beiden Quellen in der einen Quelle. Dieser reaktive Zug ist ein Prozeß *opfernder Entschädigung*, will sagen: er stellt den Versuch dar, das Heile und Heilige zu restaurieren, das er selbst gefährdet und bedroht. Er enthält die Möglichkeit der Zwei, des n + 1, die ebenfalls die Möglichkeit des *deus ex machina der Bezeugung* ist. Was die *Antwort* betrifft, so lautet sie *entweder/*

oder. Entweder richtet sie sich an den absolut anderen als solchen, in einer erhörten, angehörten, geachteten Anrede, in Treue und Verantwortlichkeit; oder sie entgegnet, erwidert, rechnet auf, *hält sich schadlos,* im Krieg des Ressentiments und der Reaktivität. Es muß stets möglich sein, daß eine der beiden Antworten die andere kontaminiert, sie ansteckt und sich mit ihr vermengt. Nie wird man den Nachweis erbringen können, daß es sich in diesem oder jenem Fall um diese oder jene Antwort handelt, nie wird ein bestimmendes, theoretisches oder erkennendes Urteil dies bewerkstelligen. Der Ort und die Verantwortung dessen, was man Vertrauen, Verläßlichkeit, Treue nennt; der Ort und die Verantwortung dessen, was man als das Treuhänderische, als »Bürge« im allgemeinen, als Instanz des Glaubens bezeichnet, liegt vielleicht genau hier.

30. Aber **schon sprechen wir Lateinisch**. Das »Thema«, von dem ich geglaubt habe, es für das Treffen auf Capri vorschlagen zu können (die Religion), wurde auf lateinisch genannt – vergessen wir das nicht. Gehen die »Frage der *religio*« und die Frage des Lateinischen nicht einfach ineinander über, wenn man sich so ausdrücken kann? Gemeint ist damit, jenseits einer bloßen »Frage der Sprache und der Kultur«, das eigentümliche Phänomen der Latinität und ihrer weltumspannenden Bewegung. Wir wollen nicht von Universalität und erst gar nicht von einer Idee des Universellen reden, sondern lediglich von einem endlichen, zu seinem Ende kommenden, rätselhaften Universalisierungsprozeß. Selten nur untersucht man seine geopolitische und ethisch-juridische Tragweite, obwohl doch die Kraft, die ihm innewohnt, mit ihrem paradoxen Erbe übermittelt, ausgeweitet, immer wieder neu eingesetzt wird: nämlich von der unwiderstehlichen Weltherrschaft einer »Sprache« und einer Kultur, die zum Teil nicht lateinisch ist, von der Weltherrschaft des Anglo-Amerikanischen. Wo es um jenes geht, was eben mit der Religion zu tun hat, was über »Religion« redet, was einen religiösen Diskurs oder einen Diskurs über das Religiöse vorbringt, ist das Anglo-Amerikanische lateinischen Wesens. Man könnte behaupten, daß Religion als ein *englisches Wort*[23] in der Welt um-

---

23 Der Ausdruck »*mots anglais*«, den Derrida an dieser Stelle verwendet und unterstreicht, verweist auf Mallarmé. Vgl. dazu auch: Jacques Derrida, »La double séance«, in: ders., *La dissémination*, Paris 1972 (deutsch:

herkreist, als ein Wort, das in Rom Station und einen Umweg über die Vereinigten Staaten gemacht hat. Schon seit Jahrhunderten findet eine hyperimperialistische Bemächtigung statt, die über ihre im engeren Sinne kapitalisch-kapitalistischen und politisch-militärischen Gestalten weit hinausreicht. Den begrifflichen Apparat des internationalen Rechts und der weltpolitischen Rhetorik bezwingt sie auf eine besonders merkliche Weise. Wo immer auch das Dispositiv, das jener Apparat einrichtet, sich als ein vorherrschendes ausmachen läßt, steht es in einem Bezug zu einem Diskurs über die Religion. Aus diesem Grund bezeichnet man heute ruhigen Gewissens (und gewaltsam) eine Vielzahl von Erscheinungen als »religiös«, die dem, was das Wort »Religion« in seiner Geschichte benennt und sich gefügig macht, stets fremd geblieben sind und weiterhin fremd bleiben. Das gilt ebenfalls für eine Menge anderer Wörter, für den gesamten »religiösen Wortschatz«, für die Wörter »Kult«, »Glaube«, »Gläubigkeit«, »sakral«, »heilig«, »gerettet«, »geborgen« usw. Eine Ansteckung, die sich nicht vermeiden läßt, sorgt aber dafür, daß in diesem dem Anschein nach grenzenlosen Prozeß keine semantische Zelle sich als ein Fremdkörper behaupten kann, ich wage kaum zu sagen: als ein »Heiles« und »Unversehrtes«. Weltumspannende Bewegung des Lateinischen, wesentlich christliche *Mundialatinisierung* – der Ausdruck nennt ein einzigartiges Ereignis, für das keine Metasprache zur Verfügung zu stehen scheint, so erforderlich und so dringlich sie hier auch ist. Denn wir wissen, daß die fragliche weltumspannende Bewegung, deren Grenzen wir aus den Augen verlieren, endlich ist, eine Projektion oder ein bloßer Entwurf. Es handelt sich um eine Latinisierung, um eine weltumspannende Bewegung – nicht um eine Weltumspannung; sie ist außer Atem, mag sie auch keine Ausnahme dulden und mögen auch herrschaftliche Wirkungen von ihr noch ausgehen. Was soll man von einer solchen Atemnot halten? Wir wissen nicht, wir können *per definitionem* nicht wissen, ob der atemlosen weltumspannenden Bewegung der Latinisierung eine Zukunft bevorsteht, ob sie in der Zukunft eine Zuflucht finden wird. Vor dem Hintergrund eines solchen

Dissemination, Wien 1995), sowie Jacques Derrida, »Fors«, in: Nicolas Abraham und Maria Torok, *Le Verbier de l'homme aux loups*, Paris 1976 (deutsch: *Kryptonymie. Das Verbarium des Wolfsmannes*, Berlin/Frankfurt/Wien 1979). A. d. Ü.

Nicht-Wissens jedoch haucht diese Atemnot heute den Äther der Welt ein. Manche können dadurch besser atmen als andere; manche ersticken. Der Religionskrieg findet darin das Element, in dem er geführt werden kann, unter einer Schutzschicht aber, die durchlässig zu werden droht. Der Umstand, daß beide Fragen oder Angelegenheiten (die Religion und die weltweite Latinisierung) miteinander einhergehen, führt also zu der Eröffnung eines Bereichs, in dem nichts auf eine Frage der Sprache, der Kultur, der Semantik reduziert werden kann, nicht einmal auf eine Frage der Anthropologie oder der Geschichte. **Und wenn religio sich als unübersetzbar erweist?** Keine *religio* ohne *sacramentum*, ohne Bündnis, ohne das Versprechen, wahrhaft Zeugnis abzulegen von der Wahrheit, will sagen: ohne Versprechen, die Wahrheit zu sagen. Keine Religion (von Anfang an) ohne das Versprechen, das Versprechen zu halten, das Versprechen, beim Versprechen die Wahrheit zu sagen, das Versprechen, im Akt des Versprechens die Wahrheit zu sagen, ja bereits gesagt zu haben. Auf lateinisch die *veritas* gesagt zu haben, und sie – und es sich gesagt sein lassen. Das kommende Ereignis hat sich schon ereignet. Das Versprechen verspricht *sich*, es hat sich *bereits* versprochen: darin besteht die gelobte Treue und folglich auch die Antwort. An dieser Stelle beginnt die *religio*.

31. Und wenn religio sich als unübersetzbar erweist? Und wenn uns diese Frage (sowie *a fortiori* die Antwort, die sie erfordert) schon in ein Idiom versetzt, dessen Übersetzbarkeit problematisch ist? Was heißt antworten? Es heißt schwören – Treue geloben: *respondere, répondre, answer, swear (swaran)*: »das Gotische *swaran*, von dem schwören und beschwören sich herleiten, bedeutet ›feierliche Worte aussprechen‹ im Sinne eines ›Schwurs‹, fast wörtlich *respondere*.«[24]

»Fast wörtlich...«, sagt er. Wie immer stellt die Bezugnahme auf das Wissen die größte Versuchung dar. Wissen ist *Versuchung*, aber in einem eigenartigen Sinn – nicht in dem gewöhnlichen eines Verweisens auf den Teufel oder die Ursünde. Die Versuchung, zu wissen, die Versuchung des Wissens liegt nicht einfach darin, daß man zu wissen glaubt, was man weiß (das

---

24 Emile Benveniste, *Le Vocabulaire*..., siehe Anmerkung 3, S. 215 (Artikel »Das Trankopfer, 1: *sponsio*«).

wäre eigentlich harmlos), sondern darin, daß man zu wissen glaubt, was das Wissen ist, das Wissen, das strukturell vom Glauben, vom Vertrauen – vom Treuhänderischen und der Verläßlichkeit unabhängig sein soll. Die Versuchung, an das Wissen zu glauben, in diesem Fall an das große, hoch einzuschätzende Ansehen eines Benveniste, wird von einer gewissen Furcht, einem gewissen Zittern begleitet. Wovor fürchtet man sich, wovor zittert man? Zweifellos vor einer angesehenen Wissenschaft, die Respekt erheischt und deren Anerkennung gerechtfertigt ist; aber auch vor der Festigkeit und Beharrlichkeit, mit der (zum Beispiel) Benveniste, der ohne zu zittern auf das Ansehen, die Anerkennung, die Autorität der Wissenschaft sich beruft, das schneidende Messer der sicheren und gewissen Unterscheidung ansetzt; der Unterscheidung etwa zwischen dem *eigentlichen* Sinn und seinem anderen, dem *wörtlichen* Sinn und seinem anderen. Als ob *genau jenes*, worum es hier gerade geht (die Antwort, die Verantwortung oder die Religion), nicht auf fast automatische, maschinelle, mechanische Art und Weise dem Zögern entspringen würde, der Unentschiedenheit und dem Grenzstreifen zwischen den Begriffen, von denen man glaubt, daß man ihrer gewiß sein kann. *Skrupel*, Zögern, Unentschiedenheit, Zurückhaltung (das heißt: Scham, Achtung, *Verhaltenheit* gegenüber dem, was sakral, heilig, heil bleiben muß: unversehrt und geborgen) sind Wörter für das von *religio* Bedeutete. Sie drücken die Bedeutung aus, an der Benveniste im Hinblick auf den »eigentlichen und regelmäßigen« Wortgebrauch im klassischen Zeitalter glaubt festhalten zu müssen.[25] Wir wollen den fraglichen Abschnitt in Benvenistes Artikel zitieren und die Wörter »eigentlich« und »wörtlich« unterstreichen, sowie den Ausdruck »fast wörtlich«, vor dem man ein wenig ratlos und nachdenklich steht; wir wollen dabei auch auf jenes aufmerksam machen, was das »Verschwinden« und das

25 Ebd., S. 269-270. »Davon leitet sich der Ausdruck *religio est* her, ›Skrupel haben‹. [...] Im klassischen Zeitalter ist dies der regelmäßige Wortgebrauch [...]. Im großen und ganzen ist *religio* ein zurückhaltendes Zögern, ein verhindernder Skrupel, nicht ein Gefühl, das zu einer Handlung anleitet oder das dazu anhält, einen Kult zu praktizieren. Es will uns scheinen, daß diese Bedeutung, die durch den alten Wortgebrauch ohne jede Zweideutigkeit nachgewiesen ist, nur eine einzige Auslegung des Wortes *religio* zuläßt: jene, die wir bei Cicero vorfinden, wo er *religio* mit *legere* zusammenbringt.«

Verharren des »Wesentlichen« zu verstehen geben. Wo wir etwas hervorheben, öffnen sich nach unserer Ansicht stets die Abgründe, über die ein bedeutender Wissenschaftler ruhigen Schrittes hinwegschreitet, als würde er genau wissen, wovon er spricht, als würde er aber gleichzeitig einbekennen, daß er im Grunde nicht allzuviel davon weiß. All dies *trägt sich*, wie wir sehen, in der rätselhaften Herkunft des Lateinischen *zu*, in der »Vorgeschichte des Griechischen und Lateinischen«. Es durchzieht, es *trägt sich durch* einen religiösen Wortschatz, der sich als solcher nicht mehr absondern läßt, den man nicht mehr eindeutig abheben kann, wo es um das Verhältnis des Rechts zur Religion geht, um die Erfahrung des Versprechens oder des entschädigenden Opfers, um die Erfahrung eines zukunftschließenden Versprechens, das in der Gegenwart gegeben wird, jedoch die Vergangenheit betrifft: »Ich verspreche dir, daß es sich zugetragen hat.« Was hat sich zugetragen, was ist geschehen? Wer ist gekommen, wer ist in diesem Fall und in diesem Geschehen angekommen? Ein Sohn, deiner. Wie ein Beispiel schön sein kann. Die ganze Religion:

»Im Zusammenhang mit *spondeo* muß man *re-spondeo* in Betracht ziehen. Der eigentliche Sinn von *respondeo* und sein Verhältnis zu *spondeo* gehen wörtlich aus einem Dialog des Plautus hervor (*Captivi*, 899). Der Parasit Ergasilus bringt Hegion eine gute Nachricht: sein Sohn, seit langer Zeit verschwunden, kehrt zurück. Hegion *verspricht* Ergasilus, ihm jeden Tag Nahrung zu geben, *wenn er die Wahrheit sagt*. Dieser verpflichtet sich seinerseits: ›898 [...] sponden tu istud? – Spondeo. 899 At ego tuum tibi advenisse filium respondeo.‹ [›Versprochen? – Ja, versprochen. / Und ich verspreche dir meinerseits, daß dein Sohn angekommen ist.‹] Dieser Dialog beruht auf einem juristischen Schema: *sponsio* des einen, *re-sponsio* des anderen, Gestalten einer gegenseitigen Versicherung: ›[...] ich versichere dir im Gegenzug, daß dein Sohn tatsächlich angekommen ist.‹ Aus dieser ausgetauschten Versicherung (vgl. unseren Ausdruck *répondre de...* [verantwortlich sein für...]) entspringt die schon im Lateinischen eingebürgerte Bedeutung von ›*répondre*‹. *Respondeo, responsum* bezieht sich auf jene, die das Wort der Götter auslegen, auf die Priester, vor allem auf den Haruspex: *Im Austausch gegen eine Opfergabe wird ein Versprechen gegeben,* im Austausch gegen ein Geschenk wird Sicherheit verliehen – das ist die ›Antwort‹ [*réponse*] eines Orakels, eines Priesters. Erklärt wird dadurch auch ein juristisches Wortverständnis: *respondere de iure*, ›eine rechtliche Auskunft geben‹. Der Jurist sichert mit seiner Zuständigkeit den Wert der von ihm erteilten Auskunft. Heben wir einen entsprechenden Ausdruck im Germanischen hervor: altenglisch *and-swaru*, ›Antwort‹ (englisch *answer*, ›antworten‹), gegenüber gotisch *swaran*, das ›schwören, feierliche Worte aussprechen‹ bedeutet, *fast wörtlich respondere*. So kann man in der Vorgeschichte des Griechischen und des Lateinischen die Bedeutung eines *höchst wichtigen Ausdrucks des religiösen Wortgebrauchs* erfassen, ebenso wie den Wert, welcher der Wurzel **spend-* im Verhältnis zu anderen Verben zugemessen wird, die die Opfergabe im allgemeinen ausdrücken. Im Lateinischen *ist ein bedeutender Anteil der ursprünglichen Bedeutung verlorengegangen und verschwunden, das Wesentliche bleibt aber*: jenes, was einerseits den juridischen Begriff der *sponsio* bestimmt und andererseits das Band mit dem griechischen Begriff der *spondé* knüpft.«[26]

32. Sowenig jedoch **der Glaube** sich unmittelbar auf den Gottesglauben stürzt oder zubewegt, so wenig folgt die Religion zwangsläufig der Bewegung **des Glaubens**. Involviert nämlich der Begriff der »Religion« eine Institution, die sich abtrennen, identifizieren, umgrenzen läßt und die dem Buchstaben nach an das römische *ius* gebunden bleibt, so ist doch ihr wesentliches Verhältnis zum Glauben und zu Gott nicht schon selbstverständlich. Was meinen wir, **wir Europäer**, wenn wir heute auf solch geläufige, gemeinverständliche und verwirrte Weise von einer »Rückkehr des Religiösen« sprechen? Was rufen wir beim Namen, worauf beziehen wir uns? Ist die Religion das »Religiöse«, die Religiosität, die man undeutlich mit der Erfahrung der Göttlichkeit des Göttlichen, des Heiligen, des Heilen und Geborgenen (*holy*) verbindet? Auf welche Art und in welchem Maß ist eine »gelobte Treue« darin *eingebunden*, das Vertrauen, das im Gläubigen liegt? Eine gelobte Treue, eine Zuverlässigkeit und eine Sicherheit, eine Bürgschaft und ein Vertrauen fügen sich im allgemeinen nicht zwangsläufig in eine »Religion«, selbst wenn die Religion die Überschneidung von *zwei* Erfahrungen zeitigt, die man gemeinhin für ebenfalls religiös hält:

1) die Erfahrung des Vertrauens auf der einen Seite (Glauben, Kredit, das Treuhänderische oder das Zuverlässige im Akt der

---

26 Ebd., S. 214-215. Benveniste unterstreicht lediglich die Fremdwörter und den Ausdruck »*répondre de* …« [verantwortlich sein für …].

Glaubensbezeugung, die Treue, die Anrufung eines blinden Vertrauens, das Bezeugende, als Zeugnis Dienende, stets jenseits des Beweises, der nachweisenden Vernunft, der Anschauung) und

2) die Erfahrung des Heilen, Unversehrten, Geborgenen, der *Sakralität* oder der *Heiligkeit* auf der anderen Seite.

Vielleicht muß man hier zwischen zwei Adern, man könnte auch sagen: zwischen zwei Stämmen oder zwei Quellen des Religiösen unterscheiden. Sicherlich kann man Verbindungen zwischen ihnen herstellen und ihre möglichen gemeinsamen Implikationen analysieren, doch sollte man sie niemals vermengen oder die eine Quelle auf die andere – zu der anderen zurückführen; genau das tut man nämlich fast immer. Im Prinzip ist es stets denkbar, daß man das Heile weiht und heiligt, daß man sich auf viele und verschiedene Weisen *im Anwesen* des Allerheiligsten hält oder im Beisein des Sakrosankten befindet, ohne daß es des Einsatzes eines Vertrauens bedarf, des Vertrauens, das im Gläubigen liegt; zumindest dann nicht, wenn Vertrauen, Glaubenschenken, Glaube oder Treue die Zusage zur Bezeugung des anderen bedeutet – des *ganz anderen*, dessen absolute Quelle unerreichbar bleibt. Dort, wo jeder andere ein ganz anderer, jeder andere ganz anders, jeder andere jeder andere ist. Wenn aber umgekehrt durch jene Zusage der Bürge in ein Jenseits der Anwesenheit führt, in ein Jenseits der Anwesenheit dessen, was sich der Sicht darbietet, was sich berühren und nachweisen läßt, so ist sie doch nicht schon ein Weihendes und Heiligendes. (Man müßte die von Lévinas getroffene Unterscheidung zwischen dem Sakralen und dem Heiligen berücksichtigen und kritisch untersuchen – wir werden es an anderer Stelle tun; man müßte jedoch auch die Notwendigkeit beleuchten, die die beiden heterogenen Quellen der Religion dazu anhält, ihr Wasser gleichsam zu vermischen, ohne daß man sie deshalb einfach als dieselbe Quelle betrachten kann.)

33. Wir hatten uns also auf Capri versammelt, **wir »Europäer«**, angewiesen auf Sprachen (das Italienische, das Spanische, das Deutsche, das Französische), in denen, wie wir glaubten, das eine Wort *Religion* jeweils dasselbe bedeutet. Was die Zuverlässigkeit oder die Verläßlichkeit dieses Wortes betrifft, so teilten wir Benvenistes Mutmaßung – oder Einbildung. Denn Benveniste glaubt ja, daß er in der Lage ist, in dem angeführten Artikel über *sponsio* jenes wiederzuerkennen und als solches hervorzuheben, was er als »religiösen Wortschatz« bezeichnet. Alles, was damit zusammenhängt, ist aber problematisch. Wie soll man die Diskurse oder (um einen genaueren Ausdruck zu gebrauchen, den man früher zu Recht bevorzugt hat) die »diskursiven Praktiken« entfalten und zusammenwirken lassen, die versuchen, sich an der Frage »Was ist Religion?« zu messen?

»Was ist ...?«, will sagen: was ist die Religion in ihrem *Wesen*, und was *ist* sie gegenwärtig (Indikativ Präsens)? Was tut sie, was tut man mit ihr gegenwärtig in der Welt, heute, heutzutage? Indem wir die Wörter *Sein, Wesen, Gegenwart, Welt* verwenden, legen wir bereits durch die Frage eine bestimmte Antwort nahe. Wir zwingen eine Antwort auf, wir setzen sie im voraus durch, wir schreiben sie vor – *als* Religion. Denn eine vorläufige Definition könnte so lauten: sowenig man von *der* Religion wissen mag, man weiß zumindest so viel, daß sie immer die vorgeschriebene Antwort und Verantwortung ist, daß man sie nicht frei wählt, in einem reinen und abstrakten autonomen Willensakt. Zweifellos beinhaltet sie Freiheit, Wille und Verantwortung, doch einen Willen und eine Freiheit *ohne Autonomie* (versuchen wir, dies zu denken!). Gleichgültig, ob es sich um ein Sakrales oder Heiliges handelt, um eine Opferbereitschaft oder um einen Glauben – stets diktiert der andere das Gesetz, der andere ist das Gesetz, das Gesetz ist anders, die Andersheit besteht darin, daß man sich dem anderen überantwortet. Jedem anderen und dem ganz anderen.

Die fraglichen »diskursiven Praktiken« suchen Antworten auf verschiedene programmatische Anforderungen:

1) Es geht darum, sich durch den Rückgriff auf **Etymologien** einer Herkunft zu versichern. Das beste Beispiel dafür ist die Auseinandersetzung um *zwei* mögliche etymologische *Quellen* des Wortes *religio*: a) *relegere*, das auf *legere* verweist (»sammeln, auflesen«): ciceronische Tradition, die sich fortsetzt bis hin zu W. Otto, J.-B. Hofmann, Benveniste; b) *religare*, das auf *ligare* verweist (»binden, verbinden«). Diese Tradition reicht von Lactantius und Tertullian zu Kobbert, Ernout-Meillet, Pauly-Wissowa. Sieht man davon ab, daß die Etymologie kein Gesetz vorzuschreiben vermag und nur dann das Denken anregt, wenn sie selbst zum Gegenstand des Denkens wird, gilt es,

die Verquickung oder die *gemeinsame Traglast* der beiden unterschiedenen Sinnquellen zu bestimmen; wir werden es später versuchen. In einem Bereich, der nicht der Bereich einer bloßen Synonymie ist, kreuzen sich vielleicht die beiden semantischen Quellen. Vielleicht sogar erweisen sie sich als Wiederholungen, in der Nähe dessen, was in Wahrheit den Ursprung der Wiederholung bildet und damit auch die Teilung und Spaltung des Selben.

2) Die historisch-semantischen Abstammungen und Genealogien bestimmen ein sehr weites Feld, in dem der Wortsinn auf die Probe der geschichtlichen Veränderungen und der Verwandlungen der institutionellen Strukturen gestellt wird. Es geht hier also ebenso um die Geschichte und die Anthropologie der Religionen, in einem an Nietzsche erinnernden Stil oder im Stil Benvenistes, der die »indoeuropäischen Institutionen« für »Zeugen« der Geschichte des Sinnes hält, für »Zeugen« einer Etymologie, die für sich genommen freilich nichts über den wirklichen, tatsächlichen Wortgebrauch besagt.

3) Es geht schließlich um eine Analyse, die, bemüht vor allem um **pragmatische** und funktionale Wirkungen, mehr noch an der Struktur interessiert ist und einen besonders politischen Charakter hat: sie zögert nicht, den Gebrauch, der von einem Wortschatz gemacht wird, und die Art und Weise, wie man ihn einsetzt, zu untersuchen, dort, wo neue Regelmäßigkeiten auftreten, noch unbekannte Rückgriffe stattfinden und nie dagewesene Kontexte sich bilden, weil der Diskurs Wörter und Bedeutungen ihres archaischen Gedächtnisses und ihres vermeintlichen Ursprungs entledigt.

Diese drei Anforderungen und die mit ihnen verbundenen parteiischen Standpunkte scheinen aus unterschiedlicher Sicht legitim zu sein. Auch wenn indes die Standpunkte einem Gebotenen Folge leisten, auch wenn sie auf etwas antworten, das, wie ich glaube, geboten ist und sich nicht abweisen läßt, ist doch meine vorläufige Hypothese die, daß hier auf Capri die zuletzt genannte programmatische Anforderung und damit der zuletzt genannte Standpunkt eine vorherrschende Rolle spielen müssen (ich formuliere sie mit großer Vorsicht und Zurückhaltung, da es mir an Zeit und Raum mangelt, sie zu rechtfertigen). Die anderen Anforderungen oder Standpunkte sollen dadurch nicht ausgeschlossen werden: ein solcher Ausschluß würde zu viele

Sinnwidrigkeiten mit sich führen. Es sollen aber die Zeichen dessen privilegiert werden, was *heute* in der Welt den Gebrauch des Wortes »Religion« einzigartig macht: man erfährt etwas, das mit dem Wort »Religion« verbunden wird und das kein Gedächtnis und keine Geschichte je ankündigen konnten, etwas, das zumindest auf den ersten Blick keiner Geschichte und keinem Gedächtnis ähnelt. So werde ich gezwungen worden sein, einen Eingriff vorzunehmen oder, wenn man will, eine diskursive Maschine zu erfinden, deren Ökonomie in einem vorgegebenen Zeitraum den drei Anforderungen gerecht wird, jedem einzelnen der Gebote, die wir als unabweisbar empfinden. Diskursive Maschine, die zugleich die Anforderungen und Gebote in ein hierarchisches Verhältnis bringen und über die Dringlichkeit entscheiden muß, die mit ihnen einhergeht. Einer bestimmten Geschwindigkeit gemäß, aufgrund eines vorgegebenen Rhythmus und innerhalb enger Grenzen.

34. Etymologien, Abstammungen, Genealogien, pragmatische Überlegungen. Wir können in diesem Zusammenhang nicht all die für unverzichtbare, aber selten beachtete oder wirklich durchgehaltene Unterscheidungen notwendigen Analysen vornehmen. Es gibt viele solcher Unterscheidungen: Religion/ Glaube, glaubenschenkendes Vertrauen; Religion/Frömmigkeit, Religion/Kult, Religion/Theologie, Religion/Theiologie, Religion/Ontotheologie sowie: religiös/göttlich (sterblich oder unsterblich), religiös/sakral-heil-heilig-unversehrt-immun (*holy*). Wir wollen eine Unterscheidung bevorzugen, die vielleicht vor oder nach all den anderen kommt, und das quasi transzendentale Privileg, das wir ihr nach unserem Dafürhalten zuerkennen müssen, auf die Probe stellen. Wir meinen die Unterscheidung zwischen der Erfahrung des Vertrauens *einerseits* (Bürge, Zuverlässigkeit, Glauben, Kredit, den man in der Erfahrung des Bezeugens der *Ehrlichkeit* oder *dem guten Glauben des ganz anderen* gewährt) und der Erfahrung der Sakralität, der Heiligkeit, des geborgenen und gesunden Heilen (*holy*) *andererseits*. Es handelt sich dabei um zwei verschiedene Quellen, Brennpunkte oder Brennstätten. Die »Religion« ist die Gestalt ihrer *Ellipse*, weil sie die beiden Stätten umfaßt und ihre irreduktible Dualität zuweilen auch durch eine geheimnisvolle, versteckte, *aussparende, zurückhaltende* Bewegung verschweigt.

Auf jeden Fall müßte die Geschichte des Wortes »Religion« es im Grunde jedem Nichtchristen verbieten, jenes als »Religion« zu bezeichnen, was »wir« durch eine solche Bezeichnung bestimmen, identifizieren, absondern werden, um uns darin wiederzuerkennen. Warum muß man hier präzis zwischen Christen und Nichtchristen unterscheiden? Warum soll der Begriff der Religion allein christlicher Herkunft und christlichen Wesens sein? Ist diese Frage es wert, gestellt zu werden? Soll man eine solche Hypothese ernst nehmen? Auch Benveniste erinnert daran, daß es keinen »gemeinsamen«, einheitlichen indoeuropäischen Ausdruck für das gibt, was wir »Religion« nennen. Die Indoeuropäer haben, um Benveniste zu zitieren, jene »allgegenwärtige Wirklichkeit, die die Religion ist«, nicht »als eine abgetrennte, für sich seiende Institution« betrachtet. Heute noch erweist sich überall dort, wo die Anerkennung einer derartigen Institution fehlt, das Wort »Religion« als unangemessen. *Etwas* – eine *einheitliche und erkennbare* Sache, die mit sich selbst identisch ist und die sowohl religiöse als auch irreligiöse Menschen in umfassendem Einverständnis als »Religion« bezeichnen, hat es also nicht immer gegeben, nicht zu allen Zeiten und an allen Orten. Folglich wird es sie nicht an allen Orten und zu allen Zeiten geben (»bei den Menschen« oder anderswo). Dennoch sagt man sich, **daß man wohl antworten muß**. Im Innenbereich, den der lateinische Stamm bildet, ist der Ursprung des Wortes *religio* Anlaß für einen unendlich lange währenden Streit gewesen. Streit zwischen zwei Lesarten oder zwei Lehren, also zwischen zwei Abstammungen: auf der einen Seite behauptet man, daß das Wort mit *relegere* zusammenhängt – um diese semantische und formale Abstammung zu bezeugen oder nachzuweisen, werden Schriften von Cicero angeführt: Sammlung, die dazu dient, zurückzukommen und wiederzubeginnen, und die so *religio* ergibt, die skrupulöse Aufmerksamkeit, die Achtung, die Geduld, ja die Scham oder die Frömmigkeit; auf der anderen Seite behauptet man, daß das Wort mit *religare* zusammenhängt (Lactantius und Tertullian) – eine Etymologie, die, nach einer von Benveniste erteilten Auskunft, »von den Christen erfunden«[27] worden ist, Etymologie, die die Religion mit

27 Ebd., S. 265 f. Der indoeuropäische Wortschatz verfügt über keinen einheitlichen, »gemeinsamen Ausdruck« für »Religion«; es soll in »der Natur dieses Begriffs« liegen, »sich schlecht für eine einzige und dauerhafte

dem *Band* verbindet, mit der Verpflichtung, der Bindung, der Pflicht, der Schuldigkeit im Verhältnis zwischen Mensch und Gott. Wiederum haben wir es (an einem ganz anderen Ort und im Kontext eines ganz anderen Gegenstands) mit der Teilung

Bezeichnung zu eignen«. Diesem Umstand entspricht, daß es schwierig ist, eine institutionelle Wirklichkeit auszumachen, die Ähnlichkeit mit dem von uns als »Religion« Bezeichneten hat, so sehr wir auch versucht sein mögen, rückblickend eine solche Wirklichkeit zu identifizieren und ihr den Namen der Religion beizulegen. Es wäre zumindest schwierig, etwas Ähnliches in Gestalt einer abtrennbaren gesellschaftlichen Entität ausfindig zu machen. Hinzu kommt, daß wir dort, wo Benveniste sich darauf beschränken möchte, zwei Ausdrücke zu untersuchen (einen griechischen und einen lateinischen), die, wie er behauptet, »als Entsprechungen für ›Religion‹ angesehen werden können«, auf zwei bedeutsame Züge, auf ein doppeltes Paradox, auf einen doppelten logischen Skandal hinweisen müssen:

1) Benveniste setzt eine abgesicherte Bedeutung des Wortes »Religion« voraus, da er sich berechtigt glaubt, zwei »Entsprechungen« zu identifizieren. Mir scheint, daß er an keiner Stelle dieses Vorverständnis oder diese Voraussetzung thematisch behandelt oder zu einem Problem erklärt. Nichts erlaubt es uns, die von ihm vorgebrachte Hypothese als berechtigt anzusehen, daß die »christliche« Bedeutung die führende Rolle spielen kann, da, wie Benveniste selbst zugibt, »die Deutung, die von *religare* (›Band‹, ›Verpflichtung‹) ausgeht [...] und die von den Christen erfunden und eingeführt wurde, historisch falsch« ist.

2) Andererseits verhält es sich so, daß Benveniste in dem Augenblick, in dem er die Aufmerksamkeit auf das Wort *religio* lenkt (also nach der Erwähnung des griechischen Wortes *thrēskeia*, das als erster Ausdruck gilt und das »Kult, Pietät, Befolgung der Riten« bedeutet), in diesem bloß eine Entsprechung für das erblickt, was wir »Religion« nennen. Wir befinden uns in einer paradoxen Lage, die von dem doppelten Gebrauch angezeigt wird, den Benveniste in dem Abstand, den eine einzige Seite schafft, von dem Wort »Entsprechung« macht. Unterstreichen wir dies:

a) »Wir werden lediglich zwei Ausdrücke hervorheben und uns vornehmen [*thrēskeia* und *religio*], die im Griechischen und im Lateinischen jeweils als Entsprechungen für ›Religion‹ gehalten werden können« (a. a. O., S. 266). Hier haben wir es also mit zwei Wörtern zu tun, die man am Ende als *Entsprechungen* für eines der beiden Wörter halten kann! Für ein Wort, von dem auf der nächsten Seite gesagt wird, daß es in dieser Welt keine Entsprechung für es gibt, zumindest nicht in den »westlichen Sprachen«, weshalb es »in jeder Hinsicht unendlich bedeutsamer« sein soll!

b) »Wir kommen jetzt auf den zweiten Ausdruck zu sprechen, der in jeder Hinsicht unendlich bedeutsamer ist: auf das lateinische *religio, das in* allen westlichen Sprachen ein einzigartiges und dauerhaftes Wort ist, ein Wort, für das es niemals eine *Entsprechung* oder einen Ersatz gegeben hat, die sich durchgesetzt hätten.« (Ebd., S. 267; meine Hervorhebung, J. D.) Benveniste nimmt sich vor, einen (bei Cicero nachgewiesenen) »ei-

und Spaltung der Quelle und des Sinns zu tun (wir werden noch häufig auf diese Entzweiung stoßen). Die Auseinandersetzung um die *beiden* etymologischen, aber auch »religiösen« *Quellen* des Wortes *religio* ist zweifellos mitreißend und kann leidenschaftlich geführt werden (sie betrifft das Leiden der Passion selbst, da die eine Quelle, um die die Auseinandersetzung kreist, christlichen Ursprungs sein soll). So groß jedoch das Interesse sein mag, das ein solcher Widerstreit weckt, so eingeschränkt ist für uns seine Tragweite. Einmal, weil nichts an der Quelle entschieden werden kann – wir haben bereits darauf hingewiesen.[28] Dann aber, weil die miteinander wettstreitenden Etymologien sich auf ein Selbes zurückführen lassen, gewissermaßen auf die Möglichkeit der Wiederholung, die das Selbe erzeugt und zugleich bestätigt. In beiden Fällen (*re-legere* und *re-ligare*) geht es um eine sich aufdrängende Verbindung, die sich zunächst mit sich selbst verbindet. Es geht um eine Versammlung, um eine wiederholte Versammlung, um eine erinnernde, wiederholt versammelnde oder einsammelnde Sammlung [*ré-collection*]. Um einen Widerstand oder eine Reaktion gegen Trennung und Sonderung. Gegen die ab-solute Andersheit. »Récollecter« ist übrigens das Wort, das Benveniste als Übersetzung vorschlägt[29] und so erklärt: »für eine neue Wahl wiederaufnehmen, zurückkommen auf ein früheres Unternehmen«; daher die Bedeutung des »Skrupels« sowie der Wahl, des Lesens, des Auswählens, der Intelligenz – die Auswahl ist immer an das Band des Kollektiven, (wiederholt und erinnernd) Sammelnden, Versammelnden, Einsammelnden gebunden. Vielleicht müßte man in der Bindung an

gentlichen Sinn« zu identifizieren, eine Reihe »eigentlicher und regelmäßiger Verwendungen« (ebd., S. 269, 272), die einem Wort zugeschrieben werden, das letztlich eine Entsprechung ist, eine Entsprechung neben anderen Entsprechungen, der allerdings nichts entspricht und die sich so als eine Entsprechung für jenes erweist, was allein durch es selbst bezeichnet werden kann, durch eine Entsprechung ohne Entsprechung.

Vielleicht ist dies im Grunde nicht die schlechteste Definition der Religion, vielleicht ist dies die beste Definition unter den schlechten. Was Benvenistes logische oder formale Inkonsequenz an dieser Stelle anzeigt, ist vielleicht die treueste Spiegelung, ja das theatralischste Symptom dessen, was sich in der »Geschichte der Menschheit« zugetragen hat und was wir hier als »weltumspannende Latinisierung« der »Religion« bezeichnen.

28 Siehe oben, Abschnitt 33, Paragraph 1 und 2.
29 Benveniste, *Le vocabulaire*..., siehe Anmerkung 3, S. 271.

sich selbst, die von dem rätselhaften »*re-*« [wieder-] angezeigt wird, den Übergang ausmachen, durch den die verschiedenen Bedeutungen miteinander kommunizieren: *re-legere*, *re-ligare*, *re-spondeo* (Benveniste untersucht im Zusammenhang mit *respondeo* auch das, was er die »Verbindung« mit *spondeo* nennt). Alle Kategorien, die wir verwenden könnten, um Sinn und Bedeutung zu übersetzen, die dem »*re-*« zu eigen sind, sind unangemessen, vor allem deshalb, weil sie das zu Definierende als ein bereits Definiertes in die Definition *wieder* einführen [ré-*introduire*]. Dadurch etwa, daß sie den Anschein erwecken, als könne man wissen, was, mit Benveniste zu reden, der »eigentliche Sinn« oder die »eigentliche Bedeutung« ist, die man Wörtern wie Wiederholung, Wiederaufnahme, Wiederanfang, Wiederwahl, Reflexion, Erinnerung [*récollection*] zusprechen muß, Wörtern wie Religion, »Skrupel«, Antwort [*réponse*] und Verantwortung [*résponsabilité*].

Auf welche Seite man sich in dieser Auseinandersetzung auch schlägt – die gesamte moderne (geologisch-theologisch-politische) Problematik der »Rückkehr des Religiösen« verweist auf die Ellipse dieser doppelten lateinischen Heimstätte. Wer die Legitimität dieser doppelten Heimstätte und die christliche Vorherrschaft, die sich innerhalb der Latinität durchgesetzt und der Welt aufgedrängt hat, nicht anerkennt, muß die Voraussetzungen der Auseinandersetzung selbst ablehnen,[30] muß gleichzeitig versuchen, eine Lage zu *denken*, in der es, anders als in der heutigen Lage, eine solche Auseinandersetzung ebensowenig mehr gibt, wie es einst einen »gemeinsamen indoeuropäischen Ausdruck für ›Religion‹« gegeben hat.[31]

35. Man muß aber antworten und gut antworten. Ohne zu warten. Ohne allzulange zu warten. **Am Anfang** Maurizio Ferraris im *Lutétia*. »Wir brauchen ein Thema für das Treffen auf Capri«, sagt er. Ich flüstere ihm zu, ohne ihn beeinflussen zu

---

30 Sicherlich hätte Heidegger dies getan, da in seinen Augen die angebliche »Rückkehr des Religiösen« nichts anderes sein kann als die Beharrlichkeit, mit der sich eine römische Bestimmung der »Religion« behauptet. Die römische Bestimmung der »Religion« geht nach Heideggers Ansicht mit einem Staatsrecht und Staatsbegriff einher, deren Vorherrschaft von dem »Maschinenzeitalter« untrennbar ist (siehe oben, Abschnitt 18, Anmerkung Nr. 13).
31 Benveniste, *Le vocabulaire...*, siehe Anmerkung 3, S. 265.

wollen, ohne zu seufzen und beinahe ohne zu zögern, maschinell: »Die Religion.« Weshalb? Woher ist mir dieser Gedanke gekommen, auf solch maschinelle Weise? Nachdem das Thema festgesetzt worden war, hat man die Diskussion improvisiert – zwischen zwei Spaziergängen mitten in der Nacht, auf den Faraglione zu, den man in der Weite sieht, zwischen dem Vesuv und Capri. (Jensen nennt ihn Faraglione, vielleicht kehrte auch Gradiva zurück, der Lichtgeist, der schattenlose Mittagsschatten, das Mittagsgespenst°, schöner als alle anderen Gespenster der Insel, mehr noch als diese daran gewöhnt, tot zu sein seit langer Zeit – es sind Gradivas eigene Worte.) Ich muß also im nachhinein eine Antwort auf eine Frage rechtfertigen. Warum habe ich in einem Atemzug, schlagartig oder maschinell »die Religion« geantwortet? Diese Rechtfertigung könnte heute meine Antwort auf die Frage *(nach) der Religion* sein. (Nach) der Religion heute. Denn es wäre natürlich Wahn gewesen, von der Religion *selbst* handeln zu wollen, nie hätte ich vorgeschlagen, von ihrem Wesen oder von ihr im allgemeinen zu handeln; vorgeschlagen habe ich lediglich, über eine unruhige Frage, eine geteilte Sorge zu reden: »Was geschieht heute mit ihr, mit dem, was man so nennt? Was geht da vor sich, was läuft da ab, was wirkt da noch? Wer geht da (hin), so beschwerlich? Wer geht da und trägt diesen alten Namen? Was in aller Welt stößt dort zu, was geschieht dort, wo diese Bezeichnung gebraucht wird?« Zweifellos läßt sich eine solche Art und Weise zu fragen nicht von jener abtrennen, die auf das Grundsätzliche zielt (Frage nach dem Wesen, dem Begriff und der Geschichte der Religion *selbst*, Frage nach dem Wesen, dem Begriff und der Geschichte dessen, was man »Religion« nennt.) Aber meine Frage soll zunächst einmal, in meinen Augen zumindest, die Sache direkter, globaler, massiver, unmittelbarer, spontaner, wehrloser angehen, fast im Stil eines Philosophen, der sich gezwungen sieht, eine kurze Mitteilung für die Presse herauszugeben. Die Antwort, die ich, beinahe ohne zu zögern, Ferraris gegeben habe, muß von weitem auf mich zugekommen sein, zurückgekehrt aus der Ferne, widerhallend in der Höhle eines Alchimisten, in deren dunkelster Ecke das Wort sich niedergeschlagen hat. »Religion«, ein Wort, das diktiert worden ist vom Unbekannten; von wem oder wovon, weiß man nicht, von aller Welt und von jedermann vielleicht, von den Nachrichten, die ein internationaler Kanal gesendet hat, von dem Ganzen der Welt, das man so oder so deuten zu müssen glaubt, von dem Zustand der Welt oder dem Stand der Dinge, von dem Ganzen dessen, was so ist, wie es abläuft, wie es vor sich geht, wie es sich verhält und wie es sich auswirkt (Gott, letztlich das Synonym dieses Ganzen, die Geschichte als solche usw.). Heute wieder, heute endlich, heute auf andere Weise scheint die große Frage die der Religion zu sein, die Frage nach dem, was manche überstürzt als die »Rückkehr« der Religion bezeichnen möchten. Wenn man die Dinge so ausdrückt, wenn man also zu wissen glaubt, wovon man spricht, versteht man von Anfang an überhaupt nichts – als wäre die Religion etwas, *das nur dadurch ankommt und uns erreicht, daß es wiederkehrt*, daß es plötzlich jenes überrascht, was man zu kennen glaubte, den Menschen, die Erde, die Welt, die Geschichte, jenes, was angeblich in die Rubrik der Anthropologie, der Geschichte oder irgendeiner anderen Humanwissenschaft gehört, irgendeiner anderen Philosophie, zum Beispiel in die Rubrik einer »Religionsphilosophie«. Erster Fehler, den man vermeiden muß. Es handelt sich um einen typischen Fehler, für den man zahllose Beispiele anführen kann. Wenn es eine Frage der Religion gibt, kann sie nicht eine »Frage-der-Religion« sein. Sie kann auch nicht einfach auf eine Antwort zielen, die man einer solchen Frage erteilt. Wir werden sehen, warum und wie die Frage der Religion zunächst die Frage der Frage ist, des Ursprungs und der Ränder der Frage – und ebenfalls der Antwort. Man verliert also »die Sache« aus den Augen, sobald man glaubt, unter Berufung auf eine Disziplin, ein Wissen oder eine Philosophie sich ihrer zu bemächtigen. Trotz der Unmöglichkeit der damit verbundenen Aufgabe wird uns eine Forderung gestellt: Wir sollen einen Diskurs vortragen, diesen Diskurs, ihn produzieren oder ihm einen Halt geben, mit nur wenigen Pinselstrichen und einer beschränkten Wortzahl. Ökonomie des verlegerischen Auftrags. Warum aber (Frage der Menge) hat es Zehn Gebote gegeben, die sich dann vervielfältigt haben? Wo läßt sich hier die rechte, angemessene Ellipse ausfindig machen, die wir zum Ausdruck bringen sollen, indem wir sie verschweigen? Wo soll das Übergehen und Verschweigen einsetzen? Wie, wenn die Ellipse, die lautlose Gestalt, das »Schweigen« des Verschweigens nichts anderes sind als eben die Religion? Wir kommen darauf später zurück. Man verlangt von uns im Namen mehrerer versammelter *europäischer* Verleger, daß wir im Rahmen von nur wenigen Seiten uns zur Religion äußern; so etwas scheint heute nichts Monströses zu sein, obwohl doch das Verfassen einer ernsthaften Abhandlung über die Religion den Bau neuer Nationalbibliotheken vom Typus der *Bibliothèque de France* erfordern würde, ja die Errichtung neuer Universalbibliotheken, selbst dann, wenn man *glaubte*, nichts Neues denken zu wollen und sich darauf beschränkte, jenes, was man *zu wissen glaubt*, sich in Erinnerung zu rufen, um es in einem Archiv zu erfassen und zu ordnen, um es festzuhalten und im Gedächtnis zu bewahren.

Glaube und Wissen: zwischen dem Glauben, etwas zu wissen, und dem Wissen darum, wie man glaubt, besteht eine Alternative, mit der umzugehen kein bloßes Spiel ist. Wählen wir, so habe ich mir gesagt, eine beinahe aphoristische Form, suchen wir uns eine Maschine aus, jene Maschine, die am besten funktioniert, um *von der Religion* zu handeln, in einem Raum, den eine bestimmte Anzahl Seiten schafft: Ungefähr 25 Seiten hat man uns zugebilligt. Die Zahl 25 habe ich auf beliebige Weise ent-ziffert oder in ein Anagramm verwandelt, ich habe daraus 52 sehr unterschiedliche und ungleiche Folgen gemacht, Krypten, verstreut auf einem unbestimmten Feld, auf einem Feld indes, dem man sich schon nähert wie einer Wüste, von der man nicht weiß, ob sie unfruchtbar ist, oder wie einem Ruinen- und Minenfeld, eines Feldes voller Schächte, Aushöhlungen, Zenotaphien und ausgestreuter Samen, das nicht umrissen und nicht identifiziert werden kann, das sich nicht einmal als Welt bestimmen läßt (die christliche Geschichte des Wortes »Welt« zwingt uns sofort zu erhöhter Wachsamkeit; die Welt ist weder das All noch der Kosmos, noch die Erde).

36. Am Anfang ist der Titel mein erster Aphorismus. Er zieht zwei Titel der Überlieferung zusammen, er schließt mit ihnen einen Vertrag ab. Wir sind damit beschäftigt und dazu verpflichtet, sie zu verunstalten, sie an einen anderen Ort zu treiben, indem wir sie entfalten, indem wir, wenn wir nicht ihr Negativ entwickeln oder ihr Unbewußtes erscheinen lassen, so doch zumindest die Logik dessen nachzeichnen, was sie über die Religion sagen, unabhängig von dem, was sie selbst bedeuten wollen. Improvisierend habe ich auf Capri zu Beginn der Sitzung vom Licht und vom Namen der Insel gesprochen (von der Notwendigkeit des Datierens, das heißt von der Notwendigkeit, ein in seiner Zeitspanne beschränktes und in seiner räumlichen Ausdehnung eingeschränktes Zusammentreffen zu signieren, ausgehend von der Besonderheit eines Ortes, eines lateinischen Ortes: Capri – das ist weder Delos noch Patmos, weder Athen noch Jerusalem, noch Rom). Ich habe wiederholt auf das Licht hingewiesen, auf den Bezug jeder Religion zum Feuer und zum Licht. Es gibt das Licht der Offenbarung und das Licht der Aufklärung. Licht, *phōs*, Offenbarung, Morgenland und Ursprung *unserer* Religionen, photographische Momentaufnahme. Frage, Anforderung: Wie soll man im Hinblick auf die heutige und die morgige Aufklärung, wie soll man im Licht anderer Aufklärungen (*Lumières, Illuminismo, Enlightenment*) **die Religion denken**, *am heutigen Tag* und ohne mit der philosophischen Überlieferung zu brechen? In unserer »Moderne« hinterläßt diese Überlieferung ihre Spuren in durch und durch lateinischen Titeln, die die Religion nennen – wir werden zeigen müssen, warum dies der Fall ist, warum die Titel beispielhaft sind. Ich denke dabei zunächst an Kants Buch, geschrieben im Zeitalter und im Geist der Aufklärung°. *Die Religion innerhalb der Grenzen der bloßen Vernunft* (1793) ist auch ein Buch über das radikal Böse. (Was hat es heute mit der Vernunft und dem radikal Bösen auf sich? Und wenn die »Rückkehr des Religiösen« in einem Bezug zu der Rückkehr bestimmter – moderner oder meinetwegen auch postmoderner – Phänomene steht, die man als solche des radikal Bösen betrachten muß? Zerstört oder stiftet das radikal Böse die Möglichkeit der Religion?) Dann denke ich an das Buch des großen jüdisch-christlichen Philosophen Bergson, *Die beiden Quellen der Moral und der Religion* (1932), geschrieben zwischen den beiden Weltkriegen, am Vortag jener Ereignisse, von denen man weiß, daß man noch nicht weiß, wie man sie denken soll, und von denen keine Religion, keine religiöse Institution der Welt sich ausnehmen kann? Keiner Religion ist es möglich gewesen, sie *heil und gesund, unberührt und geborgen* zu überstehen. Geht es in beiden Fällen nicht um jenes, worum es auch heute geht: darum, die Religion, die Möglichkeit der Religion, also ihre unaufhörliche und stets unvermeidliche Rückkehr zu denken?

37. »Die Religion denken«, sagen sie. Als würde ein solches Projekt nicht die Frage selbst im voraus schon auflösen. Wenn man behauptet, daß die Religion sich eigentlich *denken läßt*, daß sie eigentlich *denkbar* ist, hält man sie im voraus in Schach, und die Angelegenheit ist über kurz oder lang entschieden, selbst wenn man das Denken nicht mit einem Sehen, einem Wissen, einem Begreifen verwechselt. Dadurch bereits, daß ich von diesen Anmerkungen so spreche, als wären sie eine Maschine, werde ich von einem Wunsch nach Ökonomie – nach Sparsamkeit ergriffen: Wunsch, das Gebot der Eile zu erfüllen und den berühmten Schluß der *Zwei Quellen*… an einen anderen Ort zu befördern, angezogen von einem anderen Diskurs, einem anderen Rahmen oder Einsatz der Argumentation. Dieser Rahmen oder Einsatz kann sich stets einer mittelbaren Übertragung verdanken, die über Umwege führt, sie kann immer das Ergebnis einer Formalisierung sein, die sich ein wenig frei ausnimmt; ich schließe das nicht aus. Man erinnert sich an jene letzten Worte: **»[…] die notwendige Anstrengung, damit sogar auf unserem widerspenstigem Planeten die wesentliche Funktion des Universums sich erfüllt, das eine Maschine ist, die Götter hervorbringt.«**[32] Was würde geschehen, würde man Bergson dazu bringen, etwas ganz anderes als dasjenige zu sagen, was sagen zu wollen er glaubte, obwohl er es sich insgeheim vielleicht diktieren ließ? Was würde geschehen, hätte er, seiner eigenen Absicht gleichsam zum Trotz, einen Ort freigelegt oder einen Durchgang geschaffen für eine Art symptomatischen *Rückzug* oder *Widerruf*, einer zögernden Bewegung folgend, einer Bewegung der Unentschiedenheit, des Skrupels, des Umkehrens, in der vielleicht die doppelte Quelle (der doppelte Stamm oder die doppelte Wurzel) der *religio* ihren Ursprung hat (Cicero definiert die Handlung oder die Seinsweise, die er *religiosus* nennt, indem er das Wort *retractare* gebraucht)? Vielleicht würde man dann einer bestimmten Hypothese eine zweifach *mechanische* Form geben. »Mechanisch« müßte man in diesem Zusammenhang in einem beinahe »mystischen« Sinn verstehen. Mystisch und geheim, da widersprüchlich, abwegig, verwirrend, in dem Maße unzugänglich, entwurzelnd und zugleich vertraut (*un-*

---

32 Henri Bergson, *Die beiden Quellen der Moral und der Religion*, Frankfurt/M. 1992, S. 247 (Übersetzung leicht verändert, A. G. D.).

heimlich°, uncanny), in dem das unabwendbar Maschinenhafte, die unumgängliche Automatisierung etwas produziert, das *sowohl* an die Famile (*heimisch°, homely*) *bindet als auch* von der Familie *losreißt*, vom Vertrauten, Häuslichen, Eigenen, vom *oikos* des Ökologischen und des Ökonomischen, vom *ethos* als Aufenthaltsort. Eine solche quasi spontane Selbsttätigkeit, die wie ein Reflex unreflektiert erfolgt, wiederholt unablässig die doppelte Bewegung eines Abstrahierens und eines Anziehens, das an das Land *bindet und gleichzeitig* vom Land *losreißt*, vom Idiomatischen, Buchstäblichen, von all dem, was man heutzutage auf recht wirre Art und Weise in dem Begriff des »Identität-stiftenden« oder »Identitäterhaltenden« zusammenträgt; ich meine also, um es knapp und mit zwei Wörtern auszudrücken, die Bewegung des Ent-eignens und des erneuten An-eignens, des Ent-wurzelns und des erneuten Ver-wurzelns, der *Ent-an-eignung*, die einer Logik folgt, die wir noch formal erfassen müssen: der Logik der auto-immunen Selbstentschädigung.

Bevor man so seelenruhig von der »Rückkehr des Religiösen« spricht, wie man es heutzutage tut, muß man zwei Dinge erklären, die ineinandergreifen und eine Einheit bilden. Jedesmal geht es dabei um eine Maschine, um eine Fernmaschine:

1) Die fragliche »Rückkehr des Religiösen«, das heißt: die brandende, sich aufbäumende und überschlagende Bewegung eines komplexen und überbestimmten Phänomens ist keine einfache *Rückkehr*, da ihr weltumspannender Charakter und ihre (tele-techno-media-szientifischen, kapitalistischen und politisch-ökonomischen) Gestalten noch nie dagewesen und deshalb ursprünglich, originell sind. Auch handelt es sich nicht um eine *einfache Rückkehr des Religiösen*; geht sie doch mit zwei Tendenzen einher, deren eine in der unerbittlichen Zerstörung des Religiösen besteht, in der Zerstörung des Religiösen *stricto sensu*, in der Zerstörung des Römischen und Staatlichen, in der Zerstörung all dessen, was das Politische und Rechtliche europäischer Herkunft verkörpert, gegen das letztlich nicht nur alle »Fundamentalismen« und »Integrismen« Krieg führen, wie sich leicht feststellen läßt, sondern ebenfalls gewisse orthodoxe, katholische oder protestantische Erscheinungen. Man sollte auch darauf hinweisen, daß auf der anderen Seite eine bestimmte selbstzerstörerische, ich möchte sagen: auto-immune Behauptung der Religion selbst in allen »pazifistischen« oder ökumeni-

schen Entwürfen am Werk sein könnte, ob »katholisch« oder nicht; in allen Entwürfen, die an die universale Verbrüderung appellieren, an die Versöhnung der Menschen als Kinder eines einzigen Gottes. Vor allem dann, wenn die Brüder der monotheistischen Tradition der abrahamischen Religionen angehören. Es wird stets schwierig sein, solche pazifistischen Strömungen aus dem Umkreis eines doppelten Horizonts auszunehmen (der eine Horizont verbirgt oder öffnet den anderen):

a) *Kenotischer* Horizont des Todes Gottes und der anthropologischen Zurücknahme in die Immanenz (Menschenrechte und Rechte des *menschlichen* Lebens, die jeder Pflicht vorausgehen, die an die absolute und transzendente Wahrheit der Einbindung in die göttliche Ordnung geknüpft ist: ein Abraham, der sich nunmehr weigern würde, seinen Sohn zu opfern, nicht mehr bereit, etwas in Betracht zu ziehen, was immer schon Wahn war). Hört man die offiziellen Vertreter der religiösen Hierarchie, besonders den Papst, der wohl der medienwirksamste, latinisierend-weltumspannendste, CD-ROM-hafteste Vertreter ist, den man sich vorstellen kann, von einer ökumenischen Versöhnung reden, vernimmt man auch (sicherlich nicht nur, aber eben doch: auch) die Ankündigung eines Todes, die Erinnerung an einen gewissen »Tod Gottes«. Zuweilen mag man sogar den Eindruck haben, daß der Papst nur davon spricht – von dem, was durch seinen Mund sich kundtut; und daß ein anderer Tod Gottes die Passion heimsucht, die ihn bewegt. Worin liegt jedoch der Unterschied? wird man fragen. In der Tat.

b) Eine solche Friedenserklärung kann ebenfalls den Krieg mit anderen Mitteln fortsetzen und darum einen *befriedenden* Gestus verbergen – befriedend im Sinne des gewaltsamsten europäischen Kolonialismus. In dem Maße, in dem dieser Gestus von Rom herrührt (was häufig der Fall ist), versucht er zunächst einen Diskurs heimlich aufzuzwingen, eine Kultur, eine Politik und ein Recht (zunächst in Europa); er versucht sie allen anderen monotheistischen Religionen aufzuzwingen, christliche nichtkatholische Religionen einbegriffen. Jenseits Europas, unter Anwendung der gleichen juridisch-theologisch-politischen Schemen und durch die Einführung der gleichen juridisch-theologisch-politischen Kultur soll im Namen des Friedens eine *weltumspannende oder weltweite Latinisierung* aufgezwungen werden. Ihrem Idiom nach verwandelt sich diese inzwischen in eine europäisch-anglo-*amerikanische* Angelegenheit, wie wir bereits oben erwähnt haben. Die mit der weltweiten Latinisierung einhergehenden Anforderungen bezeichnen eine Aufgabe, die um so dringender und problematischer sich ausnimmt (unermeßliches und unberechenbares Kalkül der Religion in unserer Zeit), als das demographische Ungleichgewicht künftig jede äußere Hegemonie ständig bedrohen und daher nur das Befolgen der Stratageme ihrer Verinnerlichung zulassen wird. Das Feld dieses Kriegs oder dieser Befriedung ist unbegrenzt: alle Religionen, alle Mittelpunkte ihrer Autorität, alle religiösen Kulturen, alle Staaten, alle Nationen, alle ethnischen Gruppen, die von ihnen repräsentiert werden, haben zwar einen ungleichmäßigen, oft aber doch unmittelbaren und der Möglichkeit nach uneingeschränkten Zugang zum selben Weltmarkt. Sie sind dessen Produzenten, dessen Darsteller und dessen umworbene Verbraucher; manchmal sind sie Ausbeuter, manchmal Opfer. Es geht hier also um den Zugang zu den weltumspannenden Netzen der Telekommunikation und der Fernwissenschaftstechnik, die über die einzelnen Nationen und Staaten hinausgreifen. So begleitet »die« Religion die kritische und fernwissenschaftstechnische Vernunft, sie geht ihr voraus, sie wacht über sie, als wäre sie ihr Schatten. Sie ist ihr Vorabend, ihre Erwartung, ihre Wache, ihre Alte, der Schatten des Lichtes selbst, das Glaubenspfand, das Requisit der Zuverlässigkeit, die treuhänderische Erfahrung, die von jeder Hervorbringung eines geteilten Wissens vorausgesetzt wird. Sie ist die Handlung des Bezeugens, die Bezeugung, die in allen wissenschaftstechnischen Arbeitsgängen sowie in der gesamten kapitalistischen Ökonomie, von denen jene Arbeitsgänge untrennbar sind, einbegriffen ist und ihre Wirkung zeitigt.

2) Dieselbe Bewegung, die es verwehrt, die Religion von der fernwissenschaftstechnischen Vernunft und ihren kritischsten Aspekten zu scheiden, reagiert zwangsläufig *auf sich selbst*. Sie sondert ihr eigenes Gegengift ab, aber auch ihre eigene autoimmunisierende Kraft. Wir befinden uns in einem Bereich, in dem jeder Selbstschutz des Gesunden und Geschützten, des Heil(ig)en und Sakralen (*holy*) sich gegen den eigenen Schutz schützen muß, gegen die eigene Polizei, gegen die eigene Abwehrmacht, gegen das Eigene schlechthin, will sagen: gegen die eigene Immunität. Genau diese furchterregende und dennoch

unhintergehbare Logik der *Auto-Immunität des Heilen*[33] wird Wissenschaft und Religion immer aneinanderbinden.

Auf der einen Seite kann die »Aufklärung« der Kritik und der fern-wissenschaftstechnischen Vernunft nicht anders als die Zuverlässigkeit vorauszusetzen. Sie muß einen irreduktiblen »Glauben« einbringen, den Glauben eines »gesellschaftlichen Bandes« oder einer »gelobten Treue«, eines Zeugnisses oder einer Bezeugung (»Ich verspreche dir, jenseits der Beweise und der theoretischen Nachprüfungen die Wahrheit zu sagen, glaube mir usw.«), das heißt: den Glauben jenes performativen Akts, den man im Versprechen ausmachen kann und der sogar in der Lüge und im Meineid sich auswirkt; ohne ihn wäre es unmöglich, sich an den anderen zu richten. Ohne die performative Erfahrung dieser elementaren Glaubensbezeugung gäbe es kein

33 Das »Immune« (*immunis*) bezeichnet jenes, was von allen Kosten, allem Dienst(geld), allen Steuern und Verbindlichkeiten befreit ist (*munus*, Wurzel des Gemeinschaftlichen der Gemeinschaft). Dieses Vorrecht, diese Sonderstellung ist dann in den Bereich des konstitutionellen und internationalen Rechts übertragen worden (parlamentarische oder diplomatische Immunität). Sie läßt sich ebenfalls in der Geschichte der christlichen Kirche ausmachen und gehört zu den kirchlichen Vorschriften: die Immunität des Kirchentempel meint die Unverletzbarkeit des Asyls, das Verfolgte darin finden können (Voltaire empörte sich über diese »Immunität der Tempel« und erblickte in ihr ein »widerwärtiges Beispiel« für die »Verachtung der Gesetze« und das »kirchliche Machtstreben«). Urban VII. schuf eine Kongregation der geistlichen Immunität: sie richtete sich gegen die Steuererhebung und den Militärdienst, gegen das gemeine Recht (Privileg der kirchlichen Gerichtsbarkeit [*for*]) und die polizeiliche Durchsuchung. Vor allem auf dem Gebiet der Biologie hat der Wortschatz, in dessen Mittelpunkt der Begriff der Immunität steht, sich Ansehen verschafft. Die immunitäre Abwehrreaktion beschützt das *Heile* und *Ungeschädigte* des eigenen Körpers, indem sie Antikörper gegen fremde Antigene produziert. Der Prozeß der Auto-Immunisierung, der uns hier besonders interessiert, besteht bekanntlich darin, daß ein lebender Organismus gegen seinen eigenen Selbstschutz dadurch sich schützt, daß er seine eigenen immunitären Abwehrkräfte zerstört. Da das Auftreten solcher Antikörper einen ausgedehnten Bereich der Pathologie betrifft und man mehr und mehr auf die *positiven* Eigenschaften der Immunodepressoren zurückgreift, um die Wirkung von Abwehrmechanismen einzuschränken und die Akzeptanz transplantierter Körperteile zu steigern, werden wir uns auf diese Erweiterung stützen und von einer allgemeinen Logik der *Auto-Immunisierung* reden. Der Bezug darauf scheint uns unerläßlich zu sein, will man heute das Verhältnis zwischen Glauben und Wissen, zwischen Religion und Wissenschaft denken und die Doppeltheit und Zweideutigkeit der Quellen überhaupt begreifen.

»gesellschaftliches Band«, keine Anrede, die sich an den anderen richtet, keine Performativität im allgemeinen: es gäbe keine Konvention, keine Institution, keine Konstitution, keinen souveränen Staat, kein Gesetz, vor allem indes gäbe es nicht die strukturelle Performativität der produktiven Handlung, des produktiven Akts, der produktiven Performanz, die von Anfang an das Wissen der wissenschaftlichen Gemeinschaft an das Machen und Hervorbringen, die Wissenschaft an die Technik bindet. Wenn wir in diesem Text regelmäßig von Wissenschaftstechnik sprechen, so wollen wir damit nicht einem heute gängigen Stereotyp nachgeben, sondern vielmehr daran erinnern, daß das wissenschaftliche Werk, die Handlung des Wissenschaftlers durch und durch ein praktischer Eingriff ist, eine technische Performativität, die in der Energie des Wesens jenes Akts ihren Ort hat – nichts tritt deutlicher hervor, wie wir inzwischen wissen. Der wissenschaftliche Akt geht also mit dem Ort und dem Raum um, er läßt Entfernungen und Geschwindigkeiten auf bestimmte Weise wirken; er entrückt etwas dem Ort, an dem es sich befindet, rückt es näher oder ferner, aktualisiert oder virtualisiert es, steigert oder mindert seine Geschwindigkeit. Überall dort, wo diese fern-wissenschaftstechnische Kritik sich entfaltet, bringt sie den treuhänderischen Kredit des elementaren Glaubens ein, sie bestätigt den Glauben, der zumindest seinem Wesen oder seiner Bestimmung und Berufung nach religiös ist (elementare Bedingung, Mitte und Medium des Religiösen, ja der Religion selbst). Wir gebrauchen den Ausdruck »treuhänderisch«, wir reden von Kredit, Zuverlässigkeit, Sicherheit und Bürge mit der Absicht, hervorzuheben, daß die elementare Glaubensbezeugung, der elementare Glaubensakt auch die wesentlich ökonomische und kapitalistische Rationalität des Fern-Wissenschaftstechnischen trägt. Kein Kalkül, keine Absicherung, keine Versicherung vermögen die letzthinnige Notwendigkeit jenes Akts und jener Bezeugung aufzulösen; die Notwendigkeit der zeugnishaften Signatur (deren Theorie nicht zwangsläufig eine Theorie des Subjekts sein muß, der Person oder des bewußten und unbewußten Ichs). Von dieser Notwendigkeit Kenntnis zu nehmen bedeutet, daß man lernt, die Gründe dafür zu verstehen, daß im Rahmen der gegenwärtigen »Rückkehr des Religiösen« keine grundsätzliche Unvereinbarkeit besteht zwischen den »Fundamentalismen«, den »Integrismen« und der Politik, die mit ihnen einhergeht, *und* der Rationalität, dem Treuhänderischen, das fern-technisch-kapitalistisch-wissenschaftlicher Art ist und das alle möglichen medienstrategischen und weltumspannenden Dimensionen umfaßt. Die Rationalität der fraglichen `»Fundamentalismen« kann stets auch überkritisch sein,[34] sie schreckt zuweilen sogar vor dem nicht zurück, was einer dekonstruktiven Radikalisierung des kritischen Gestus ähnelt. Die Phänomene der Unkenntnis, der Unvernunft oder des »Obskurantismus«, die man häufig und mit einer gewissen Leichtfertigkeit in den »Fundamentalismen« oder »Integrismen« erkennt; diese Phänomene, die man zu Recht anprangert, sind oft Überbleibsel, Oberflächenwirkungen, reaktiver Abhub der entschädigenden, immunitären oder auto-immunitären Reaktivität. Sie verbergen eine tiefliegende Struktur oder auch (und zugleich) eine Angst vor sich selbst; Reaktion gegen jenes, woran man teilhat und womit man im Bund steht: das Ausrenken, das Enteignen, das Entorten, das Entwurzeln, der Verlust des Idioms, die Beraubung und Vorenthaltung (in all ihren Ausmaßen, besonders aber in ihrer sexuellen – *phallischen* Dimension), die die fern-wissenschaftstechnische Maschine unaufhörlich bewirkt. Die Reaktivität des Ressentiments wendet diese Bewegung gegen sich selbst und spaltet sie dadurch. Sie *entschädigt* sich so in einer Bewegung, die sowohl immunitär als auch auto-immun ist. Die Reaktion auf die Maschine ist nicht weniger automatisch (und folglich maschinenhaft) als

---

34 Davon zeugen zumindest gewisse Erscheinungen des »Fundamentalismus« oder des »Integrismus«, besonders im »Islamismus«, der heutzutage auf der demographischen Skala der gesamten Welt das stärkste Beispiel für »fundamentalistische« oder »integristische« Tendenzen abgibt. Seine offenbaren Züge sind allzu bekannt, um auf sie zurückzukommen (Fanatismus, Obskurantismus, tödliche Gewaltsamkeit, Terrorismus, Unterdrückung der Frau usw.). Man vergißt indes häufig, daß dieser »Islamismus« ebenfalls eine radikale Kritik vorbringt, eine Kritik an dem, was die *gegenwärtige* Demokratie, die Demokratie *in ihren bestehenden Grenzen*, die Demokratie, die ihrem *heute wirksamen Begriff* entspricht und von ihrer *tatsächlichen Macht* geprägt wird, an den Markt und die fernwissenschaftstechnische Vernunft bindet, die in ihr – die auf ihrem Markt vorherrscht. Man stößt auf eine solche Kritik vor allem dort, wo es um das Verhältnis des »Islamismus« zur arabischen Welt geht; sie steht in einem unmittelbaren Zusammenhang mit all den Formen der brutalen immunitären oder entschädigenden Reaktivität, die sich gegen die technisch-ökonomische Moderne wendet, an die sich anzupassen eine langwährende Geschichte den »Islamismus« hindert.

das Leben selbst. Eine derartige innere Spaltung, durch die Entfernungen entstehen, erweist sich auch als das »Eigene« der Religion, als jenes, was die Religion ihrer »Eigenheit« übereignet (dem Eigenen, das im Unbeschädigten, Heilen, Heiligen°, Sakralen, Geborgenen, Immunen besteht); sie erweist sich als jenes, was die religiöse Entschädigung allen Gestalten des Eigentums übereignet (sie reichen vom sprachlichen Idiom und seiner »Buchstäblichkeit« bis zum Blut und Boden, zur Familie und zur Nation). Einzig die innere und unmittelbare, immunitäre und zugleich auto-immune Reaktivität kann die brandende und sich überschlagende religiöse Bewegung [*déferlement religieux*] erklären, deren doppelte und widersprüchliche Erscheinung wir zu beschreiben und zu bezeichnen suchen. Das Wort *déferlement* drängt sich uns auf, um jene Verdoppelung einer Welle zum Ausdruck zu bringen, die sich etwas einverleibt und aneignet, das sie gerade durch ihre rollende und einrollende Bewegung auszuschließen scheint; im gleichen Zug braust sie gegen ihren eigenen Schutz auf, gegen ihre »Antikörper«, zuweilen in schreckenverbreitender Aufbäumung und in terroristischer Auflehnung. Indem die brandende und sich überschlagende Bewegung sich mit dem Feind verbündet und den Antigenen ihre Gastfreundschaft anbietet; indem sie den anderen mit und zu sich reißt, vergrößert und verstärkt sie sich, *bläht* sie *sich auf* voll gegnerischer Kraft. Ohne zu wissen, an welchem Ufer und auf welcher Insel wir uns befinden, glauben wir doch zweifellos, diese brandende, sich überschlagende Bewegung und ihre spontane, unwiderstehlich automatische Aufblähung auf uns zukommen zu sehen. Wir glauben indes, daß sie ohne einen Horizont auf uns zukommt, daß sie auf uns zukommt, ohne daß sie einen Horizont bildet und ohne daß ein Horizont sie umgibt. Deshalb sind wir uns nicht mehr dessen sicher, daß wir (etwas) sehen und daß es dort noch eine Zukunft, ein Kommen gibt, wo wir (etwas) zu sehen glauben, wo wir (etwas) vorwegnehmen. Das Kommen der Zukunft duldet weder Voraussicht noch Vorsehung. Wenn wir folglich von jener Bewegung überrascht und eingenommen werden, werden »wir« eigentlich von der Zukunft mitgerissen – sie, die Zukunft, möchten wir *denken*, vorausgesetzt, daß wir uns hier noch dieses Wortes bedienen können.

Heutzutage geht die Religion mit der Fernwissenschaftstechnik ein Bündnis ein, gegen das sie mit aller Kraft reagiert. *Einerseits ist* sie die weltweite Latinisierung; sie produziert Kapital, sie vermählt sich mit dem Kapital, sie nutzt und beutet das Kapital und das Wissen der Tele-Mediatisierung aus: die Reisen des Papstes, die weltumgreifende Verwandlung seiner Gestalt in ein Spektakel, die zwischenstaatlichen Dimensionen der »Rushdie-Affaire«, der planetarische Terrorismus wären anders nicht möglich, nicht in dem bekannten Ausmaß. Wir könnten unendlich viele Indizien aufzählen. *Andererseits – gleichzeitig* aber reagiert die Religion (darauf), sie erklärt jenen Kräften den Krieg, die ihr nur dadurch ihre neue Macht verleihen, daß sie sie von all ihren angestammten Plätzen vertreiben, von all den Orten, die ihr eigen sind, ja *in Wahrheit vom Ort und der Stätte selbst*, vom *Statthaben* oder *Sich-Ereignen* ihrer Wahrheit. Sie führt einen furchtbaren Krieg gegen das, was sie nur in dem Maße beschützt, in dem es sie bedroht – im Sinne der doppelten widersprüchlichen Struktur des Immunitären und Auto-Immunitären. Das Verhältnis zwischen den beiden Antrieben, den beiden Quellen, deren eine die Form einer Maschine hat (Mechanisierung, Automatisierung, Machination oder *mechané*) und deren andere die Gestalt der lebendigen Spontaneität annimmt, der *heilen* Eigenheit des Lebens, also einer anderen (vorgeblichen) Selbstbestimmung, dieses Verhältnis zeichnet sich durch Unabwendbarkeit aus, durch etwas Automatisches und Maschinelles. Das Auto-Immunitäre sucht jedoch die Gemeinschaft und ihr System immunitären Überlebens heim, so als wäre es die Hyperbel der Möglichkeit einer solchen Gemeinschaft und eines solchen Systems. Ohne das Risiko der Auto-Immunität gibt es nichts Gemeinschaftliches, nichts Immunes, nichts Geborgenes, nichts Gesundes, nichts Heiliges°, nichts, was *holy* ist, nichts Heiles, das sich in der selbständigsten aller lebendigen Gegenwarten hält. Wie immer trägt das Risiko eine doppelte Ladung – dasselbe endliche Risiko, eher doppelt als einfach: geladen mit einer Drohung und einer Chance. Um es kurz, mit nur zwei oder drei Wörtern zu erklären: das Risiko muß die Möglichkeit jenes **radikal Bösen** in sich aufnehmen und gleichsam als Pfand mit sich führen, ohne das man eigentlich nichts tun kann, ohne das man nicht weiß, wie man richtig handeln soll.

... und Granatäpfel

*(Da diese Prämissen oder allgemeinen Definitionen nun einge-
führt worden sind und der zugewiesene Raum immer enger
wird, wollen wir die letzten fünfzehn Behauptungen oder Vor-
schläge in Satelliten verwandeln und ihnen eine Gestalt verleihen, die noch gesprenkelter, punktierter, entschälter, kerniger,
granatenhafter ist, die noch mehr an einen Granatapfel erinnert,
die noch stärker verstreut und andeutend wirkt, die noch apho-
ristischer, diskontinuierlicher, dogmatischer, ökonomischer, spar-
samer dünkt – eine Gestalt also, die, um es kurz zu machen, te-
legraphischer denn je sich ausnimmt.)*

38. Aus einem kommenden Diskurs – über das Kommen der
Zukunft und die Wiederholung. Axiom: keine Zu-kunft ohne
Erbe und Möglichkeit, (etwas) *zu wiederholen*. Keine Zu-kunft
ohne eine Form der *Iterabilität*, ohne zumindest die Form des
Bündnisses mit sich selbst und der *Bestätigung* des ursprünglichen Ja. Keine Zu-kunft ohne ein messianisches Gedächtnis und
ohne ein messianisches Versprechen, ohne ein Gedächtnis und
ein Versprechen, deren Messianizität älter ist als alle Religion,
ursprünglicher als jeder Messianismus. Kein Diskurs, keine Anrede, die sich an den anderen richtet, ohne die Möglichkeit eines
elementaren Versprechens. Ein Meineid, ein Versprechen, das
nicht gehalten wird, gründen in genau derselben Möglichkeit.
Kein Versprechen folglich ohne das Versprechen einer Bestätigung des *Ja*. Dieses *Ja* wird immer schon die Zuverlässigkeit
oder Treue eines Glaubens impliziert haben, es wird sie stets im-
plizieren. Kein Glaube folglich, keine Zu-kunft ohne jenes, was
aufgrund der Iterabilität vorausgesetzt werden muß, das Technische, Maschinenhafte und Automatische. In diesem Sinne ist
die Technik die Möglichkeit oder, um es anders auszudrücken:
die Chance des Glaubens. Diese Chance muß das höchste Risiko
einbegreifen, die Bedrohung durch das **radikal Böse**, die Drohung des **radikal Bösen**. Sonst wäre jenes, für das sie eine
Chance darstellt, kein Glaube, sondern ein Programm und ein
Beweis, eine Vorausberechnung, eine Voraussagbarkeit und eine
Vorsehung, ein reines Wissen und reines Können, das heißt: eine
Aufhebung der Zukunft. Statt (wie man es fast immer tut) das
Maschinenhafte und den Glauben einander entgegenzusetzen,

müßte man sie also in ihrer *Zusammengehörigkeit* denken, als etwas, das *auf eine einzige, auf dieselbe Möglichkeit* zurückgeht. Man müßte das Maschinenhafte und all die Eigenschaften als zusammengehörig denken, die im Sakrosankten und Allerheiligsten eine Rolle spielen, genauer noch: im Sakrosankten und Allerheiligsten der **phallischen Wirkung** (heilig°, *holy*, gesund und geborgen, heil, unberührt, immun, frei, lebendig, ertragreich, fruchtbar, stark, vor allem aber, wie sich noch zeigen wird, »aufgebläht«).

39. Ist die Doppeltheit, von der wir reden, nicht zum Beispiel das, was ein Phallus als unterschiedener bedeutet – ein Phallus oder vielmehr das **Phallische**, die *Wirkung des Phallus*, die nicht zwangsläufig die Eigenheit des Mannes sein muß? Ist das nicht das Phänomen, das *phainestai*, der Tag des *Phallus*? Ist es nicht auch (und zwar aufgrund des Gesetzes der Iterabilität oder der Verdoppelung, die den Phallus von seiner reinen und ihm eigenen Anwesenheit *abzulösen* vermag) dessen *phantasma*, ein griechisches Wort für dessen Gespenst, dessen Geist, dessen Doppelgänger oder dessen Fetisch? Ist es nicht die *kolossale Automatizität* der Erektion (Höchstmaß des Lebens, das man als ein heiles, unbeschädigtes, entschädigtes, immunes, geborgenes, sakrosanktes wahren muß), ist es aber nicht ebenfalls und genau aus demselben Grund das Mechanischste, jenes, was den Charakter eines Reflexes hat und als etwas erscheint, das mehr noch als alles andere von dem Leben abgelöst und abgetrennt werden kann, das es repräsentiert? Ist der Phallus im Unterschied zum Penis und als ein vom eigenen Körper Abgetrenntes nicht jene Marionette, die man hochhält, ausstellt, fetischisiert und im Rahmen einer Prozession ausführt?

Handelt es sich hier nicht (Virtualität einer Virtualität) um die Kraft, das Vermögen, die Potenz einer Logik, die mächtig genug ist, um mit dem Unberechenbaren zu rechnen und so Rechnung abzulegen (*logon didonai*) von allem, was die fernwissenschaftstechnische Maschine, diesen Feind des Lebens, der in dessen Dienst steht, an die eigentliche Ressource des Religiösen bindet, an den Glauben? An den Glauben im Lebendigsten, in dem, was tot und automatisch *über-lebend* ist, wiedererstehend in der Gestalt seines geisterhaften *phantasma*, ein Gesundes, Geborgenes, Heiles, Immunes, Sakrales – Ausdrücke, die das Wort heilig°

übersetzen? Matrix wiederum eines Kultes oder einer Kultur des verallgemeinerten Fetischs, des grenzenlosen Fetischismus, der fetischisierenden Verehrung der Sache selbst. Man könnte, ohne in pure Willkür abzuleiten, die semantische Genealogie des Heilen (»heilig, sakral, gesund und geborgen, *saint, holy*«) so lesen und sich vornehmen, daß man darin alles zusammenträgt, was die Kraft zum Ausdruck bringt, die **Lebens**kraft, die Fruchtbarkeit, die Vermehrung, die Vergrößerung, die Aufblähung – in der Spontaneität der Erektion oder der Schwangerschaft.[35] Machen wir es kurz: Es genügt an dieser Stelle nicht, an

---

35 Nennen wir punktuell die Voraussetzungen einer künftigen Arbeit. Suchen wir sie erneut in dem reichhaltigen Kapitel auf, das *Der Wortschatz der indoeuropäischen Institutionen* (siehe Anmerkung 3) dem Sakralen und Heiligen widmet. Es scheint angebracht, daß Benveniste an einige »methodische Schwierigkeiten« erinnert. Diese »methodischen Schwierigkeiten« sind nach unserer Meinung ernster noch und grundsätzlicher, als Benveniste eingesteht, selbst wenn er so weit geht, das Risiko anzuerkennen, daß »sich der Gegenstand der Untersuchung nach und nach vor [unseren] Augen auflöst« (ebd., S. 179). Kultisch huldigt er einem »urtümlichen, ursprünglichen Sinn« und identifiziert in dem dicht gewobenen Netz der untersuchten Idiome, Abstammungen und Etymologien das beharrlich wiederkehrende Thema der »Fruchtbarkeit«, des »Starken«, »Mächtigen« und »Kräftigen«; er macht vor allem eine Gestalt aus, ein Schema der Einbildung, an dem dieses Thema sich ablesen läßt: die *Aufblähung* oder *Schwellung*.

Man erlaube uns, einen langen Abschnitt anzuführen und den Leser, der sich für darin aufgeworfene Fragen interessiert, auf das Kapitel selbst zu verweisen: »Das Adjektiv *sura* bedeutet nicht allein ›stark‹; es tituliert ebenfalls bestimmte Götter und Helden, zum Beispiel Zarathustra, und ist eine Bezeichnung für bestimmte Begriffe wie etwa den der ›Morgenröte‹. An dieser Stelle ist der Vergleich mit verwandten Wortformen, welche dieselbe Wurzel haben, hilfreich; sie lassen uns den urtümlichen, ursprünglichen Sinn erkennen. Das vedische Verb *su- sva-* bedeutet ›sich aufblähen, sich vergrößern‹ und meint damit auch die ›Kraft‹ und das ›Gedeihen‹; so ergibt sich *sura*, ›mächtig, kräftig, rüstig‹. Im Griechischen sind das Präsens *kyein* (›schwanger sein, im Schoß tragen‹) und das Substantiv *kuma* (›Aufblähung, Aufbäumung [der Wellen], Flut‹) begrifflich ebenfalls mit *kyros* (›Kraft, Souveränität‹) und *kyrios* (›souverän‹) verbunden. Diese begriffliche Annäherung läßt die ursprüngliche Einheit des Sinnes erscheinen, die man dem Wort ›aufblähen‹ zuschreiben kann; in allen drei Sprachen können wir eine spezifische Entwicklung dieses Sinnes ausmachen. [...] Sowohl im Indo-Iranischen als auch im Griechischen entwickelt sich der Wortsinn so, daß er sich von ›Aufblähung‹ zu ›Kraft‹ und ›Gedeihen‹ hin verschiebt. [...] Nun sind die Verhältnisse, die zwischen dem Griechischen *kyeo* (›schwanger sein‹) und *kyrios* (›souverän‹), und zwischen dem Vedischen *sura* (›stark‹) und

die phallischen Kulte und deren bekannte Erscheinungsweisen im Herzen zahlloser Religionen zu erinnern. Die drei »großen Monotheismen« haben die gründenden Bündnisse oder Versprechen in jene *(prüfende) Erfahrung des Heilen* eingezeichnet, als die man die Beschneidung stets ansehen muß, mag sie »äußerlich oder innerlich« sein, eine buchstäbliche Beschneidung oder eine »Beschneidung, die am Herzen geschieht«, wie es vor Paulus schon im Judentum heißt. Vielleicht müßte man sich hier fragen, warum dort, wo der tödlichste Ausbruch einer unauf-

> *sponta* bestehen, wiederhergestellt; allmählich kann man den besonderen und eigenartigen Ursprung des Begriffes des ›Sakralen‹ umreißen. [...] Das Heilige und Sakrale bestimmt sich aufgrund eines Begriffes von überschäumender und befruchtender Kraft, die fähig ist, (etwas) zum Leben zu erwecken und die Erzeugnisse der Natur hervorkommen zu lassen.« (ebd., S. 183-184)

Der von Benveniste unterstrichene bemerkenswerte Umstand, daß »fast überall« dem »Begriff des ›Sakralen‹ nicht bloß ein einziger Ausdruck entspricht, sondern zwei verschiedene Ausdrücke«, ließe sich hier in einen Zusammenhang mit den »zwei Quellen« bringen. Benveniste analysiert die beiden Ausdrücke im Germanischen (das Gotische *weihs* [»geweiht«] und das runische *hailag* [»heilig«]), im Lateinischen (*sacer* und *sanctus*), im Griechischen (*hagios* und *hieros*). Das gotische Adjektiv *hails*, Ursprung des deutschen *heilig*°, übersetzt den Gedanken »des Wohlseins, der Gesundheit, der körperlichen Unversehrtheit« – eine Übersetzung des griechischen *hygiēs, hygieinos*, »bei guter Gesundheit«. Die entsprechenden Verbformen bedeuten »gesund machen oder gesund werden, gesunden, heilen«. (Man könnte hier – Benveniste tut es nicht – einen Ort für die Notwendigkeit aufzeigen, die jede Religion, jede Heiligsprechung oder jede Sakralisierung dazu anhält, auch eine Heilung zu sein (*healing*), etwas, das für die Gesundheit sorgt, für das Wohlsein: ein Versprechen der heilenden Pflege und Seelsorge (*cure, cura*), ein Horizont der Erlösung, der Restauration des Heilen, der Entschädigung.) Gleiches gilt für das englische *holy*, in dessen Umkreis das Wort *whole* steht (»ganz, unberührt«, also »geborgen, gerettet, ohne Schaden in seiner Unversehrtheit sich haltend, immun«). Das gotische *hails* (»bei guter Gesundheit, sich seiner körperlichen Unversehrtheit erfreuend«) trägt in sich auch den Wunsch, wie im Griechischen das Wort *chaire* (»Heil!«). Benveniste hebt den religiösen Aspekt hervor: »Wer über ›Heil‹ und ›Wohlsein‹ verfügt, das heißt: wer körperlich unversehrt ist, ist in der Lage, das ›Heil‹ zu vermitteln. ›Unberührt, unversehrt (zu) sein‹ ist das Glück, das man dem anderen wünscht, das Zeichen, auf das man wartet. Es ist nur natürlich, daß man in dieser vollkommenen ›Unversehrtheit‹ eine göttliche Gnade erblickt hat, eine heilige oder sakrale Bedeutung. Die Göttlichkeit besitzt von Natur aus die Gabe der Unversehrtheit, des Heils, des Glücks und vermag sie unter den Menschen zu verteilen [...]. Im Laufe der Geschichte ist der ursprüngliche gotische Ausdruck *weihs* durch den Ausdruck *hails, hailigs* ersetzt worden.« (Ebd., S. 185-187)

lösbar ethnisch-religiösen Gewalt sich ereignet, die Frauen die bevorzugten Opfer sind (Opfer nicht bloß unzähliger Ermordungen, wenn man so sagen kann, sondern ebenfalls Opfer von Vergewaltigungen oder Verstümmelungen, die den Ermordungen vorausgehen, die mit ihnen einhergehen).

40. Die Religion des Lebendigen – ist das nicht eine Tautologie? Absoluter Imperativ, heiliges Gesetz, Gesetz der Rettung: das Lebendige als Unberührtes retten, als Heiles und Heiliges, das ein Recht hat auf absolute Achtung, auf Scham, Verhaltenheit, Zurückhaltung. Daher auch die Notwendigkeit einer ungeheueren Aufgabe: Es ist erforderlich, die Kette der Motive wiederherzustellen, die im Hinblick auf eine *heiligende und sakralisierende* Haltung oder Absicht einen analogen Charakter aufweisen – im Hinblick auf das Verhältnis zu dem, was so ist, wie es ist, wie es bleiben oder wie man es sein lassen soll (heilig°, lebendig, stark und ertragreich, sich aufbäumend und befruchtend: geborgen, unversehrt, heil, immun, sakral usw.). Heil und Gesundheit. Eine solche intentionale Haltung oder Verfassung trägt verschiedene Namen, die sich alle durch ihre Familienähnlichkeit auszeichnen: Achtung (Kant), Scham, Zurückhaltung, Verhaltenheit, Scheu, Gelassenheit (Heidegger) – das *Halten*, der *Halt* im allgemeinen.[36] Die Pole, die Themen, die Sachver-

36 An anderer Stelle – in einem Seminar – versuche ich, den Begriff des Halts und die Bedeutung der Wortgruppe, für die er sich als bestimmend erweist, in einem genaueren Gedankengang zu erörtern. Ich richte mein Augenmerk besonders auf Heideggers Gebrauch des Wortes halten°. Beispiele für diesen Gebrauch sind die Wörter »Aufenthalt«° (häufig in der Nähe des Heiligen°; *ethos*) und »Verhaltenheit«° (Scham oder Achtung, Skrupel, Scheu oder schweigsame Diskretion, die als *Zurückhaltung* ein In-der-Schwebe-Halten ist); »Verhaltenheit«° ist in unserem Zusammenhang freilich ein besonders wichtiges Beispiel, vor allem aufgrund der Rolle, die der Begriff in den *Beiträgen zur Philosophie* spielt, in den Abschnitten über den »letzten Gott«, den »anderen Gott«, den kommenden oder vorübergehenden Gott. Ich möchte hier auf eine unlängst erschienene Studie von Jean-François Courtine hinweisen, die den Titel »Les traces et le passage du Dieu dans les *Beiträgen zur Philosopie de Martin Heidegger*« trägt (in: *Archivio di filosofia*, 1994, Nr. 1-3). Courtine ruft Heideggers beharrlich wiederkehrende Beschreibung des modernen Nihilismus als »Entwurzelung«, »Entgötterung« und »Entzauberung« in Erinnerung und bezieht sie zu Recht auf jenes, was in den *Beiträgen* vom (und implizit stets gegen) das Gestell° gesagt wird; der Rede von der »Machenschaft« soll sogar »eine Kritik des Gedankens der

halte oder Gründe, die bei diesen Ausdrücken jeweils eine Rolle spielen, sind unterschiedlich (das Gesetz, die Sakralität, die Heiligkeit, der kommende Gott usw.); dennoch scheinen die Bewegungen analog zu sein, auf die sie sich beziehen, die sie beschreiben, ja die darin *zu einem Stillstand kommen* oder *eine Unterbrechung erfahren*. All die genannten Ausdrücke machen oder markieren einen *Halt*. Vielleicht bilden sie eine Art Universalie, eine Art Allgemeinheit – nicht die der »Religion«, sondern die einer Struktur der Religiosität. Zwar sind sie nicht eigentlich religiöse Ausdrücke, doch eröffnen sie stets die Möglichkeit des Religiösen, ohne ihr dann noch Schranken setzen zu können. Möglichkeit, die wiederum gespalten ist. Einerseits handelt es sich zweifellos um eine respektvolle oder scheue Enthaltung, die zurücktritt vor jenem, was ein sakrales Mysterium ist und was darum unberührt oder unzugänglich bleiben muß – mystische Immunität eines Geheimnisses. Indem er aber auf diese Art sich zurückzieht und das Sich-Entziehende in seinem Entzug hält, öffnet der Halt andererseits auch einen Zugang zu dem, was heil bleiben muß, einen Zugang ohne Vermittlung und ohne Vorstellung, einen Zugang also, der durch eine gewisse intuitive Gewalt sich auszeichnet. Wir haben es hier mit einer anderen Dimension des Mystischen zu tun. Vielleicht erlaubt oder verspricht die Universalie, von der wir reden, eine weltumgreifende Überset-

Schöpfung« entsprechen, »die sich im wesentlichen gegen das Christentum richtet« (ebd., S. 528). Dies scheint uns in die Richtung der Hypothese zu deuten, die wir oben vorgebracht haben: Heidegger verdächtigt die Religion (besonders die christlich-römische Religion) und den Glauben, aber auch jenes, was in der Technik das Geborgene, Heile, Immune bedroht, das Heilige°. Seine »Position«, von der wir stark vereinfachend behaupten könnten, daß sie sich sowohl von der Religion als auch von der Technik, dem Gestell° und der Machenschaft° abheben möchte (so, als würde es sich in beiden Fällen um *dasselbe* handeln), ist ebendeshalb von besonderem Interesse. In beiden Fällen *dasselbe*: auch wir versuchen diesen Umstand zum Ausdruck zu bringen, mit bescheidener Absicht und auf unsere Weise. Das *Selbige* schließt keine unterscheidende Faltung aus, kein Unterschied wird durch es ausgelöscht. Wird aber diese *selbige Möglichkeit* anerkannt oder gedacht, so läßt sich dennoch nicht mit Sicherheit sagen, daß es einer »heideggerianischen Antwort« darauf bedarf; es ist auch nicht sicher, daß eine derartige Antwort einer solchen *Möglichkeit* einfach äußerlich ist, daß sie also der Logik des Heilen oder der auto-immunen Entschädigung fremd bleibt, an die wir uns hier annähern möchten. Wir kommen unten und anderswo darauf zurück.

zung von *religio*: Skrupel, Achtung, Verhaltenheit°, Scheu°, *shame*, Zurückhaltung, Gelassenheit° usw. Halt vor dem, was gesund und geborgen, unberührt, heil bleiben soll oder sollte, Halt vor dem, was man sein lassen muß, was es sein soll, zuweilen um den Preis einer Selbstaufopferung und im Zuge eines Gebets: das andere. Eine solche Universalie, eine solche »existentiale« Allgemeinheit könnte dafür gesorgt haben, daß die weltweite Latinisierung der *religio* (oder zumindest ihre Möglichkeit) über ein vermittelndes *Schema* verfügt.

Man müßte dann in dieser Bewegung eine doppelte und offensichtliche Forderung ausmachen können: *einerseits* die Forderung nach absoluter Achtung vor dem Leben, das »Du-wirst-nicht-töten« (Deinen Nächsten, ja, das Lebendige überhaupt), das »integristische« Verbot der Abtreibung, der künstlichen Befruchtung, des performativen Eingriffs in das genetische Potential (und sei es zu therapeutischen Zwecken), *andererseits* die ebenfalls universale Opferbereitschaft (man braucht dabei gar nicht erst an den Terrorismus und das Gemetzel der Religionskriege zu erinnern). Früher hatte man es in verschiedenen Religionen (die »großen Monotheismen« nicht ausgeschlossen) mit dem menschlichen **Opfer** zu tun. Es handelte und es handelt sich stets um das Opfer des Lebendigen, vor allem und mehr denn je im Zusammenhang mit der Massenzucht und der Massenschlachtung, der Angel- und Jagdindustrie, den Tierexperimenten. Erwähnen wir kurz, daß vielleicht manche ökologisch oder vegetarisch Orientierte, die glauben, daß sie ihr Heil bewahren und von aller Fleischfresserei sich rein halten können, selbst von der symbolischen,[37] die einzigen »religiösen« Menschen unserer Zeit sind, die eine der beiden reinen Quellen der Religion achten; möglich, daß sie dadurch gerade die Verantwortung für das tragen, was sich als das Kommen oder die Zu-kunft einer Religion erweisen könnte. Worin besteht die *Mechanik* der doppelten Forderung, die wir meinen (Achtung vor dem Leben und

37 Ich meine jenes, was in den abendländischen Kulturen noch an das Opfer gebunden bleibt, bis hin zu den industriellen opferbringenden und »fleischfressend-phallogozentrischen« Bewerkstelligungen. Zum Begriff des »Fleischfressend-Phallogozentrischen« siehe Jacques Derrida, »*Il faut bien manger ou le calcul du sujet*« [»Man muß ja/gut/richtig essen oder das Kalkül/der Stein des Subjekts«], in: ders., *Points de suspension*, Paris 1992, S. 269-301 (deutsche Übersetzung: *Auslassungspunkte: Gespräche*, Wien 1998).

Opferbereitschaft)? Wir sprechen von einer *Mechanik*, da sie mit der Regelmäßigkeit einer Technik das Nicht-Lebendige oder, wenn man will, das Tote im Lebendigen reproduziert. Sie wirkt sich nicht anders aus als der Automat, von dem wir im Kontext der phallischen Wirkung bereits geredet haben: Marionette, tote Maschine, mehr noch als bloß lebendig, heimsuchendes Gespenst, Geist des Toten als Grund des Lebens und des Über-lebens. Dieses mechanische Prinzip ist dem Anschein nach ein sehr einfaches: das Leben hat nur dadurch einen *absoluten* Wert, daß es *mehr* wert ist *als* das Leben. Nur dadurch also, daß es um das Leben trauert und in unendlicher Trauerarbeit, in der Entschädigung einer unbegrenzten Geisterhaftigkeit zu dem wird, was es ist. Das Leben ist sakral, heilig, unendlich achtungswürdig einzig im Namen dessen, was in ihm mehr wert ist als es selbst und sich nicht auf die Natürlichkeit des Biozoologischen beschränkt, das man opfern kann – mag auch das wahre Opfer nicht bloß das »natürliche«, das sogenannte »tierische« oder »biologische« Leben opfern, sondern vor allem jenes, was mehr wert ist als das natürliche Leben. Wie sich zeigt, betrifft die Achtung vor dem Leben, von der in den Diskursen der Religion als solcher gehandelt wird, allein das »menschliche Leben«, das auf die eine oder auf die andere Weise die unendliche Transzendenz bezeugt, die dem, was mehr wert ist als es selbst, eignet (die Göttlichkeit, das Allerheiligste, das Sakrosankte des Gesetzes[38]). Der Preis des menschlich Lebendigen, das heißt: des anthropo-theologisch Lebendigen; der Preis dessen, was geborgen bleiben muß (heilig°, sakral, gesund, heil, immun) und was einen absoluten Preis hat; der Preis dessen, was Achtung einflößen, Scheu, Verhaltenheit, Zurückhaltung bewirken muß, dieser Preis hat keinen Preis. Er entspricht der Würdigkeit im Sinne Kants, der Würdigkeit des Selbstzwecks, des vernünftigen endlichen Wesens, des absoluten Werts jenseits des Marktpreises. Eine solche Würde oder Würdigkeit des Lebens kann sich nur im Jenseits des anwesend Lebendigen halten; daher die Transzendenz, der Fetischismus, die Geisterhaftigkeit, das Religiöse der Religion. Es ist genau der Überschuß, der über das Lebendige hinausführt, dessen Leben lediglich dadurch absoluten

---

38 Zur Verbindung und Trennung des Sakralen und Heiligen (*sacer* und *sanctus*) siehe unsere Hinweise auf Benveniste und Lévinas im weiteren Textverlauf.

Wert hat, daß es mehr wert ist als das Leben, als es selbst; es ist genau dieser Überschuß, der den Bereich des Todes eröffnet, den man mit dem (exemplarisch »phallischen«) Automaten in Verbindung bringt, mit der Technik, der Maschine, der Prothese, der Virtualität, kurz: den Dimensionen des auto-immunitär Supplementären, des Supplementären der Selbstaufopferung – Todestrieb, der stumm in jeder Gemeinschaft [*communauté*] und in jeder *Auto-Ko-Immunität* am Werk ist, der sie in Wahrheit als solche konstituiert, in ihrer Iterabilität, ihrem Erbe, ihrer geisterhaften Überlieferung. Gemeinschaft, Kommune als gemeinschaftliche, kommunale, *kommunitäre Autoimmunität*: keine Gemeinschaft, die nicht ihre eigene Auto-Immunität fördert, ein Prinzip der opferhaften Selbstzerstörung, das den prinzipiellen Selbstschutz ins Verderben stürzt (Prinzip der unberührten eigenen Unversehrtheit), im Hinblick nämlich auf ein unsichtbares und geisterhaftes Über-leben. Diese gegen sich selbst sich wendende Bezeugung hält die auto-immune Gemeinschaft am Leben, will sagen: auf ein anderes hin offen, das mehr ist als sie selbst – Öffnung zum anderen, zur Zukunft, zum Tod, zur Freiheit, zum Kommen oder zur Liebe des anderen, zum Raum und zur Zeit einer geistererzeugenden Messianizität jenseits allen Messianismus. Darin – in einer solchen Messianizität hält sich die Möglichkeit der Religion, das *religiöse* (gewissenhafte, ehrfurchtsvolle, schamhafte, zurückhaltende, verhaltene, scheue) Band, das den Wert des Lebens (seiner absoluten »Würdigkeit«) an die theologische Maschine (die »Maschine, die Götter hervorbringt«) knüpft.

41. Als Antwort, die einen doppelten Auslöser und eine doppelte Eintracht involviert, ist die Religion folglich eine *Ellipse*: sie ist die Ellipse des **Opfers**. Könnte man sich eine Religion ohne Opfer und ohne Gebet vorstellen? Das Zeichen, an dem Heidegger die Ontotheologie zu erkennen glaubt, macht er in einem Verhältnis zum absolut Seienden, zur höchsten Ursache aus, das sich von der Opfergabe und dem Gebet losgesagt und diese dadurch verloren hat. Selbst hier stößt man wiederum auf zwei Quellen: das geteilte Gesetz, das *double bind*, die doppelte Stätte, die Ellipse oder die ursprüngliche Doppeltheit und Zweideutigkeit der Religion liegen darin, daß das Gesetz des Heilen, das Heil des Geborgenen, die schamhafte Achtung und Ehrfurcht vor dem Sakrosankten (heilig°, *holy*) das Opfer *sowohl fordern als auch ausschließen*: das Opfer, das heißt: die Entschädigung des Heilen, den Preis der Immunität, und folglich die Auto-Immunisierung und das Opfer des Opfers. Dieses beschreibt stets die gleiche Bewegung: Preis, den man zahlen muß, um den absolut anderen nicht zu verletzen oder anzutasten. **Gewalt** des Opfers im Namen des Nicht-Gewalttätigen. Die absolute Achtung befiehlt zunächst die Selbstaufopferung, das Opfer des Wertvollsten und Wichtigsten. Wenn Kant von der »Heiligkeit« des moralischen Gesetzes spricht, so trägt er ausdrücklich, wie man weiß, einen Diskurs über das »Opfer« vor, über eine andere Instanz der Religion »in den Grenzen der bloßen Vernunft«, der christlichen Religion als einziger »moralischer« Religion. Die Selbstaufopferung opfert demnach das Eigenste im Dienst des Eigensten. Es ist, als könne die *reine* Vernunft im Zuge eines Prozesses auto-immuner Entschädigung die Religion nur einer Religion entgegensetzen, den *reinen* Glauben nur diesem oder jenem besonderen Glauben.

42. In unseren »Religionskriegen« gehört die **Gewalt** zwei verschiedenen Zeitaltern an. Die eine Gewalt scheint, wie wir bereits angemerkt haben, eine »gegenwärtige« Gewalt zu sein, sie deckt oder verbündet sich mit der Überentwicklung und Überkultivierung der militärischen Fern-Technologie – der »digitalen« Kultur und der Kultur des *Cyberspace*. Die andere Gewalt ist eine »neue archaische Gewalt«, wenn man so sagen kann. Sie ist der Gegenstoß, der sich gegen die erste Gewalt richtet, gegen alles, was diese darstellt. Revanche, Vergeltung. Sie greift auf die gleichen Ressourcen der Medienmacht zurück, um in die nächste Nähe zum eigentlichen Körper und zum vormaschinell Lebendigen *zurückzukehren* (Rückkehr, Ressource, Versorgung, Gesetz innerer und auto-immuner Reaktivität, das wir hier in seiner formalen Struktur zu erfassen versuchen). Zumindest zu dessen Wunschvorstellung oder zu dessen gespenstigem Wunschbild. Man rächt sich an der enteignenden und entkörperlichenden Maschine, indem man auf die nackte Hand zurückgreift, indem man zum deutlich identifizierten Geschlecht zurückkehrt, indem man sich eines elementaren Werkzeugs und einer Stoßwaffe bedient. Was man als »Gemetzel« oder als »Greuel« bezeichnet (Wörter, die man im Rahmen »eigentlicher« oder »sauberer« Kriege nicht wirklich verwendet), dort, wo man die Toten nicht mehr zählen kann (ferngesteuerte Sprengstoffkörper, die auf ganze Städte zielen, »intelligente« Fernlenkwaffen usw.), meint Folterungen, Enthauptungen, Verstümmelungen aller Art. Stets geht es um eine ausdrückliche Rache, häufig um eine Vergeltung, die sich als *sexuelle* Vergeltung ausgibt: Vergewaltigungen, quälend verwundete, entstellte, abgetötete Geschlechtsteile, abgehackte Hände, Ausstellung der Leichen, Verschicken von abgetrennten Köpfen, die man einst in Frankreich aufspießte und hochhielt (phallische Umzüge der »natürlichen Religionen«). Dies ist zum Beispiel (es handelt sich hier aber nur um ein Beispiel) im heutigen Algerien der Fall und geschieht im Namen des Islam, auf den sich die beiden kriegführenden Kontrahenten auf jeweils verschiedene Weise berufen. Wir erkennen die Symptome eines reaktiven oder negativen Rückgriffs, Rache des eigenen und eigentlichen Körpers an einer enteignenden und entortenden Wissenschaftstechnik, die man mit dem Weltmarkt gleichsetzt, mit der militärisch-kapitalistischen Hegemonie, mit der weltweiten Latinisierung des europäischen demokratischen Modells, die eine doppelte Gestalt hat – eine säkulare und eine religiöse. So erklärt sich auch (andere Figur des doppelten Ursprungs) das vorhersehbare Bündnis zwischen den schlimmsten Auswirkungen des Fanatismus, des Dogmatismus, des irrationalistischen Obskurantismus und der überkritischen Scharfsichtigkeit, der wachsamen Analyse der Hegemonien und der Modelle des Gegners (weltweite Latinisierung, Religion, die ihren Namen verschweigt, Ethnozentrismus, der wie immer sein »universalistisches« Gesicht zeigt, Markt der Wissenschaft und der Technik, demokratische Rhetorik, »humanitäre« Strategie, Strategie zur »Erhaltung des Friedens«, die von einer *peacekeeping force* verfolgt wird, in einem Zusammenhang, in dem die Toten Ruandas nie so zählen wie die Toten der Vereinigten Staaten Amerikas oder Europas). Die archaische und dem Anschein nach rohere Radikalisierung der »religiösen« Gewalt möchte im Namen der »Religion« bewirken, daß die lebendige Gemeinschaft wieder Wurzel faßt, daß sie ihren Ort, ihren Körper, ihr Idiom wiederfindet, unberührt, heil, geborgen, rein, eigentlich. Überall bringt sie den Tod und entfesselt mit einer verzweifelten (auto-immunen) Geste eine Selbstzerstörung, die sich an dem Blut des eigenen Körpers schadlos hält, so, als gelte es, die Entwurzelung zu entwurzeln und sich die unberührte und geborgene Heiligkeit des Lebens wieder anzueignen. Doppelte Wurzel, doppelte Entwurzelung, doppeltes Ausreißen der Wurzel.

43. Doppelte Schändung. Eine *neue Grausamkeit* verbindet also in Kriegen, die auch Religionskriege sind, die am weitesten fortgeschrittene wissenschaftstechnische Berechenbarkeit mit einer reaktiven Rohheit, die es unmittelbar mit dem eigenen Körper aufnehmen möchte, mit der **sexuellen** Sache, der man Gewalt antun kann, die sich verstümmeln oder einfach verneinen, verleugnen, ihres sexuellen Charakters berauben läßt – andere Gestalt derselben Gewalt. Ist es heute möglich, von dieser doppelten Schändung zu sprechen, auf eine nicht allzu dümmliche, dämliche, ungebildete Weise, so, daß man die »Psychoanalyse« nicht »ignoriert«? Die Psychoanalyse ignorieren, sie unbemerkt lassen, nichts von ihr wissen (wollen): man kann dies auf tausend verschiedene Arten bewerkstelligen, manchmal sogar mittels eines großen psychoanalytischen Wissens in einer abgespaltenen Kultur. Man weiß nichts von der Psychoanalyse, man ignoriert sie, solange man sie nicht in die gegenwärtig bedeutendsten und kraftvollsten Diskurse über Recht, Moral, Politik eingliedert, in die Diskurse, deren Gegenstand die Wissenschaft, die Philosophie, die Theologie ist. Es gibt tausend verschiedene Arten, wie man eine solche folgerichtige Eingliederung vermeiden kann, auch im institutionellen Milieu der Psychoanalyse. Die »Psychoanalyse« (wir müssen immer schneller vorwärtseilen) erfährt im heutigen Abendland eine Rezession; einen Teil der Grenzziehungen des »alten Europas« hat sie nie wirklich überschritten, sie hat sie nie tatsächlich und wirkungsvoll überschreiten können. Diese »Tatsache« gehört mit vollem Recht zu der Konfiguration der Erscheinungen, Zeichen, Symptome, die wir im Hinblick auf die »Religion« untersuchen. Wie soll man einen Anspruch auf eine neue und neuartige Aufklärung erheben, von der man sich erhofft, daß sie die »Rückkehr des Religiösen« erklärt, ohne eine Logik des Unbewußten in die Untersuchung einzubringen? Ohne dabei an der Frage nach dem radikal Bösen, nach der Reaktion auf das radikal Böse weiterzuarbeiten, die im Mittelpunkt des Freudschen Denkens steht? Eine derartige Frage erweist sich als untrennbar von vielen anderen Fragen: Frage nach dem Wiederholungszwang, nach dem »Todestrieb«, nach dem Unterschied zwischen »materieller« und »historischer« Wahrheit, der sich Freud zuerst im Zusammenhang mit der »Religion« aufgedrängt und den er im unmittelbaren Umkreis einer unendlich weit reichenden **jüdischen Frage** ausgearbeitet hat. Sicherlich vermag auch das psychoanalytische Wissen den Glauben zu entwurzeln *und* zu erwecken, indem es einen neuen Bereich des Zeugnishaften für sich erschließt, indem es auf eine neue Instanz, einen neuen Posten der Bezeugung und eine neue Erfahrung des Symptoms und der Wahrheit hin sich öffnet. Dieser neue Bereich müßte ebenfalls (aber nicht bloß) juridisch und politischen Wesens sein. Wir werden darauf zurückkommen müssen.

44. Wir versuchen uns ununterbrochen daran, Wissen *und* Glauben, Wissenschaftstechnik *und* religiöse Gläubigkeit, Berechnung *und* Sakro-Sanktes zusammenzudenken – aber auf andere Art und Weise. Regelmäßig haben wir in diesen Gefilden die (heilige) Allianz des Berechenbaren und Unberechenbaren gekreuzt, die (heilige) Allianz des Unzähligen und der Zahl, des Binären, des Numerischen und des Digitalen. Das demographische Kalkül ist heute *ein* Aspekt zumindest, der mit der »religiösen Frage« – der mit ihrer geopolitischen Dimension zusammenhängt. Denkt man an die Zukunft der Religion, so muß man feststellen, daß die Frage der Zahl sowohl die Masse der »Bevölkerungen« betrifft als auch das lebendig Heile der »Völker«. Damit soll nicht nur behauptet werden, daß man mit der Religion rechnen muß, sondern ebenfalls, daß man im Zeitalter der weltweiten Latinisierung die Art und Weise ändern muß, wie man die Gläubigen zählt. Unabhängig davon, ob man sie für beispielhaft hält, ist die **jüdische Frage** oder **Angelegenheit** immer noch ein gutes Beispiel (*sample*, Muster, besonderer Fall) für eine kommende Erörterung der demographisch-religiösen Problematik. In Wahrheit sind die Heilige Schrift und der Monotheismus, wie man weiß, von der Frage nach der *Zahl* besessen. Sobald sich die »Völker« von einer *enteignenden* und *entortenden* Wissenschaftstechnik bedroht fühlen, fürchten sie auch neue Formen feindlicher Einfälle. Sie sind voller Angst vor fremden »Bevölkerungen«, deren Wachstum unberechenbar ist, und deren Anwesenheit sich nicht zahlenmäßig erfassen läßt, da sie vermittelt oder virtuell ist und daher um so beklemmender. Neue Formen des Zählens also. Man kann das ungeahnte Überleben des kleinen »jüdischen Volks« unterschiedlich deuten und die weltweite Ausstrahlung seiner Religion unterschiedlich bewerten (einzige Quelle der drei Monotheismen, die sich eine bestimmte Weltherrschaft teilen, so daß die jüdische Religion ihnen an Würde zumindest gleichkommt). Man kann den Widerstand des »jüdischen Volkes« gegen die Unternehmen der Vernichtung und gegen ein beispielloses demographisches Mißverhältnis auf tausend verschiedene Weisen interpretieren. Was wird jedoch aus diesem Überleben zu der Stunde (vielleicht hat sie bereits geschlagen), da die weltweite Latinisierung an ihre Grenzen rührt und gesättigt scheint? Vielleicht verbietet es dann die »Globalisierung«, von der man im Amerikanischen redet, auf der Oberfläche der von Menschen bewohnten Erde die historischen, kulturellen, politischen Mikroklimas oder Mikrozonen zu umreißen und abzuheben (das kleine Europa und der Mittlere Osten), in denen es dem »jüdischen Volk« schon so schwer gefallen ist, zu überleben und von seinem Glauben zu zeugen. »Ich begreife das Judentum als möglichen Versuch, die Bibel in einen Zusammenhang zu stellen und die Lesbarkeit dieses Buches zu verbürgen«, sagt Lévinas. Führt die weltweite Latinisierung nicht dazu, daß die Wahrscheinlichkeit, einen solchen »Zusammenhang« oder »Kontext« zu schaffen, sich geringer denn je ausnimmt? Ist sie für das Überleben nicht bedrohlicher als das Schlimmste, als das radikal Böse der »Endlösung«? »Gott ist die Zukunft«, sagt ebenfalls Lévinas – während Heidegger noch in der Abwesenheit aller Zukunft die Ankündigung des »letzten Gottes« ausmacht: »Der letzte Gott: Seine *Wesung* hat er im Wink, dem Anfall und Ausbleib der Ankunft sowohl als auch der Flucht der gewesenen Götter und ihrer verborgenen Verwandlung.«[39]

---

39 Martin Heidegger, *Beiträge zur Philosophie*, in: ders., *Gesamtausgabe*, Band 65, Frankfurt/M. 1989, S. 409. In der oben angeführten Studie von Courtine wird diese Stelle zitiert (vgl. Courtine, »Les traces et le passage du Dieu dans les *Beiträgen zur Philosophie* de Martin Heidegger«, siehe Anmerkung 36, S. 533.) Im Zusammenhang mit einer bestimmten Frage nach der Zukunft, dem Judentum und der jüdischen Religion erlaube ich mir, auf mein Buch *Mal d'archive* [Krankheit des Archivs] hinzuweisen (Paris 1995, S. 109f., deutsch: *Dem Archiv verschrieben. Eine Freudsche Impression*, Berlin 1997).

Die Frage, die wir aufwerfen, ist vielleicht für den Staat und die Nationen Israels gewichtiger und dringlicher, sie betrifft aber auch alle Juden und zweifellos (auf eine allerdings weniger sichtbare Art) alle Christen der Welt. Daß sie heute die Muslims nicht betrifft, bezeichnet einen grundsätzlichen Unterschied zwischen den drei »großen« und ursprünglichen »Monotheismen«.

45. Gibt es nicht stets noch einen anderen *Ort* der Zerstreuung? Wo teilt und spaltet sich heute die Quelle, *das Selbe*, das sich in Glauben und Wissen auftrennt? Das ursprünglich Reaktive, das auf eine **enteignende** und **entortende** Wissenschaftstechnik reagiert, hat es mindestens mit zwei Erscheinungen zu tun. Jede dieser beiden fügt sich der anderen hinzu, sie lösen einander ab oder ersetzen sich gegenseitig; dort, wo sie ihren Platz einnehmen, produzieren sie in Wahrheit nichts als eine entschädigende und autoimmune Supplementarität:

1) die erste Erscheinung, die erste Gestalt ist die des Ausreißens, das von der Radikalität oder Verwurzelung der Wurzeln abtrennt. Heidegger würde von einer »Entwurzelung«° sprechen, wie wir oben gesehen haben. Abtrennung von allen Formen der ursprünglichen *physis*, von allen vermeintlichen Ressourcen einer eigentlichen, eigenen, heiligen, heilen, geborgenen und gesunden Kraft der Erzeugung: ethnische Identität, Abstammung, Familie, Nation, Blut und Boden, Eigenname, eigenes Idiom, eigene Kultur und eigenes Gedächtnis;

2) die zweite Erscheinung, die zweite Gestalt ist die eines Gegenfetischismus, der demselben – nur jetzt umgekehrten – Wunsch entspricht: man begegnet ihr heute häufiger denn je. Animistisches Verhältnis zur fernwissenschaftstechnischen Maschine, die sich in die Maschine des Bösen und des radikal Bösen verwandelt, Maschine, die sowohl der Manipulation als auch der Austreibung dient. Weil sie das Böse ist, das man bändigen muß, weil man immer mehr Artefakte und Prothesen *verwendet*, von denen man nichts weiß (größer werdendes Mißverhältnis zwischen dem Wissen und dem Können), erscheint der Bereich der technischen Erfahrung immer mehr als animistischer, magischer, mystischer Bereich. Was an der Maschine stets geisterhaft bleibt, tendiert dann dazu, in dem Maße, in dem das Mißverhältnis zwischen Wissen und Können sich ausprägt, zunehmend **primitiver** und **archaischer** sich auszunehmen. So kann die Ab-

stoßung, die Abweisung und Verwerfung die Gestalt einer strukturellen, alles einverleibenden Religiosität annehmen – nicht anders als die offensichtliche und dennoch bloß vermeintliche Aneignung. Eine gewisse ökologische Gesinnung kann daran teilhaben. (Man muß an dieser Stelle jedoch zwischen einer ungefähren ökologistischen Ideologie und einem Diskurs, einer Politik der Ökologie, die sich zuweilen als höchst kompetent erweist, unterscheiden.) Wie es scheint, ist das Mißverhältnis zwischen der wissenschaftlichen Inkompetenz und der handhabenden, manipulierenden Kompetenz noch nie in der Geschichte der Menschheit von solch ernsthafter Bedeutung gewesen. Man kann es nicht einmal mehr an dem Gebrauch jener Maschinen messen, deren Handhabung alltäglich ist, die man im Umgang sicher beherrscht und die in der nächsten, engsten, innerlichsten, häuslichsten Beziehung zu uns stehen. Auch vorgestern *wußten* die Soldaten zweifellos nicht, wie die Feuerwaffen funktionieren, selbst wenn sie durchaus *wußten*, wie man sie richtig benutzt. Gestern noch wußten Autofahrer und Zugreisende nicht immer wirklich, wie »das funktioniert«. Aber ihre relative Inkompetenz und die heutige Inkompetenz haben kein gemeinsames (quantitatives) Maß; die Inkompetenz von gestern und vorgestern steht in keinem (qualitativen) Analogieverhältnis zu jener Inkompetenz, die heute das Verhältnis des größten Teils der Menschheit zu den Maschinen kennzeichnet, mit denen sie lebt oder mit denen in alltäglicher Vertrautheit zu leben sie sich anschickt. Wer kann seinen Kindern wissenschaftlich erklären, wie ein Telefon funktioniert (das mit einem Unterwasserkabel oder einem Satelliten verbunden ist), ein Fernseher, eine Fax-Maschine, ein Computer, eine elektronische Postverschickung, eine CD-ROM, eine Chip-Karte, ein Düsenflugzeug, ein Scanner, eine Echographie, ein Verteilungsmechanismus für nukleare Energie?

46. Es ist dieselbe Religiosität, die das Reaktive der **primitiven** und **archaischen** Rückkehr mit einem obskurantistischen Dogmatismus *und* einer überkritischen Wachsamkeit verbündet; wir haben dies bereits hervorgehoben. Die Maschinen, die sie bekämpft, indem sie versucht, sie sich anzueignen, sind ebenfalls Maschinen, die die geschichtliche Überlieferung zerstören. Sie können die traditionellen Strukturen der nationalen Staatsbürgerschaft verschieben, sie führen dazu, daß die Staatsgrenzen und die sprachliche Zugehörigkeit verschwinden. Aus solcher Sicht verfügt die religiöse Reaktion (Abstoßung und Assimilierung, Introjektion und Einverleibung, unmögliche Entschädigung und Trauer) über zwei gängige, miteinander wetteifernde und dem Anschein nach antithetische Möglichkeiten, eine bestimmte Richtung einzuschlagen. Diese beiden Möglichkeiten können ebensosehr mit der »demokratischen« Tradition im Widerstreit liegen wie ein Bündnis mit ihr eingehen. Wir beobachten *entweder* eine eifrige und eifernde Rückkehr zur nationalen Staatsbürgerschaft (Patriotismus des *Bei-sich*[-zu-Hause] in all seinen Formen, Bindung an die Einheit von Staat und Land, Erweckung des Nationalismus oder des Ethnozentrismus, die zumeist in den Kirchen und der Autorität, die einem Kultus vorsteht, Verbündete finden) *oder* aber, ganz im Gegenteil, ein universales, kosmopolitisches und ökumenisches Bekenntnis: »Ökologisch Gesinnte, Humanisten, Gläubige aller Länder, verbündet Euch in einer Internationalen des Anti-Tele-Technologismus!« Es geht hier um eine Internationale, die sich nur im Rahmen der Vernetzung entfalten kann, an deren Auflösung sie arbeitet (Besonderheit unserer Zeit); sie muß die Mittel des Gegners verwenden und sich mit derselben Geschwindigkeit bewegen, mit der sich ein Gegner bewegt, der sich in Wahrheit von ihr nicht unterscheidet. Selbiges, das zwei Gestalten annimmt, dasselbe zweimal oder in zwei Formen: das sogenannte Zeitgemäße oder Gegenwärtige in der schreienden Anachronie seiner Verrückung. Auto-immune Entschädigung. Man sieht, warum die »gegenwärtigen« Bewegungen Heil und Wohl (das Gesunde und Geborgene sowie das Sakro-Sankte) in dem Paradoxon einer neuen Allianz zwischen dem Fernwissenschaftstechnischen und den **zwei** Stämmen der Religion suchen muß (das Heile, Heilige°, jenes, was *holy* ist, einerseits, das Vertrauende, Glaubende, Treuhänderische andererseits). Ein gutes Beispiel dafür wäre das »Humanitäre«. Auch die »Kräfte der Friedenserhaltung« könnte man als Beispiel anführen.

47. Was müßte man festhalten und kenntlich machen, wollte man den Versuch unternehmen, auf möglichst sparsame Art und Weise das Axiom der **zwei** Quellen formal zu erfassen – und zwar im Hinblick auf jede einzelne »Logik«, jede unterscheidbare »Ressource«, die in der doppelten »Logik«, in der zweifachen »Ressource« enthalten ist, von denen jenes zehrt, was das Abendland auf lateinisch »Religion« nennt? Erinnern wir an die Hypothese der beiden Quellen: Auf der einen Seite findet sich das *strukturell* Treuhänderische des Vertrauens, der Zuverlässigkeit oder der Bürgschaft (Glauben schenken, Kredit geben usw.), auf der anderen Seite das *strukturell* Entschädigte und Unversehrte des Heilen (Gesundheit und Geborgenheit, Immunität, Heiligkeit°, Sakralität, *holyness*). Vielleicht müßte man zunächst sich zumindest darüber im klaren sein, daß jedes einzelne dieser Axiome als solches bereits das andere spiegelt und voraussetzt. Das Wort besagt es: ein *Axiom* behauptet stets einen Wert, einen Preis; es bestätigt oder verspricht eine Bewertung, die unversehrt bleiben und die zu einer Bezeugung führen muß – jeder Wert impliziert eine Bezeugung. Dann aber verhält es sich so, daß jedes einzelne der beiden Axiome so etwas wie eine Religion ermöglicht, wenn auch nicht mit Notwendigkeit zeitigt: instituierter Apparat, der aus bestimmten Dogmen oder Glaubensartikeln besteht, die nicht von einem gegebenen oder vorhandenen geschichtlichen *Sozius* abgelöst werden können (Kirche, Klerus, gesellschaftlich legitimierte Autorität, Volk, Idiom, das man mit anderen gemein hat, Gemeinschaft oder Gemeinde der Gläubigen, die demselben Glauben verpflichtet sind und die sich für eine gemeinsame Geschichte verbürgen, die derselben Geschichte Ansehen verschaffen). Der trennende Abstand zwischen der Eröffnung einer *Möglichkeit (als universaler Struktur)* und der *bestimmten Notwendigkeit* dieser oder jener Religion wird immer unüberbrückbar bleiben. Zuweilen stößt man auf einen solchen unüberbrückbaren Abstand im Inneren einer Religion: Abstand zwischen dem, was sie in nächster Nähe zu ihrer eigenen und »reinen« Möglichkeit hält, und dem, was ihre eigene, durch die Geschichte bestimmte Notwendigkeit und Autorität ausmacht. Aus diesem Grund wird man immer eine besondere Form des Sakralen oder der Gläubigkeit, ja der religiösen Autorität im Namen der ursprünglicheren Möglichkeit kritisieren, verwerfen, bekämpfen können. Diese Möglichkeit mag *universell* sein (Glauben schenkendes Vertrauen und Zuverlässigkeit, Ehrlichkeit, Redlichkeit, »guter Glaube« als Bedingung der Bezeugung, des gesellschaftlichen Bandes und auch der radikalsten In-Frage-Stellung), sie mag indes ebenfalls eine *partikulare* Möglichkeit sein, zum Beispiel der Glaube an ein bestimmtes ursprüngliches Ereignis der Offenbarung, des Versprechens oder der Befehligung (Bezugnahme auf die Gebotstafeln, auf das Urchristentum, auf ein grundlegendes Wort oder eine grundlegende Schrift, die älter, archaischer und reiner sind als der geistliche oder theologische Diskurs). Es scheint allerdings unmöglich zu sein, die *Möglichkeit* zu leugnen oder zu verneinen, aufgrund deren oder in deren Namen die abgeleitete *Notwendigkeit* (die bestimmte Autorität oder eine bestimmte Glaubensform) in Frage gestellt, aufgehoben, verworfen, kritisiert, ja dekonstruiert werden kann. Man kann sie *nicht* leugnen, *nicht* verneinen: das bedeutet, daß man sie höchstens verneinen, höchstens leugnen kann. Der Diskurs, den man ihr in diesem Fall entgegensetzen würde, müßte stets der Figur oder der Logik der Verleugnung und Verneinung sich beugen. Angegeben ist hier der Ort, an dem (vor oder nach allen Gestalten der Aufklärung, die man sich auf der Welt vorstellen kann) die Vernunft, die Kritik, die Wissenschaft, die Fernwissenschaftstechnik, die Philosophie, das **Denken** im allgemeinen sich *derselben* Ressource bedienen wie die Religion im allgemeinen.

48. Diese zuletzt aufgestellte Behauptung bedarf einiger grundsätzlicher Verdeutlichungen, vor allem dann, wenn es um das *Denken* geht. Unmöglich, im vorliegenden Zusammenhang all die notwendigen Gedankengänge zu entwickeln; unmöglich, wenn auch ein einfaches, die Anspielungen auf jene zu vervielfachen, die vor oder nach allen Gestalten der Aufklärung, die es auf der Welt gibt, an die Unabhängigkeit der kritischen Vernunft geglaubt haben, an die Unabhängigkeit des Wissens, der Technik, der Philosophie und des Denkens von der Religion und sogar von allem Glauben. Warum dann dem Beispiel Heideggers ein Privileg einräumen? Aufgrund seines extremen Charakters, aufgrund all dessen, was er in unserer Zeit über eine gewisse »extreme Ausprägung«, eine gewisse »äußerste Spitze«, ein gewisses »Ende« sagt. Oben haben wir bereits daran erinnert, daß Heidegger 1921 in einem Brief an Karl Löwith den Satz schreibt: »Ich bin ein ›christlicher Theologe‹.«[40] Diese Erklärung ver-

---

40 Siehe Abschnitt 18, S. 29. Dieser Brief an Löwith, der das Datum des 19. August 1921 trägt, ist im französischen Sprachraum jüngst von J. Barash (*Heidegger et son siècle*, Paris 1995, S. 80) und Françoise Dastur

diente anhaltende Verständigungen über das Vorgehen einer Deutung; sicherlich entspricht sie nicht einem Glaubensbekenntnis. Doch widerspricht sie nicht einem anderen sicheren Tatbestand, sie erklärt ihn nicht für nichtig und schiebt nicht einen Block vor ihn: Heidegger hat sehr früh schon und wiederholt behauptet, daß die Philosophie ihrem Prinzip nach atheistisch ist, daß der Gedanke der Philosophie für den Glauben eine »Torheit« darstellen muß (was zumindest auch die entgegengesetzte Behauptung involviert) und daß die Vorstellung einer christlichen Philosophie so widersinnig ist wie ein »hölzernes Eisen«. Er hat sogar die Möglichkeit einer Religionsphilosophie ausgeschlossen. Er hat sich für eine radikale Abtrennung der Philosophie von der Theologie, der positiven Wissenschaft vom Glauben, ja des Denkens von der Theologie (Diskurs über die Göttlichkeit des Göttlichen)[41] ausgesprochen. Er hat versucht, eine »Destruktion« aller Formen der Ontotheologie zu unternehmen. Im Jahr 1953 hat er geschrieben: »Der Glaube hat im Denken keinen Platz.«[42] Der Kontext dieser deutlichen und unzweifelhaften Behauptung ist sicherlich eigentümlich. Das Wort Glaube° scheint *zunächst* eine Form des Vertrauens zu meinen, der Gutgläubigkeit oder der blinden Zustimmung zu einer Autorität. Es geht dabei um die Übersetzung eines Spruchs° (Äußerung, Satz, Urteil, Entscheidung, Dichtung: auf jeden Fall ein

(»*Heidegger et la théologie*«, in: *Revue philosophique de Louvain*, Nr. 2-3, 1994, S. 229) zitiert worden. Gemeinsam mit der bereits angeführten Studie von Courtine ist Dasturs Aufsatz in meinen Augen einer der erhellendsten und inhaltlich reichhaltigsten Texte, die in den vergangenen Jahren zu dem darin behandelten Thema erschienen sind.

41 Noch einmal möchte ich im Zusammenhang mit diesen Fragen auf meine Abhandlung *Wie nicht sprechen* hinweisen (siehe Anmerkung 5). Was die Göttlichkeit des Göttlichen angeht, das *theion*, Gegenstand einer von der Theologie und der Religion verschiedenen Theologie, darf man die Bedeutungsvielfalt nicht verschweigen. Sie findet sich bereits bei Platon, genauer noch im *Timaios*, in dem man vier Begriffe des Göttlichen ausmachen kann (vgl. dazu das bemerkenswerte Buch von Serge Marcel, *Le Tombeau du dieu artisan* [»Die Grabstätte des schöpfenden und herstellenden Gottes«], Paris 1995). Es trifft wohl zu, daß diese Vielfalt nicht verhindert, ja daß sie im Gegenteil dazu anhält, sich dem einheitlichen Vorverständnis zuzuwenden, dem Sinn- und Bedeutungshorizont dessen, was man mit dem einen Begriff der Theologie bezeichnet. Selbst wenn man am Ende auf einen solchen Horizont verzichten muß.

42 Martin Heidegger, »Der Spruch des Anaximander«, in: ders., *Holzwege*, *Gesamtausgabe*, Band 5, Frankfurt/M. 1977, S. 372.

Wort, das sich auf die theoretische [wissenschaftliche oder philosophische] Aussage nicht zurückführen läßt und das auf besondere und performative Weise sich an Sprachliches bindet). In einem Abschnitt, der das »Anwesen«, die »Anwesenheit« und die »Präsenz« in der »Repräsentation des Vorstellens« betrifft, bemerkt Heidegger: »Weder können wir die Übersetzung wissenschaftlich beweisen, noch dürfen wir sie auf irgendeine Autorität hin nur glauben [ihr Kredit geben, J. D.]. Der wissenschaftliche Beweis führt nicht weit. Der Glaube hat im Denken keinen Platz.« Heidegger fertigt also beides ab: den wissenschaftlichen Beweis (man könnte meinen, daß er in dem Maße, in dem er den wissenschaftlichen Beweis abfertigt, einem nicht-wissenschaftlichen Zeugnis Kredit einräumt) und den Glauben, der hier die Gestalt des leichtgläubigen und orthodoxen Vertrauens annimmt, das die Augen schließt und dogmatisch die Autorität beglaubigt, der es zustimmt. Gewiß. Wer würde Heidegger widersprechen und das Denken mit einer derartigen Zustimmung verwechseln wollen? Heidegger möchte aber der radikal verstandenen Behauptung Nachdruck verleihen, daß Glauben *im allgemeinen* keinen Platz in der Erfahrung oder im Akt des Denkens hat – des Denkens *im allgemeinen*. An dieser Stelle kann es sich für uns als mühselig erweisen, ihm zu folgen. Und zwar zunächst auf seinem eigenen Weg. Selbst wenn man das Risiko vermeidet, wie man es mit größtmöglicher Strenge tun muß, die Modalitäten, Ebenen und Kontexte zusammenzuwerfen, scheint es schwierig zu sein, den Glauben im allgemeinen von dem zu trennen, was Heidegger selbst mit dem Wort Zusage° (Zustimmung, Bürge oder Vertrauen) bezeichnet: unhintergehbarer Ursprung des Denkens, der noch vor der Frage liegt, in der die »Frömmigkeit« des Denkens bestehen soll. Man weiß, daß Heidegger zwar die ursprüngliche »Frömmigkeit« des Fragens, ihre letzte Bejahung nicht in Frage gestellt hat, daß er jedoch in einer verdeutlichenden Erläuterung die Zusage° in die dem Denken eigenste Bewegung verwandelt hat; auch wenn er es nicht ausdrücklich sagt, könnte ohne sie eine Frage im Grunde gar nicht aufgeworfen werden.[43] Zweifellos kommt der Rückver-

---

43 Ich kann diese Themen hier nicht entfalten und erlaube mir deshalb, auf meine Abhandlung *Vom Geist. Heidegger und die Frage* (Frankfurt/M. 1988, S. 148-155) zu verweisen. Vgl. ebenfalls: Françoise Dastur, »*Heidegger et la théologie*«, siehe Anmerkung 40, S. 233.

weis auf diese Art Glauben, auf die Bürge der Zusage° (»vor« jeder Frage, »vor« jedem Wissen, vor aller Philosophie usw.) ziemlich spät zum Ausdruck – im Jahr 1957. Er kommt nicht mit selbstkritischer oder reuevoller Absicht zum Ausdruck, sondern in der Form einer Rückkehr zu einer Behauptung, die man stimmiger und genauer formulieren muß, oder vielmehr: die es erneut und anders einzubringen gilt. Diese Form findet sich bei Heidegger selten; deshalb weckt die Rede von der Zusage° häufig Interesse. Dennoch ist der Gestus, um den es hier geht, nicht ganz so neu und einzigartig, wie man gemeinhin annimmt. Vielleicht werden wir in einem anderen Zusammenhang (wir werden mehr Zeit brauchen, als wir jetzt haben, mehr Platz, als uns jetzt zur Verfügung steht) den Versuch unternehmen, nachzuweisen, daß er übereinstimmt mit allem, was von der existentialen Analytik bis zum Seinsdenken und dem Denken der Wahrheit des Seins regelmäßig als (Glaubens-)Zeugnis, als eine bestimmte *zeugnishafte Sakralität* sich behauptet (lateinische und für Heidegger wohl allzu römische Ausdrucksweise). Diese regelmäßige Behauptung, diese Bestätigung durchzieht Heideggers gesamtes Werk. Sie läßt sich in dem entscheidenden und im allgemeinen wenig beachteten Motiv der »Bezeugung« in *Sein und Zeit* ausmachen, von dem andere Motive, ja von dem *alle* Existentialien unablösbar und abhängig sind, vor allem indes das Motiv des Gewissens und die Existentialien des ursprünglichen Schuldigseins und der Entschlossenheit°. Wir können nun nicht von vorn anfangen und im Hinblick auf diese Begriffe, die einer deutlich als solche gekennzeichneten christlichen Tradition entnommen sind, die unermeßliche Frage der ontologischen Wiederholung aufwerfen. Begnügen wir uns folglich damit, eine Lesart anzugeben. Wie die Erfahrung der eigentlichen Bezeugung und wie alles, was davon abhängt, steht der Ausgangspunkt von *Sein und Zeit* in einem Umkreis, dem das, was man den *Glauben* nennt, nicht vollkommen fremd sein kann. Ich meine natürlich nicht die Religion und ebensowenig die Theologie, wohl aber das im Glauben Zusagende und Zustimmende – vor oder jenseits aller Fragen, in der bereits geteilten Erfahrung einer Sprache oder eines »Wir«. Der Leser von *Sein und Zeit* und der Unterzeichnende, der ihn zum Zeugen macht, befinden sich schon in dem Augenblick im Element dieses Glaubens, in dem Heidegger »wir« sagt und den Vorrang des »exemplarischen«

Seienden rechtfertigt, das er als Dasein° bezeichnet, fragendes Wesen, exemplarischer Zeuge, den man befragen muß. Ist jenes, was es dem »Wir« ermöglicht, eine Stellung einzunehmen, von der aus *vor allem Fragen* die Seinsfrage ausgearbeitet, die Erörterung und Bestimmung ihrer »formalen Struktur« in Angriff genommen werden kann (Gefragtes°, Erfragtes°, Befragtes°), nicht ein Faktum° (Begriff, den Heidegger wählt), ist es nicht das ungefähre und alltägliche, durchschnittliche und vage Vorverständnis des Sinnes von Sein, des Sinnes der Wörter »ist« oder »sein« in der Sprache und in verschiedenen Sprachen (§ 2)? Dieses Faktum ist keine empirische Tatsache. Jedesmal, wenn Heidegger den Begriff des Faktums verwendet, werden wir in einen Bereich geführt, in dem die Zusage *unumgänglich* ist und die *Strenge* des Denkens sich an ihr ablesen läßt. Ob sie ausdrücklich genannt wird oder nicht – es bedarf ihrer vor und hinsichtlich aller möglichen Fragen, also vor und im Hinblick auf jede mögliche Philosophie, Theologie, Wissenschaft, Kritik, Vernunft. Dieser Bereich ist der eines in einer offenen Kette von Begriffen (Bezeugung°, Zusage° usw.) unablässig behaupteten und bejahten Glaubens; er öffnet sich jedoch auch auf jenes hin, was auf Heideggers Denkweg den zurückhaltenden Halt der Verhaltenheit oder den scheuen Aufenthalt in der Nähe des Heilen und Heiligen markiert, den Vorbeigang oder das Kommen des letzten Gottes, den zu empfangen der Mensch sicherlich noch nicht bereit ist.[44] Daß die Bewegung, die einem solchen Glauben eigen ist, nicht in eine Religion mündet, ist offensichtlich. Ist er darum frei und von aller Religiosität unberührt? Vielleicht. Ist er auch von allem »Glauben« frei, von dem »Glauben«, der »im Denken keinen Platz« hat? Das scheint weniger gewiß zu sein. Da in unseren Augen die wichtigste Frage »Was ist glauben?« lautet, wird man sich (an anderer Stelle) fragen müssen, wie und warum Heidegger auf der einen Seite eine Möglichkeit des »Religiösen« behaupten und bejahen kann, deren Anzeichen wir gerade schema-

---

44 Um auf all diese Gegenstände einzugehen, müßte man auf eine ungeheure Schriftensammlung zurückgreifen, der wir nicht gerecht werden können. Diese Schriften werden vor allem von einem Gespräch bestimmt, das zwischen dem Dichter (dem die Aufgabe zukommt, das Heile, Heilige° zu sagen und also zu retten) und dem Denker, der auf die Zeichen des Gottes achtet, stattfindet. Die *Beiträge zur Philosophie* sind in dieser Hinsicht besonders ergiebig; ich weise noch einmal auf Courtines Studie hin und auf alle Texte, die darin vergegenwärtigt und gedeutet werden.

tisch in Erinnerung gerufen haben (Faktum, Bezeugung, Zusage, Verhaltenheit, Heiliges), nur um auf der anderen Seite so energisch den »Glauben« zu verwerfen.[45] Unsere Hypothese ver-

45 Ich danke Samuel Weber dafür, mich auf die dichten und schwierigen Abschnitte aufmerksam gemacht zu haben, die Heidegger in seinen Vorlesungen über Nietzsche dem »Wiederkunftsgedanken als Glaube« widmet (Martin Heidegger, *Nietzsches metaphysische Grundstellung im abendländischen Denken. Die ewige Wiederkehr des Gleichen*, in: ders., *Gesamtausgabe*, Band 44, Frankfurt/M. 1986, S. 131 f.). Nach dem Wiederlesen dieser Abschnitte scheint es mir unmöglich zu sein, ihrer Reichhaltigkeit, Komplexität und Strategie in einer Anmerkung Gerechtigkeit widerfahren zu lassen. Ich werde woanders versuchen, darauf zurückzukommen. Zwei Punkte möchte ich erwähnen, ähnlich Steinen, die als Zeichen des Wartens oder der Erwartung hinterlassen werden:

1) Die deutende Lektüre der fraglichen Abschnitte supponiert einen geduldigen und denkenden Aufenthalt in der Nähe jenes Halts (Halt°, Haltung°, Sichhalten°), von dem wir oben im Zusammenhang mit Heideggers Denkweg gesprochen haben.

2) Dieser »Halt« ist eine wesentliche Bestimmung des Glaubens und des glaubenschenkenden Vertrauens, zumindest wenn man Heideggers Deutung beim Lesen Nietzsches folgt, bei der Erörterung der im *Willen zur Macht* aufgeworfenen Frage. Nietzsche: »Was ist ein *Glaube*? Wie entsteht er? Jeder Glaube ist ein *Für-wahr-halten*.« Es besteht kein Zweifel daran, daß Heidegger in seiner Deutung des »Glaubensbegriffs« bei Nietzsche (des Begriffs der Wahrheit und des »Sichhalten[s] an das Wahre und im Wahren«) vorsichtig vorgeht und seine Erläuterungen aufschiebend in der Schwebe hält. Er erklärt sogar, den Versuch einer solchen Deutung aufzugeben und Nietzsches Erfassen des Unterschieds zwischen Religion und Philosophie nicht behandeln zu können. Doch vervielfältigt er zugleich die vorläufigen Hinweise, indem er den Blick auf Denk- und Aussprüche aus der Zeit des *Zarathustra* lenkt. Diese Hinweise lassen darauf schließen, daß in seinen Augen der Glaube als ein »Sichhalten im Wahren«, in der Wahrheit, die Nietzsche angeblich als Verhältnis zum »Seienden im Ganzen« begreift, ein »Vorgestelltes als Wahres« nimmt und so metaphysisch bestimmt bleibt, unvergleichbar mit dem, was im Denken die Ordnung der Vorstellung und das Seiende im Ganzen übersteigen soll. Eine solche Sicht würde mit jener übereinstimmen, die in der zitierten Behauptung »Der Glaube hat im Denken keinen Platz« enthalten ist. Heidegger sagt, daß er nur einen Aspekt von Nietzsches Bestimmung des Glaubens als ein Für-Wahr-Halten hervorheben möchte, allerdings den »wichtigsten«, das »Sichhalten an das Wahre und im Wahren«: »Wenn das *Sichhalten* in der Wahrheit eine Weise des menschlichen Wesens, ja für Nietzsche des Seins ist, kann über das Wesen des Glaubens und über Nietzsches Glaubensbegriff im besonderen nur entschieden werden, wenn Nietzsches Auffassung der Wahrheit als solcher und ihr Verhältnis zum ›Leben‹, das heißt nach Nietzsche: zum Seienden im Ganzen, klar liegt. Ohne einen zureichenden Begriff von Nietzsches Auffassung des Glaubens werden wir demnach schwerlich zu sagen wagen, was für ihn das Wort ›Religion‹ bedeutet.« (Ebd., S. 134).

weist wiederum auf die beiden Quellen oder Stämme der Religion, die wir unterschieden haben, auf die Erfahrung der Heiligkeit und die Erfahrung des »Glaubens«, des gutgläubigen Vertrauens. Heidegger, der sich für die erste Erfahrung (in ihrer griechischen, hölderlinschen oder urchristlichen Überlieferung) empfänglicher zeigt, scheint der zweiten Erfahrung gegenüber mehr Widerstand geleistet zu haben; sie wird von ihm ständig auf Gestalten zurückgeführt und reduziert, die er unaufhörlich in Frage stellt, ja »destruiert« oder denunziert – dogmatischer und leichtgläubiger Glaube an die Autorität, Glaube, der sich an den Religionen der Schrift und an der Ontotheologie ausrichtet, Glaube an den anderen, der in Heideggers Augen (zu Unrecht, wie uns scheint) zwangsläufig der egologischen Subjektivität des *alter ego* bedarf. Wir reden von dem erforderlichen, verlangten Glauben, den treuen Glauben an das, was vom ganz anderen, vom anderen ganz anderen, von jedem anderen als einem ganz anderen herrührt – dort, wo das ursprüngliche und persönliche Erscheinen dieses anderen stets unmöglich ist (**Bezeugung** oder Wort, das dem anderen gegeben wird, in einem ganz und gar elementaren und unauflösbaren Sinn, Versprechen der Wahrheit, das bis in den Meineid hineinreicht) und der Glaube die Bedingung des Mitseins° ausmacht, des Verhältnisses zu einem anderen im allgemeinen und der Anrede eines anderen überhaupt.

49. Jenseits noch der Kultur, der Semantik oder der Geschichte des Rechts, die den Begriff bestimmen und die miteinander verzahnt sind, ist die Erfahrung der **Bezeugung** der Ort *eines* Zusammenfließens *dieser* beiden Quellen: Quelle des *Heilen* (Geborgenen, Heiligen oder Sakralen) und Quelle des *Treuhänderischen* (Zuverlässigkeit, Treue, Kredit, Vertrauen, Glaube, Aufrichtigkeit und »guter Glaube«, der noch in der schlimmsten Unredlichkeit enthalten ist). Wir reden von *eben* diesen beiden Quellen, von einem Zusammenfließen, das ein anderes Zusammentreffen keineswegs ausschließt, da sich die Gestalt der zwei Quellen vervielfacht, wie wir bereits erkannt haben; wir können sie nicht mehr zählen: Notwendigkeit, die sich aus unserer Untersuchung ergibt, Notwendigkeit, mit der es unsere Untersuchung zu tun hat. In der Bezeugung wird die Wahrheit jenseits aller Beweisführung, aller Wahrnehmung, allen anschaulichen Zeigens versprochen. Selbst wenn ich lüge oder einen Meineid leiste (ja, vor allem in dem Augenblick, in dem ich es tue), verspreche ich die Wahrheit und ersuche den anderen, dem anderen zu glauben, der ich bin, in einem Bereich, in dem ich der einzige bin, der (davon) Zeugnis ablegen kann und dieses elementar Treuhänderische, dieser versprochene oder erforderte »gute Glaube« sich niemals an die ungleichartige Ordnung der Beweisführung oder der Anschauung zurückbinden läßt. Freilich ist der »gute Glaube« niemals ein reiner, frei von jeder Iterabilität, jeder Technik, jeder **Berechenbarkeit**, verspricht er doch auch und von Anfang an seine Wiederholung. Er ist in jeder Anrede enthalten, er bringt sich in jede Anrede ein, die sich an den anderen richtet. Vom ersten Augenblick an gesellt er sich zu der Anrede und bedingt so jedes »gesellschaftliche Band«, jedes Befragen und Untersuchen, jedes Wissen, jede Performativität, jede fernwissenschaftstechnische Performanz in ihren am stärksten synthetischen, artifiziellen, prothesehaften und berechenbaren Formen. Die Glaubensbezeugung, die von dem Zeugnis gefordert wird, hat strukturell eine Tragweite, die über die Anschaulichkeit und die Beweisbarkeit, über das Wissen hinausweist: »Ich schwöre, daß ich die Wahrheit sage, nicht unbedingt die ›objektive Wahrheit‹, wohl aber die Wahrheit dessen, von dem ich glaube, daß es die Wahrheit ist, ich teile dir diese Wahrheit mit, glaube mir, glaube an das, woran ich glaube, dort, wo du nie (etwas) an meiner Statt wirst wissen oder sehen können, unersetzbarer und dennoch beispielhafter Ort meiner Rede, Stätte ohne Ersatz, die sich verallgemeinern und universalisieren läßt; mein Zeugnis ist vielleicht ein falsches Zeugnis, ich bin jedoch redlich und aufrichtig, beim Reden und Handeln bin ich guten Glaubens, dies ist kein falsches Zeugnis.« Wie verhält sich das Versprechen der axiomatischen (quasi transzendentalen) performativen Handlung, die sowohl die »aufrichtigen« Erklärungen als auch die Lügen und den Meineid bedingt, die folglich jede an den anderen gerichtete Anrede wie ein vorausgeworfener Schatten begleitet? Eine solche performative Handlung sagt am Ende (immer wieder): »Glaube an das, was ich sage, wie man an ein Wunder glaubt.« Noch das geringste Zeugnis, das sich auf den wahrscheinlichsten, gemeinsten und alltäglichsten Sachverhalt bezieht, appelliert an den Glauben, wie ein Wunder es tut. Es erscheint, es gibt sich aus, es tritt vor als das Wunder selbst – in einem Raum, in dem die Entzauberung keine Chance hat. Die

zweifellos unzweifelhafte Erfahrung der Entzauberung ist lediglich eine Weise dieser »wundersamen«, von einer »Wundertat«
erfüllten und »geheilten« Erfahrung, sie ist in all ihren geschichtlichen Bestimmungen eine reaktive und vorübergehende Wirkung des zeugenhaft Wunder-baren oder des wunder-bar Zeugnishaften. Daß man aufgerufen ist, an jedes Zeugnis wie an ein
Wunder oder eine »außerordentliche, ungewöhnliche Geschichte« zu glauben, ist ein Umstand, der den Begriff des Zeugnisses und der Bezeugung unmittelbar prägt. Man darf sich also
nicht wundern, wenn Beispiele von »Wundern« die in sich man-
nigfaltige Problematik des Bezeugens überfallen, einnehmen
und erfassen, gleichgültig, ob es sich um einen klassischen oder
nichtklassischen, kritischen oder nichtkritischen Fall der Problematik handelt. Die *reine* Bezeugung gehört, wenn es sie denn
gibt, zur Erfahrung des Glaubens und des Wunders. In jedes »gesellschaftliche Band« verwickelt (noch in das gemeinste), ist sie
für die Wissenschaft ebenso unerläßlich wie für die Philosophie
und die Religion. Diese Quelle kann sich sammeln oder entzweien, sie kann sich zusammen-fügen oder sich auseinander-
fügen. Gleichzeitig oder nacheinander. Es kann so scheinen, daß
sie mit sich übereinstimmt, zeitgenössisch in ihrem Selbstver-
hältnis – dort, wo die zeugnishafte Bürgschaft im Pfand des anderen den Glauben an den anderen mit der Heiligsprechung einer An- und Abwesenheit verbindet, mit der Heiligsprechung
des Gesetzes als Gesetz des anderen. Ihre Teilung und Spaltung
wiederum kann sich auf verschiedene Weisen ereignen. Sie kann
sich zunächst so ereignen, daß sie die Gestalt einer Alternative
annimmt: zwischen einer Sakralität ohne Glaube (Anzeichen
dieser Algebra: »Heidegger«) und einer Heiligkeit ohne Sakralität, einer in Wahrheit ent-sakralisierenden Heiligkeit, die eine
bestimmte Entzauberung zu ihrer eigentlichen Bedingung
macht (Anzeichen: »Lévinas«, vor allem als Autor von *Du sacré
au saint* [Vom Sakralen zum Heiligen][46]). Dann kann die Teilung
und Spaltung der Quelle sich dort ereignen, wo das, was sich innerhalb des Glaubens als »gesellschaftliches Band« bildet, auch
eine Unterbrechung ist. Es gibt keinen – grundsätzlichen – Gegensatz zwischen einem »gesellschaftlichen Band« und einer
»gesellschaftlichen Ent-bindung«, dem Aufgehen des Bandes.

46 Emmanuel Lévinas, *Du sacré au saint*, Paris 1977.

Eine gewisse unterbrechende Ent-bindung ist nämlich die Bedingung des »gesellschaftlichen Bandes« und macht die Atmung einer jeden »Gemeinschaft« aus. Es handelt sich hier nicht um den Knoten eines gegenseitigen Sich-Bedingens, sondern eher um eine Möglichkeit, die sich der Entwirrung und Auflösung aller Knoten, dem Abbruch und der Unterbrechung aussetzt. Ort, an dem der Sozius oder das Verhältnis zum anderen sich öffnet – als Geheimnis der zeugnishaften Erfahrung und folglich eines bestimmten Glaubens. Wenn der Glaube der Äther des Verhältnisses zum ganz anderen und der an ihn gerichteten Anrede ist, so erweist er sich als dieser Äther in der Erfahrung einer Unbezüglichkeit oder einer absoluten *Unterbrechung* (Anzeichen: »Blanchot«, »Lévinas«...). Die Über-Heiligsprechung einer solchen Unbezüglichkeit, einer solchen Transzendenz geschieht abermals im Zuge einer Ent-sakralisierung (um nicht die allzu christlichen Begriffe der Säkularisierung und der Laizisierung zu gebrauchen), durch einen bestimmten »Atheismus« hindurch, in der Folge einer radikalen Erfahrung dessen, was den Kräftevorrat der »negativen Theologie« bildet – und jenseits ihrer Tradition reicht. Man müßte in diesem Zusammenhang sich auf einen anderen Wortschatz beziehen (zum Beispiel auf den hebräischen Wortschatz, in dem man auf die Heiligkeit des *kiddusch* stößt) und eine Trennung zwischen dem Heiligen und dem Sakralen vornehmen, statt sich mit der lateinischen Unterscheidung zu begnügen, an die Benveniste erinnert: Unterscheidung zwischen dem natürlich Sakralen, das in den Dingen liegt, und der Heiligkeit der Institution oder des Gesetzes.[47] Die unterbrechende, auseinanderfügende Ent-bindung, um die es geht, verfügt eine Art inkommensurable Gleichheit in der absoluten Asymmetrie. Das Gesetz dieser Unzeitgemäßheit unterbricht die Geschichte und macht Geschichte, es löst die Zeitgenossenschaft auf und eröffnet den Bereich des Glaubens. Es bezeichnet die Entzauberung als *Ressource des Religiösen*. Als erste und letzte Ressource. Nichts scheint also gewagter, schwieriger und gelegentlich auch unvorsichtiger zu sein als das Vorbringen eines selbstsicheren Diskurses über das Zeitalter der Entzauberung, die Epoche der Säkularisierung, die Zeit der Laizität usw.

47 Vgl. Benveniste, *Le Vocabulaire*..., siehe Anmerkung 3, besonders S. 184, 187-192 und 206.

50. Berechenbarkeit: dem Anschein nach arithmetische Frage der Zwei oder vielmehr des n + Ein(e)s, vermittels oder jenseits der Demographie, von der wir oben gesprochen haben. Warum muß es sich so verhalten, daß es stets *mehr als eine* Quelle gibt? Nicht, daß es (einfach) zwei Quellen der Religion gibt. Es gibt Glauben und Religion, Glauben oder Religion, weil *es mindestens zwei*, weil es Spaltung und Iterabilität der Quelle *gibt* – mit guten und mit schlechten Folgen. Dieses Supplement führt das Unberechenbare in das Herz des Berechenbaren ein. (Lévinas: »Es ist dieses Zu-Zweit-Sein, das menschlich und geistigen Wesens ist.«) Aber das Mehr-als-Ein(e)s erweist sich unmittelbar und ohne Verzögerung als ein Mehr-als-Zwei. Es gibt keine Zweisamkeit, keinen Bund der Zwei, es sei denn, man meint damit in Wirklichkeit den reinen Wahn des reinen Glaubens. Die schlimmste Gewalt. Das Mehr-als-Ein(e)s ist das n + Ein(e)s, das die Dimension des Glaubens oder der Zuverlässigkeit in die an den anderen gerichtete Anrede einfügt, aber auch die maschinenhafte und mechanische Trennung (zeugnishafte Bejahung und Reaktives, »ja, ja«, automatischer Anrufbeantworter, *answering machine* und Möglichkeit des **radikal Bösen**: Meineid, Lüge, ferngesteuerter Mord, aus der Ferne gesteuert selbst dort, wo Gewalttat und Ermordung mit bloßer Hand geschehen).

51. Die Möglichkeit des **radikal Bösen** zerstört und stiftet zugleich das Religiöse. Die Ontotheologie tut genau das gleiche, wenn sie Opfer und Gebet aufhebt, die Wahrheit des Gebets, das sich (rufen wir noch einmal Aristoteles ins Gedächtnis) jenseits des Wahren und des Falschen hält, jenseits ihres Gegensatzes, zumindest im Sinne eines gewissen Begriffes der Wahrheit und des Urteils. Wie der Segen gehört das Gebet in den ursprünglichen Bereich des zeugnishaften, bezeugenden Glaubens oder des Martyriums, den wir hier zu denken versuchen, indem wir auf seine »kritischste« Kraft achten. Die Ontotheologie verschlüsselt den Glauben, verschlossen in einer **Krypta** weist sie ihm die Bestimmung eines spanischen Marranen zu, der sogar das Gedächtnis seines einzig(artig)en Geheimnisses verliert, ja der es in Wahrheit verstreut und vervielfacht. Emblem eines Stillebens: an einem Osterabend der angebrochene Granatapfel auf einer Schale.

52. Auf dem grundlosen Grund dieser **Krypta** erzeugt das Ein(e)s + n auf unberechenbare Weise all seine Supplemente. *Es tut sich Gewalt an und bewahrt sich vor dem anderen.* Die Auto-Immunität der Religion kann »sich« lediglich immer wieder nur entschädigen, ohne daß man dieser Bewegung einen Zweck vor- oder ein Ende zuschreiben könnte. Auf – vor dem grundlosen (Hinter-)Grund einer stets jungfräulichen Unempfindlichkeit, *chora* von morgen in Sprachen, die wir nicht mehr oder noch nicht sprechen. Dieser Ort ist einzigartig, er ist das namenlose Eine. *Vielleicht* hat er eine *stattgebende* Wirkung, aber ohne die geringste göttliche oder menschliche Großzügigkeit. Die Zerstreuung der Asche wird (darin) nicht einmal versprochen, der Tod nicht einmal gebracht.

(Vielleicht ist es dies, was ich von einem gewissen Berg Moria sagen wollte – im vergangenen Jahr auf dem Weg nach Capri, in nächster Nähe zum Vesuv und zu Gradiva. Heute erinnere ich mich an das, was ich einst in dem Buch Genet à Chatila *gelesen habe; im Hinblick auf dieses Buch müßte man so viele Prämissen in so vielen Sprachen in Erinnerung rufen, man müßte an die Darsteller erinnern, an die Handelnden und Opfer, die Vorabende und die Folge, all die Landschaften und die Geister:* »Eine Frage, die ich nicht umgehen oder vermeiden werde, ist die der Religion.«[48] Laguna, den 26. April 1995)*

Aus dem Französischen von Alexander García Düttmann

---

48 Jean Genet, *Genet à Chatila* [Genet in Chatila], Paris 1992, S. 103.

Gianni Vattimo
Die Spur der Spur

Oft heißt es, die religiöse Erfahrung sei eine Erfahrung des Exodus; wenn es sich aber um einen Exodus handelt, dann ist dieser Exodus möglicherweise nur Aufbruch zu einer Rückkehr. Nicht eigentlich wegen seiner wie auch immer gearteten wesenhaften Natur; sondern weil unter unseren heutigen Existenzbedingungen (christliches Abendland, säkularisierte Moderne, Endzeitstimmung der Jahrhundertwende mit ihrer Angst vor der Drohung unerhörter apokalyptischer Risiken) die Religion tatsächlich als Rückkehr erlebt wird. Sie ist die Vergegenwärtigung von etwas, das wir endgültig vergessen zu haben meinten, das Wiederauftauchen einer verwehten Spur, das Aufbrechen einer Wunde, die Wiederkehr eines Verdrängten, die Offenbarung eines für *überwunden* (wahr geworden und folglich für abgetan) Gehaltenen als eines bloß *Verwundenen*, eine lange Konvaleszenz, in der wir unsere Rechnung mit der unauslöschlichen Spur der Krankheit noch einmal aufmachen müssen. Wenn es sich also um eine Rückkehr handelt, könnte es dann eine in bezug auf ihr eigentliches Wesen akzidentelle Form der Vergegenwärtigung der Religion sein? So als hätte es sich – durch irgendeinen historischen, individuellen oder sozialen Zufall – einfach ergeben, daß wir sie vergessen, uns von ihr (vielleicht schuldhaft) entfernt haben, und als hätte sich jetzt durch irgendeinen anderen akzidentellen Umstand der Nebel des Vergessens unversehens gelichtet? Aber mit einem solchen Mechanismus (als gäbe es eine essentielle Wahrheit, in diesem Falle der Religion, die irgendwo unbewegt feststünde, während um sie herum Individuen und Generationen in einer ihr gänzlich äußerlich und irrelevant bleibenden Bewegung kommen und gehen) kann man in der Philosophie nicht mehr arbeiten: Müssen wir nicht, wenn wir sagen, daß eine These wahr ist, all die mehr oder weniger großen Denker der Vergangenheit, die dies nicht erkannt haben, der Dummheit oder Vernunftlosigkeit bezichtigen? Das hieße ja, daß es eine Geschichte der Wahrheit gäbe (eine Geschichte des Seins), die für ihren »Inhalt« nicht so wesentlich ist... Vor allem Überlegungen wie diese lassen es angezeigt erscheinen, jener Hypothese den Vorzug zu geben, der zufolge die Vergegenwärtigung, die Wiederkehr der Religion in unserer Erfahrung kein bloß akzidenteller Tatbestand ist, den man beiseite lassen kann, um sich einfach auf die dergestalt wiederkehrenden Inhalte zu konzentrieren. Vielmehr dürfen wir mit Recht annehmen, daß die Wiederkehr ein wesentlicher (oder: der wesentliche) Aspekt der religiösen Erfahrung ist.

Wir wollen also dieser Spur der Spur nachgehen, gerade diesen Tatbestand ihrer Wiederkehr, ihrer Vergegenwärtigung, ihres Rufs nach uns mit einer Stimme, von der wir sicher sind, sie schon einmal gehört zu haben, zur Grundlage einer erneuerten Reflexion über die Religion machen. Nehmen wir an, die Wiederkehr sei kein äußerlicher und akzidenteller Aspekt der religiösen Erfahrung: dann werden auch die konkreten Formen dieser Wiederkehr, so wie wir sie in unserer historisch sehr spezifischen Situation erleben, als wesentlich anzusehen sein. Wonach aber müssen wir Ausschau halten, um diese konkreten, aktuellen Formen der Wiederkehr des Religiösen überhaupt zum Gegenstand unserer Betrachtung machen zu können? Sie treten, wie es scheint, hauptsächlich in zwei Formen auf, die sich nicht unmittelbar vereinbaren lassen, zumindest nicht auf den ersten Blick. Auf der einen Seite – und dies zeigt sich in der Alltagskultur in aller Offensichtlichkeit – ist die Wiederkehr des Religiösen (als Forderung, als neue Vitalität von Kirchen und Sekten, als Suche nach anderen Lehren und Praktiken: die »Mode« der östlichen Religionen usw.) vor allem durch drohende globale, unvorstellbare, in der Geschichte der Menschheit noch nie dagewesene Risiken motiviert. Das setzte plötzlich nach dem Zweiten Weltkrieg mit der Angst vor einem möglichen Atomkrieg ein und wird heute, wo dieses Risiko aufgrund des neuen Standes der internationalen Beziehungen weniger unmittelbar bedrohlich erscheint, von der Angst vor der unkontrollierten Verbreitung derartiger Waffen abgelöst – und allgemeiner vor der weltweiten Bedrohung der Umwelt und vor den Gefahren, die mit den neuen Möglichkeiten der Genmanipulation verbunden sind. Nicht weniger verbreitet ist zumindest in den fortschrittlichen Gesellschaften die Angst vor dem Verlust des Sinns der Existenz, vor jenem wahren und eigentlichen *ennui*, der mit der Konsumgesellschaft unvermeidlich einherzugehen scheint.

Vor allem die Radikalität dieser Risiken, die die Existenz der Gattung und ihres »Wesens« selbst zu bedrohen scheinen (der genetische Code könnte verändert werden...), läßt jene »allzu extreme Hypothese«, die Gott für Nietzsche darstellte, erneut auftauchen und Aktualität gewinnen. Auch jene Form der Wiederkehr des Religiösen, die in der oft mit Gewalt gesuchten und behaupteten, lokal, ethnisch oder stammesbezogen definierten Identität zum Ausdruck kommt, ist in den meisten Fällen auf eine Ablehnung der Modernisierung zurückzuführen, die als die Ursache für die Zerstörung der wahren Wurzeln der Existenz angesehen wird.

Auf der Seite der Philosophie und der expliziten Reflexion scheint die Wiederkehr des Religiösen in ganz anderen Formen und im Zusammenhang mit theoretischen Positionen zu erfolgen, die recht abgelegen scheinen und einen Gegensatz zu den zumeist »fundamentalistischen« Strömungen der neuen Religiosität bilden, die von den in unserer Gesellschaft verbreiteten apokalyptischen Ängsten leben. Der Wegfall der gegen die Religion gerichteten philosophischen Denkverbote – denn genau darum geht es – fällt mit der Auflösung der großen Systeme zusammen, die die Entwicklung von Wissenschaft und Technik sowie der modernen Gesellschaftsorganisation begleitet haben; damit aber auch mit dem Schwinden jeglicher Fundamentierung – das heißt gerade dessen, was das allgemeine Bewußtsein in seiner Rückkehr zur Religion allem Anschein nach sucht. Natürlich – und auch hier handelt es sich um eine weitverbreitete Vorstellung – könnte die neue Vitalität der Religion auch darauf zurückzuführen sein, daß die Philosophie und das kritische Denken im allgemeinen eben diese Vorstellung eines Fundaments aufgegeben haben und daher nicht (mehr) in der Lage sind, der Existenz den Sinn zu geben, den sie folgerichtig in der Religion sucht. Aber eine solche Ausdeutung der Situation – die viele Anhänger hat, auch dort, wo man es gar nicht erwarten würde – gibt das Problem der Wiederkehr, von dem wir ausgegangen sind, für unmittelbar gelöst aus. Sie denkt nämlich die Geschichtlichkeit der heutigen Situation schlicht und einfach als Irrweg, der uns von dem immer vorhandenen und verfügbaren Fundament hätte weit abkommen und aus ebendiesem Grunde auch eine »inhumane« Wissenschaft und Technik hervorbringen lassen; die aus dieser Sicht zu verwirklichende Wiederkehr wäre nur ein Hinaustreten aus der Geschichtlichkeit und ein Wiedereintritt in eine authentische, einzig als ein Bleiben im Wesentlichen denkbare Situation. Damit stellt sich das Problem, ob die Religion von der Metaphysik im heideggerschen Sinne des Wortes zu trennen ist, ob also Gott nur als das unbewegliche Fundament der Geschichte gedacht werden kann, von dem alles ausgeht und zu dem alles zurückkehren muß – mit der daraus folgenden Schwierigkeit, diesem ganzen Hin und Her irgendeinen Sinn zu geben. Festgehalten sei, daß Heideggers Aufforderung zu einem neuen Nachdenken über den Sinn des Seins jenseits der objektivistischen und essentialistischen Schemata der Metaphysik unter anderem gerade von dieser Art Schwierigkeit bestimmt war. In den entscheidenden Jahren, in denen er an *Sein und Zeit* arbeitete, galt Heideggers ausgesprochenes Interesse bekanntlich einer Reflexion über die Religion gerade im Zusammenhang mit den Problemen von Geschichtlichkeit, Zeitlichkeit und, in letzter Instanz, Freiheit und Prädestination.

Die Philosophie muß meiner Ansicht nach angesichts dieses nicht nur scheinbaren Widerspruchs zwischen dem Bedürfnis nach Fundamenten, das durch die Wiederkehr der Religion im allgemeinen Bewußtsein zum Ausdruck kommt, und ihrer eigenen Wiederentdeckung der (Plausibilität der) Religion im Gefolge der Auflösung der metaphysischen Metaerzählungen versuchen, die gemeinsamen Wurzeln beider Formen von »Wiederkehr« zu erkennen und deutlich zu machen. Sie muß dies versuchen, ohne auf ihre eigenen theoretischen Motivationen zu verzichten, sondern indem sie diesen vielmehr als der Grundlage einer kritischen Radikalisierung dieses allgemeinen Bewußtseins neue Geltung verschafft. (Unnötig zu sagen, daß darin auch eine allgemeine, hier nicht weiter ausführbare Auffassung des Verhältnisses von Philosophie und allgemeinem Bewußtsein einer Epoche zum Ausdruck kommt, das allerdings weniger mit einem Historismus hegelscher Prägung zu tun hat als mit Heideggers Reflexion über das Verhältnis zwischen dem Ende der Metaphysik und der vollendeten Entfaltung von Wissenschaft und Technik als dem tragenden Gerüst der spätmodernen Gesellschaft: Auch und vor allem Heidegger nämlich denkt und praktiziert das Philosophieren als gedankliche Erfassung der eigenen Zeit, als reflektierten Ausdruck von Themen, die, noch ehe sie dunkel im allgemeinen Bewußtsein auftauchen, Geschichten des Seins sind, Grundmomente der Epoche...)

Die gemeinsame Wurzel des in unserer Gesellschaft verbreiteten religiösen Bedürfnisses und der Wiederkehr (der Plausibilität) der Religion in der heutigen Philosophie besteht in dem Bezug dieser Phänomene auf die Moderne als das wissenschaftlich-technische Zeitalter oder, mit einem Ausdruck Heideggers, als das Zeitalter der Weltbilder. Wenn sich die kritische Reflexion als authentische Interpretation des im allgemeinen Bewußtsein manifesten religiösen Bedürfnisses darstellen will, muß sie zeigen, daß dieses Bedürfnis mit einem schlichten Wiederanknüpfen an der »metaphysischen« Religiosität, also mit einer Flucht aus der im Zusammenhang der Modernisierung entstandenen Verwirrung und aus dem Babel der säkularisierten Gesellschaft zu einer erneuerten Fundamentierung, nicht angemessen zu befriedigen ist. Ist ein solcher »Beweis« möglich? Die Frage ist nur eine Übersetzung der Grundfrage der Heideggerschen Philosophie, aber sie könnte auch als eine Abwandlung von Nietzsches Projekt des Übermenschen gelesen werden, welcher jener Mensch sein müßte, der imstande wäre, sich zur Höhe seiner neuen Möglichkeiten der Weltbeherrschung aufzuschwingen. Auf das Problematische und Chaotische der spätmodernen Welt mit einer Rückkehr zu Gott als dem metaphysischen Fundament zu reagieren bedeutet, um mit Nietzsche zu reden, sich der Herausforderung des Übermenschentums nicht zu stellen; es bedeutet, sich zu jenem Sklavendasein zu verdammen, das Nietzsche als unvermeidlich für alle ansah, die diese Herausforderung nicht angenommen haben (betrachtet man die Transformationen, denen die individuelle und soziale Existenz in der Massenkommunikationsgesellschaft unterworfen ist, erscheint diese Alternative zwischen Übermenschentum und Sklavendasein gar nicht so abwegig oder rein rhetorisch). Aus Heideggers Sicht ist es im übrigen nur allzu klar, daß eine Rückkehr zu Gott als Fundament als Reaktion auf das spätmoderne Babel nur den Versuch bedeutet, aus der Metaphysik herauszukommen, indem man ihrer endgültigen Auflösung die Wiederaufnahme einer ihrer »früheren« Konfigurationen entgegensetzt. Diese scheint nur deshalb erstrebenswert zu sein, weil sie – aber eben nur scheinbar – von der aktuellen Situation, aus der man heraustreten möchte, deutlicher abgesetzt ist. Heideggers

Bestehen auf der Notwendigkeit, zu warten, damit das Sein wieder zu uns spricht, auf der Priorität seines Sich-Gebens vor irgendeiner Initiative des Menschen (ich denke natürlich an *Was heißt Denken?* und an den *Brief über den Humanismus*), bedeutet nichts anderes als dies: Die Überwindung der Metaphysik kann nicht darin bestehen, der Verderbtheit der modernen technisch-wissenschaftlichen Welt einen Zustand der idealen Eigentlichkeit entgegenzusetzen. Denn das Sein gibt sich nicht, es sei denn in seinem Sich-Ereignen, und gerade »wo Gefahr ist, wächst das Rettende auch«: Die Überwindung der Metaphysik und auch der letzten Phase ihrer Auflösung – also des spätmodernen Babel und seiner apokalyptischen Ängste – kann nur (noch einmal Nietzsche) in einer nicht bloß »reaktiven« Antwort auf den Ruf des Seins gesucht werden, das sich nur in seinem Sich-Ereignen gibt, also in der Welt der Technik und der Wissenschaft und der totalen Organisation, im *Ge-stell*. Die Technik in dem Wissen zu betrachten, daß das Wesen der Technik nichts Technisches ist – woran Heidegger immer wieder erinnert –, und sie also als den äußersten Ankunftspunkt der Metaphysik und der Seinsvergessenheit im Denken des Fundaments zu begreifen, bedeutet gerade, sich auf die Überwindung der Metaphysik durch ein nichtreaktives Hören auf das technische Schicksal des Seins selbst vorzubereiten.

Das allgemeine Bewußtsein neigt in seiner Rückkehr zur Religion dazu, sich reaktiv zu verhalten: sich also als sehnsüchtige Suche nach einem letzten und unerschütterlichen Fundament zu entfalten. Im Sinne von *Sein und Zeit* wäre diese Neigung nur die (strukturelle?) Neigung zur Uneigentlichkeit, die in letzter Instanz gerade auf dieser Endlichkeit der Existenz gründet und der die Philosophie lediglich – immer von diesem Werk her gedacht – die Möglichkeit der (wiederum strukturellen) Eigentlichkeit entgegensetzt. Sie wird in der existentialen Analytik entdeckt und ist existentiell in dem entschiedenen Sich-Entwerfen auf den eigenen Tod hin erreichbar. Aber vom Projekt der Überwindung der Metaphysik als des Gedenkens an und Hörens auf die Geschichte des Seins her gesehen, erscheint eine solche – im Grunde platonische – Entgegensetzung von Philosophie und allgemeinem Bewußtsein nicht mehr denkbar. Vielleicht muß sich die Philosophie als kritisches – und also des *Ge-schicks* des Seins, der Wechselfälle seiner Schickungen eingedenkendes – Hören auf den Ruf denken, der nur im Zustand der Uneigentlichkeit vernehmbar wird. Sie wäre dann nicht mehr strukturell, sondern in ihrem Zusammenhang mit dem Sich-Ereignen des Seins aufzufassen, in diesem Falle mit dem Sich-Geben des Seins im letzten Augenblick der Metaphysik. All dies ließe sich viel einfacher sagen, wenn man den unserer Ansicht nach nichtakzidentellen Charakter der religiösen Erfahrung als Wiederkehr betont.

(Nur) weil sich die metaphysischen Metaerzählungen aufgelöst haben, hat die Philosophie die Plausibilität der Religion wiederentdeckt und kann infolgedessen das religiöse Bedürfnis des allgemeinen Bewußtseins außerhalb der Schemata der aufklärerischen Kritik betrachten. Die kritische Pflicht des Denkens gegenüber dem allgemeinen Bewußtsein besteht hier und jetzt darin, deutlich zu machen, daß auch für dieses Bewußtsein das Wiederfinden der sich in der technisch-wissenschaftlichen Welt der Spätmoderne vergegenwärtigenden Religion *positiv* zu bewerten und also das Verhältnis zu dieser Welt nicht nur als Flucht und polemische Alternative zu verstehen ist; oder, was zumindest von der Differenz zwischen Metaphysik und Ontologie her gesehen das gleiche wäre, als Reduktion ihrer neuen Möglichkeiten auf vermeintliche Naturgesetze, auf Normen ihres Wesens (die Technik aus der Sicht des Papstes ...).

Aber daß die Figur der Wiederkehr – und also die Geschichtlichkeit – für die religiöse Erfahrung wesentlich und nichtakzidentell ist, bedeutet nicht vor allem oder ausschließlich, daß die Religion, zu der wir zurückkehren wollen, sich als etwas darstellen muß, das durch seine Zugehörigkeit zur Epoche des Endes der Metaphysik definiert wäre; was die Philosophie aus der Erfahrung der Wesentlichkeit der Figur der Wiederkehr vor allem gewinnt, ist eine allgemeine Identifikation der Religion mit der Positivität im Sinne von Faktizität, Möglichkeit usw. Es könnte sein, daß wir hier nur eine Übersetzung dessen liefern, was so manche Philosophie der Religion als die Kreatürlichkeit bezeichnet hat, die den wesentlichen Inhalt der religiösen Erfahrung darstelle (wobei es auch gar keinen Grund gäbe, diese Nachbarschaft zu oder Abhängigkeit von der traditionellen religionsphilosophischen Reflexion von sich zu weisen; sie ist ein anderer Aspekt der hier gemeinten Positivität).

Im Gegenteil, wesentlich für das neue philosophische Denken der Religion im allgemeinen scheint gerade die Verbindung der beiden hier angeführten Bedeutungen von Positivität: die eine, nach der es für den Inhalt dieser wiedergefundenen religiösen Erfahrung bestimmend erscheint, daß sie gerade unter den historischen Bedingungen unserer spätmodernen Existenz wiederkehrt und sich also in bezug auf diese Existenz nicht nur als ein Sprung aus ihr heraus bestimmt; und die andere, nach der eben dieses Wiederkehren darauf hindeutet, daß ein konstitutives Merkmal der Religion die Positivität als Abhängigkeit von einer ursprünglich gegebenen, vielleicht (etwa im Sinne Schleiermachers) als Kreatürlichkeit ausdeutbaren Abhängigkeit ist.

Der Erfahrung dessen, was Wiederkehr bedeutet, gerecht zu werden, dürfte daher vor allem heißen, sich im Horizont dieser beiden Bedeutungen von Positivität zu bewegen: Kreatürlichkeit als konkrete und höchst bestimmte Geschichtlichkeit, aber auch umgekehrt Geschichtlichkeit als Herkunft von einem Ursprung, der als ein auf nichtmetaphysische Weise struktureller, wesentlicher auch alle Merkmale der Möglichkeit und der Freiheit hat. Sich im Lichte dieser Verbindung zu halten ist nicht so einfach: Aus der Geschichte der »metaphysischen« Religiosität scheint ja gerade die Schwierigkeit deutlich zu werden, die darin liegt, daß die Positivität in der schlichten und einfachen Kreatürlichkeit aufgeht – mit dem Ergebnis, daß die konkrete Geschichtlichkeit der Existenz einzig als die Endlichkeit betrachtet wird, aus der uns die religiöse Erfahrung gleichsam »herausspringen« läßt (zu Gott, in die Transzendenz) oder die höchstens als Ort einer Bewährungsprobe anzusehen wäre. Ich habe an anderer Stelle zu zeigen versucht, wie sehr diese Gefahr, die vielleicht mehr als eine Gefahr darstellt, in Lévinas' Denken präsent ist und inwiefern sie in gewissem Maße auch Derridas Position charakterisiert (zumindest explizit in seinem Aufsatz über Lévinas in *Die Schrift und die Differenz*). Natürlich besteht die symmetrische Entsprechung zu dieser Gefahr in der Gleichsetzung von Positivität und innerweltlicher Geschichtlichkeit, durch die das Göttliche auf die historische Determiniertheit reduziert wird: die Weltgeschichte als Weltgericht, um mit Hegel zu reden. Dies zeigt sich im übrigen deutlich, wenn man die von Löwith meisterhaft dargestellten jüdisch-christlichen Ursprünge der modernen Geschichtlichkeit betrachtet. Der Autor, auf den wir uns mit unserem Insistieren auf dieser Positivität beziehen, ist natürlich nicht Hegel, sondern Schelling – allerdings ohne die wortwörtliche Übernahme seiner letzten Philosophie. Gewiß aber ist zumindest die Bedeutung der Mythologie für die hier umrissene Auffassung von der Religion von Schellings positiver Philosophie übernommen; nicht sosehr – und hierin besteht möglicherweise ein Unterschied – als die angemessenste Form der Erkenntnis von Wahrheiten, die die Vernunft übersteigen, sondern als die angemessene Sprache für die Schilderung von Ereignissen, die als positive im bereits zitierten doppelten Sinne nicht anders als in Form von Mythen übermittelt werden können. Pareysons Reflexion über die religiöse Erfahrung und ihren Zusammenhang mit dem Mythos[1] – bei der er sich im übrigen ständig auf Schelling bezieht – scheint hier von kapitaler Bedeutung, wenn sie auch ergänzungsbedürftig ist, was den Ausschluß jeder noch bestehenden Möglichkeit betrifft, die Positivität der religiösen Erfahrung auf die bloße Kreatürlichkeit zu reduzieren (samt der daraus folgenden Neigung, das mythische Denken in einer Art ahistorischer Abstraktheit zu nehmen, bis hin zu der Schwierigkeit, den christlichen vom griechischen Mythos zu unterscheiden).[2] Das Wort *Mythos* steht hier im übrigen als Emblem für all dasjenige, was positiv ist, und zwar in beiden Bedeutungen, die wir dem Wort geben. Der Mythos ist der Ort eines Sich-Gebens der Geschichtlichkeit, die zugleich radikal geschichtlich und (gerade dadurch) nicht auf die Immanenz der innerweltlichen Geschichtlichkeit reduzierbar ist. Womit wir auch einen anderen wichtigen Aspekt der zeitgenössischen (oder nichtzeitgenössischen) philosophisch-religiösen Reflexion wiederfinden, nämlich die Betonung des »Religiösen« (einstweilen haben wir noch kein anderes Wort) als Einbruch eines »Anderen« in den horizontalen Verlauf der Geschichte, als Diskontinuität. Nur daß, so scheint es uns zumindest, dieser Charakter von Diskontinuität und Einbruch allzu häufig – es sei noch einmal gesagt – als bloße »apokalyptische« Negation der Geschichtlichkeit ausgelegt wird, als neuer absoluter Anfang, der jeden Zusammenhang mit der Ver-

1 Siehe vor allem die Schriften in dem Band *Filosofia della libertà*, Einaudi, Turin, 1994.
2 Dieses Problem wird ausführlicher in einem Essay behandelt, der inzwischen in meiner *Etica dell'interpretazione*, Rosenberg & Sellier, Turin 1989, enthalten ist.

gangenheit leugnet und ein rein vertikales Verhältnis zur Transzendenz herstellt, die ihrerseits als reine metaphysische Fülle des ewigen Fundaments angesehen wird.

Auf den Mythos als den allgemeinen Ausdruck der Positivität lassen sich alle typisch positiven Inhalte der religiösen Erfahrung zurückführen, die in unserer gegenwärtigen Situation wiederkehrt. Diese Inhalte sind wie der Mythos nicht völlig ins Argumentativ-Rationale übersetzbar. Zum Beispiel und vor allem – mehr noch als das Schuldgefühl und das Sündenbewußtsein – das Bedürfnis nach Vergebung. Daß hier das Bedürfnis nach Vergebung vor dem Schuldgefühl und der Wahrnehmung des Bösen und seiner Unerklärbarkeit als der charakteristische Inhalt der religiösen Erfahrung genannt wird, sollte nicht weiter erstaunen. Wahrscheinlich berühren wir damit eines der Merkmale der spezifischen Geschichtlichkeit, in der sich die religiöse Erfahrung heute darstellt: Sowohl die Intensität des Schuldgefühls als auch die Radikalität der Erfahrung des Bösen scheinen nämlich von einer Auffassung untrennbar, die ich ohne Zögern eine Metaphysik der Subjektivität nennen würde – eine Art emphatischer Sicht der Freiheit, die sich mit allzu vielen Aspekten der Spiritualität, die die Religion heute wiederfindet, nicht recht zu vertragen scheint. Mit anderen Worten: Wenn es stimmt, daß sich die Religion heute wieder als eine grundlegende und auch philosophisch plausible Notwendigkeit darstellt, so verdankt sich dies auch und vor allem der allgemeinen Auflösung der rationalistischen Gewißheiten, die das moderne Subjekt erlebt; jener Auflösung also, durch die das Schuldgefühl und die »Unerklärbarkeit« des Bösen so zentrale und entscheidende Elemente werden. Das Böse und die Schuld sind weniger »skandalös«, wenn sich das Subjekt nicht so dramatisch ernst nimmt, wie es die metaphysische, explizit oder implizit rationalistische Geisteshaltung verlangt. Was nichts daran ändert, daß die Erfahrung der Endlichkeit – vor allem als Unangemessenheit unserer Antworten auf die »Fragen«, die uns von den anderen gestellt werden (oder sogar von dem Anderen im Sinne Lévinas') – sich als Bedürfnis nach einem »Supplement« darstellt, das wir uns nur als etwas Transzendentes vorstellen können. Es wäre wahrscheinlich gar nicht schwer, sowohl den Sinn der drei theologischen Tugenden der christlichen Tradition als auch die Postulate von Kants praktischer Vernunft (zumindest diejenigen, die die

Existenz Gottes und die Unsterblichkeit der Seele betreffen) auf dieses Bedürfnis zurückzuführen, das zugleich das Verlangen ist, auf die Frage des anderen zu antworten, und der Ruf nach einer Transzendenz, die imstande wäre, die Unzulänglichkeit unserer Antworten auszugleichen. In diesen Horizont des Mythos, der die Positivität einschließt, wie wir sie hier definieren wollen, gehören außer dem Bedürfnis nach Vergebung auch noch andere, für die religiöse Erfahrung konstitutive Aspekte: die Art und Weise, sich dem Rätsel des Todes (des eigenen, vor allem aber des Todes der anderen) und des Schmerzes zu stellen, und die Erfahrung des Gebets, die vielleicht mit am schwierigsten in philosophisch sinnvolle Begriffe zu übersetzen ist. Sowohl das Bedürfnis nach Vergebung als auch die gelebte Erfahrung der Sterblichkeit, des Schmerzes und des Gebets sind typisch »positiv« in dem Sinne, daß sie Formen des Umgangs mit der radikalen Möglichkeit der Existenz darstellen, Formen der Erfahrung einer »Zugehörigkeit«, die auch eine Herkunft und – in einem schwer zu präzisierenden, aber von uns in dieser Erfahrung der Wiederkehr erlebten Sinne – Hinfälligkeit ist; zumindest insofern, als die Wiederkehr uns immer auch als das Wiedereintreten in einen Zustand erscheint, aus dem wir »herausgefallen« sind (in die regio dissimilitudinis, von der die mittelalterlichen Mystiker sprechen).

Aber noch einmal: Diese positiven – auf charakteristische Weise positiven – »Inhalte« der Erfahrung der Wiederkehr, in denen sich für uns das Religiöse darstellt, sind positiv auch und vor allem in dem Sinne, daß man ihnen nicht in einer abstrakten Reflexion über sich selbst begegnet, als Ergebnis der Vertiefung des menschlichen Selbstbewußtseins im allgemeinen. Sie sind uns im Gegenteil bereits in einer bestimmten Sprache gegeben, die mehr oder weniger wörtlich die Sprache der jüdisch-christlichen Tradition ist, die Sprache der Bibel. Wäre es also nicht richtiger, ohne Umschweife von der Rückkehr zum Wortlaut der heiligen Texte zu sprechen, zum Alten und Neuen Testament? Warum zum Beispiel auf dem Bedürfnis nach Vergebung bestehen, statt schlicht und einfach Erbsünde zu sagen, Erlösungsversprechen, Geschichte von Jesu Menschwerdung, Passion, Sterben und Auferstehung? Aber ist denn die Erfahrung der Wiederkehr, die wir machen, ohne weiteres als eine Rückkehr zur Wahrheit der Schrift zu verstehen? Können wir der Erfahrung der Wiederkehr gerecht werden, indem wir sie als eine nur uns betreffende Bewegung auffassen, so als fänden wir einen vergessenen Gegenstand wieder, die Heilige Schrift, die irgendwo unversehrt darauf gewartet hätte, von uns (unserer Kultur, der heutigen Welt usw.) aus irgendeinem geheimnisvollen Beweggrund wiederentdeckt zu werden? Wenn, wie wir meinen, die Hermeneutik als Philosophie der Interpretation nur im Umkreis der jüdisch-christlichen Tradition entstehen konnte,[3] dann ist auch wahr, daß diese Tradition von ihr zutiefst geprägt bleibt. Hier haben wir einen anderen Aspekt der Positivität vor uns, von dem wir ebenfalls nicht absehen können: Wir machen die Erfahrung der Wiederkehr des Religiösen in einer Welt, zu der unumgänglich auch das Bewußtsein von der *Wirkungsgeschichte*[4] jedes Textes, und vor allem des biblischen, gehört; die Tatsache nämlich, daß die heiligen Texte, die unsere religiöse Erfahrung prägen, innerhalb einer Tradition weitergegeben werden, deren Vermittlung sie nicht als unveränderbare Objekte bestehen läßt – und vielleicht ist das Pochen aller Orthodoxien auf dem Buchstaben der heiligen Texte eher ein Zurkenntnisnehmen als ein Verhindern ebendieses nicht wiedergutzumachenden Zustands des Vermitteltseins. Ein wenig, wenn auch nicht allzu »schwindelerregend« ist es schon, wie die Merkmale der Erfahrung der Wiederkehr bereits die des heiligen Textes – Altes und Neues Testament – sind, zu dem zurückzukehren wir im Begriffe sind. Und daß die religiöse Erfahrung sich uns als Wiederkehr darstellt, ist bereits Zeichen und Folge dessen, daß wir diese Erfahrung in den Worten der jüdisch-christlichen Heiligen Schrift machen. Seit Augustinus und seiner Reflexion über die Trinität ist die christliche Theologie bis in ihre Wurzeln hinein hermeneutisch: Interpretative Struktur, Weitergabe, Vermittlung und vielleicht sogar Hinfälligkeit betreffen nicht nur die Verkündigung, die Kommunikation Gottes mit dem Menschen – sie sind bereits ein Merkmal des inneren Lebens Gottes, das gerade deswegen nicht in der Begrifflichkeit der unbeweg-

---

3 Ich erinnere hier an die Hypothesen in dem Essay »Storia della salvezza, storia dell'interpretazione«, in: *Micromega*, 3 (1992), S. 105-112.
4 Ich beziehe mich offensichtlich auf die von Gadamer in *Wahrheit und Methode* entwickelten Begriffe »Wirkungsgeschichte« und »wirkungsgeschichtliches Bewußtsein.« Vgl. Hans-Georg Gadamer, *Wahrheit und Methode*, Tübingen 1960, S. 284-290 und S. 324ff.

lichen metaphysischen Fülle gedacht werden kann (angesichts deren die Offenbarung ja nur eine »spätere« Episode und ein Akzidens wäre, ein *quoad nos*).

Übersetzen wir hier nur eine klar genug erkennbare philosophische Thematik – diejenige der Möglichkeit des Seins – in biblische und theologische Begriffe? Wahrscheinlich auch das. Aber gerade unter dem Gesichtspunkt der Möglichkeit des Seins wäre es widersprüchlich, anzunehmen, diese Tatsache sei eine Marginalie – als sei die Philosophie auf eigene Faust zum Problem der Überwindung der Metaphysik gelangt und entdecke »folgerichtig« ihre Analogie zu den Inhalten der jüdisch-christlichen Tradition. Die Möglichkeit des Seins würde sich damit als eine Gegebenheit behaupten, die von zwei unterschiedlichen Denkweisen, unterschiedlichen Formen der Erfahrung mit je eigenen Mitteln objektiv entdeckt worden wäre: noch einmal, als akzidentelle Formen der Begegnung mit einer unabhängigen, von irgendwoher ins Sein hineingeratenen Gegebenheit. Aber die Philosophie, die sich als »analog« zur Dreieinigkeitstheologie entdeckt, kommt nicht aus einer anderen Welt: Die Philosophie, die auf den Appell zur Überwindung der Metaphysik antwortet, kommt aus der jüdisch-christlichen Tradition, und der Inhalt ihrer Überwindung der Metaphysik ist kein anderer als das Heranreifen des Bewußtseins von dieser Herkunft.

Es geht, wie man sieht, nicht darum, den philosophischen Diskurs so aufzugliedern, daß in ihm *auch* für die Plausibilität der Religion Raum ist – wie diejenige Philosophie im Grunde immer angenommen hat, die ihrem Selbstverständnis nach der religiösen Erfahrung »offen« und wohlwollend gegenübersteht. Allen vorweg jene Philosophie, die der Idee einer Illustration der *preambula fidei* angehangen hat – sei es als Naturtheologie metaphysischer Prägung, sei es auch nur als anthropologische Theorie der Endlichkeit, von der problematischen, den Sprung in die Transzendenz erfordernden Existenz (selbst bei Schelling ist der Übergang von der negativen zur positiven Philosophie vielleicht nicht viel mehr als das). Die religiöse Erfahrung als Erfahrung der Positivität im genannten Sinne scheint vielmehr zu einer radikalen Infragestellung jeder traditionellen Ausprägung des Verhältnisses von Philosophie und Religion zu führen. Die Wiederkehr des Religiösen, die wir im allgemeinen Bewußtsein und in anderer Form im philosophischen Diskurs erleben (wo die metaphysischen, szientistischen oder historistischen, gegen die Religion gerichteten Denkverbote fallen), stellt sich als eine Entdeckung der Positivität dar, die uns ihrem Sinne nach mit jenem Denken der Möglichkeit des Seins identisch zu sein scheint, zu dem die Philosophie von Heideggers Betrachtungen aus gelangt. Die Feststellung dieser Identität kann, wenn sie ihrem eigenen Inhalt radikal entsprechen will, keine einfache Feststellung bleiben. Das Denken der Möglichkeit des Seins schließt ja gerade aus, daß es sich hier um ein und dieselbe, von zwei unterschiedlichen Denkweisen erfahrene metaphysische Struktur handeln kann. Die Positivität oder Möglichkeit richtet die Aufmerksamkeit auf die Herkunft. Die Philosophie, die das Problem der Überwindung der Metaphysik stellt, ist dieselbe, die die Positivität in der religiösen Erfahrung entdeckt. Aber diese Entdeckung bedeutet eben das Bewußtsein ihrer Herkunft. Kann oder muß ein solches Bewußtsein in einer Rückkehr zum eigenen Ursprung aufgehen? Mit anderen Worten: Ist die Philosophie, die ihre Herkunft aus der jüdisch-christlichen Theologie entdeckt, deswegen auch aufgerufen, ihre »abgeleitete« Gestalt abzustreifen, um ihre ursprüngliche Gestalt wieder anzunehmen? Das wäre so, wenn nicht der Inhalt der hier als Ursprung entdeckten Theologie jede metaphysische Überlegenheit des Ursprungs ausschlösse, wenn also diese Theologie keine trinitarische Theologie wäre. Daß die Herkunft als solche so zentral für unsere religiöse Erfahrung ist, stellt im übrigen ein Grundmerkmal der Wiederkehr des Religiösen dar und ist sowohl das Ergebnis der nicht mehr metaphysischen Philosophie als auch ein »Inhalt« der auf diese Weise entdeckten religiösen Tradition: Der dreieinige Gott ist nicht jemand, der uns zur Rückkehr zu den Fundamenten im metaphysischen Sinne des Wortes aufruft; vielmehr ruft er uns, nach den Worten des Evangeliums, dazu auf, die Zeichen der Zeit zu deuten. Im großen und ganzen gilt – wenn auch in unterschiedlichem Sinne – für die Philosophie wie für die von ihr wiedergefundene Religion Nietzsches »radikaler« Ausspruch, nach dem mit fortschreitender Erkenntnis des Ursprungs die Bedeutungslosigkeit des Ursprungs zunimmt; ein Ausspruch, der auf eine kaum paradoxe Weise als ein letztes Echo der christlichen Dreieinigkeitstheologie verstanden werden kann.

Das wiedergefundene Bewußtsein von der Herkunft der Re-

ligion geht also für die Philosophie nicht in einem Rücksprung
– als wollte sie zu ihrer eigentlichen Sprache zurückfinden – auf;
und zwar gerade um dem Sinn dessen, was da wiedergefunden
wurde, nicht zu widersprechen. Soll das nun aber heißen, daß sie
einfach in diesem Prozeß bleibt, zu dem sie ihre Zugehörigkeit
entdeckt, ohne daß das Bewußtsein von der Herkunft etwas anderes mit sich brächte als eine Verstärkung dieser Zugehörigkeit? Eine solche Haltung aber würde letztlich, wie die Widersprüchlichkeit jedes radikalen Historismus zeigt, dem Prozeß
nur den endgültigen und zwingenden Charakter des *ontōs on*
wieder verleihen, des metaphysischen Fundaments. Man stößt
hier auf dieselben Aporien, denen das Denken der Überwindung der Metaphysik auf seinem Wege immer wieder begegnet
(angefangen mit der Unmöglichkeit, *Sein und Zeit* abzuschlie-
ßen...): Wie kann man vom Ereignis des Seins in einer Sprache
sprechen, die immer noch von der Unveränderlichkeit des Wesens geprägt ist, oder wie wäre letztlich (in der Thematik der
Postmoderne) das Ende der Metaerzählungen zu verkünden,
wenn nicht, indem man die Geschichte ihrer Auflösung erzählt.

Vielleicht könnte die Philosophie gerade (und nur) dann
daran gehen, diese Aporien zu überwinden oder zumindest einen nicht nur widersprüchlichen Sinn in ihnen zu entdecken,
wenn sie die eigene Herkunft von der Dreieinigkeitstheologie
anerkennt. Daß es sich gerade um die Dreieinigkeitstheologie
handelt und nicht um irgendeine »Naturtheologie«, um eine allgemeine Öffnung zum Transzendenten usw., bestätigt sich (zumindest meiner an anderer Stelle ausführlicher dargestellten
Hypothese nach[5]) auch durch den sozusagen metaphysischen
Rückfall von Philosophien, die sich – obwohl sie zutiefst religiös
geprägt sind – dennoch nicht auf der Ebene der Möglichkeit des
Seins halten, sondern dazu neigen, diese Möglichkeit rein »essentialistisch« und strukturell zu denken. Dies ist der Fall bei
Emmanuel Lévinas, für den sich die Philosophie zwar der religiösen Erfahrung als dem Einbrechen des Anderen öffnet, der
dann aber dieses Einbrechen schließlich in einer Aufhebung
ebendieser Möglichkeit auflöst und ihm damit jede spezifische
Bedeutung nimmt. Es ist schwer, bei Lévinas irgendeine Auf-

5 Vgl. meine Schrift »Metafisica, violenza, secolarizzazione«, in: G. Vattimo
  (Hg.), *Filosofia 86*, Laterza, Rom–Bari 1987, S. 71-94.

merksamkeit für die »Zeichen der Zeit« zu erkennen; die Zeit, die für den Menschen charakteristische existentielle Zeitlichkeit, ist einzig ein Zeichen der Ewigkeit Gottes, die sich als die radikale Andersheit offenbart und dazu auffordert, eine Verantwortung auf sich zu nehmen, die nur zufällig als geschichtlich bestimmt betrachtet werden kann (zwar ist unser Nächster immer eine konkrete Person, aber eben: immer).

Natürlich ist der Verweis auf Lévinas hier nicht bloß ein Beispiel unter anderen für den Rückfall in die Metaphysik. Gerade Lévinas ist vielleicht derjenige zeitgenössische Philosoph, dem am meisten daran gelegen ist, das Bemühen um die Überwindung der Metaphysik (die er Ontologie nennt) in eine Beziehung zu den biblischen Wurzeln des westlichen Denkens zu bringen, die er neben seinen griechischen Wurzeln wiederentdeckt. Das biblische Erbe ist das, was die Philosophie zu dem zurückruft, was wir – mit Heideggers und nicht Lévinas' Worten – die Möglichkeit des Seins nennen und was sie dazu veranlaßt, den gewaltsamen Charakter des metaphysischen Essentialismus griechischen Ursprungs anzuerkennen. Aber diese Rückkehr zur Bibel geht insoweit nicht über die Anerkennung der Kreatürlichkeit hinaus, als sie auf das Alte Testament beschränkt bleibt. Wenn der Gott, den die Philosophie wiederfindet, nur Gottvater ist, gelangt sie über das metaphysische Denken des Fundaments nur wenig hinaus – und macht vielleicht im Gegenteil einige Schritte zurück.

Diese radikale Möglichkeit des Seins, auf die das postmetaphysische Denken in seinem Bemühen trifft, sich vom Zwang des Einfach-Daseienden zu befreien, ist nicht nur im Lichte der Kreatürlichkeit zu verstehen, die im Horizont einer »natürlichen«, strukturellen, essentialistisch gedachten Religiosität bleibt. Nur im Lichte der christlichen Lehre von der Menschwerdung des Gottessohnes scheint es für die Philosophie möglich, sich selbst als jene Ausdeutung der Zeichen der Zeit zu verstehen, ohne die sie auf ein bloß passives Registrieren des Vergehens von Zeit reduziert wäre. »Im Lichte« der Menschwerdung ist wiederum ein Ausdruck, der versucht, ein Verhältnis zu umschreiben, dessen ungelöste Problematik den Kern der Erfahrung dieser Möglichkeit darstellt: Die Menschwerdung Gottes, um die es hier geht, ist nicht bloß eine Art und Weise, mythisch auszudrücken, was die Philosophie schließlich als Ergebnis einer rationalen Suche entdeckt. Auch ist die Menschwerdung nicht die letzte, entmystifizierte und auf ihren eigentlichen Sinn zurückgeführte Wahrheit der Aussagen der Philosophie. Wie bereits verschiedentlich auf den vorangegangenen Seiten deutlich wurde, ist dieses problematische Verhältnis zwischen Philosophie und religiöser Offenbarung der eigentliche Sinn der Menschwerdung. Gott wird Mensch, das heißt, er offenbart sich zunächst in der biblischen Verkündigung, die am Ende dem postmetaphysischen Denken der Möglichkeit des Seins »Platz macht«. Nur wenn es zu seiner neutestamentarischen Herkunft zurückfindet, kann dieses postmetaphysische Denken zu einem Denken der Möglichkeit des Seins werden, das nicht reduziert ist auf die bloße Hinnahme des Existierenden, auf den bloßen historischen und kulturellen Relativismus. Anders gesagt: Das Faktum der Menschwerdung ist das, was der Geschichte den Sinn einer erlösenden Offenbarung gibt und sie nicht bloß eine konfuse Häufung von Ereignissen sein läßt, die die reine Strukturalität des wahren Seins stören. Daß die Geschichte auch, oder eigentlich, den Sinn von Erlösung hat (oder, in der philosophischen Sprache, einen emanzipatorischen Sinn), weil sie eine Geschichte von Verkündigungen und Entgegnungen, von Interpretationen und nicht von »Entdeckungen« oder sich aufzwingenden »wahren« Präsenzen ist – dies ist erst im Lichte der Lehre von der Menschwerdung denkbar geworden.

In dem Bemühen um Überwindung der Metaphysik, das dem Ruf der Epoche entspricht, in der sie sich endgültig als unhaltbar erweist (darin besteht die Geschichte des Nihilismus, die von Nietzsche erzählt und von Heidegger in Nietzsches »Willen zur Macht« emblematisiert wird), sieht sich die Philosophie – die auf diese Weise Hermeneutik wird, Gehör und Interpretation von über-lieferten Verkündigungen (des *Ge-schicks*), anhörende und interpretierende Hermeneutik geworden ist – zu einem Verzicht aufgerufen, zum Verzicht auf die beruhigende Unumstößlichkeit der Präsenz. Daß es keine Tatsachen gebe, sondern nur Interpretationen, wie Nietzsche lehrt, ist seinerseits keine gesicherte und beruhigende Tatsache, sondern »nur« eine Interpretation. Dieser Verzicht auf die Präsenz verleiht der postmetaphysischen Philosophie, und vor allem der Hermeneutik, eine unausweichliche Hinfälligkeit. Mit anderen Worten:

Die Überwindung der Metaphysik kann nicht als Nihilismus erfolgen. Der Sinn des Nihilismus jedoch, wenn er sich nicht seinerseits in einer Metaphysik des Nichts auflösen soll – wie es der Fall wäre, wenn man sich einen Prozeß vorstellt, an dessen Ende das Sein nicht ist und das Nicht-Sein, das Nichts, ist – kann nicht als ein unbestimmter Prozeß der Reduktion, des Verschwindens gedacht werden. Wäre ein solches Denken außerhalb des Horizonts der Menschwerdung denkbar? Vielleicht ist dies die entscheidende Frage, auf die die heutige Hermeneutik versuchen muß, eine Antwort zu finden, wenn sie den Weg, den Heidegger mit seinem Aufruf zum Eingedenken des Seins (und das heißt des Ereignisses) eröffnet hat, wirklich weiter beschreiten will.

Aus dem Italienischen von Hella Beister

Eugenio Trías
Die Religion durchdenken

(Das Symbol und das Heilige)

1. Vernunft und Aberglauben

Die Ereignisse, die in der letzten Zeit im Vordergrund des Medieninteresses standen – sowohl der Zusammenbruch der autoritären Regime des Ostens als auch die Krise in der Region am Persischen Golf oder der Konflikt im ehemaligen Jugoslawien –, haben überdeutlich gezeigt, welch ausschlaggebende Bedeutung den religiösen oder kulturell-religiösen Substraten zukommt, die den um die Vorherrschaft in unserer Welt kämpfenden Gesellschaften zugrunde liegen. Die gegen einen dämonisierten Feind gerichteten Kreuzzugsappelle gehen mit opportunistischen Aufrufen zu einer geistigen (christlichen) Erneuerung einher: Sie wollen den Sinn- und Wertverlust ausgleichen, den die zerschlagenen politischen Regime hinterlassen haben.

Der gemeinsame Rahmen und Horizont dieser Erscheinungen ist eine allgemeine Krise. Sie betrifft die Idee – oder das Ideal – der Vernunft, die das Abendland seit der Aufklärung geprägt und aufgerichtet hat. Man muß also den Stier bei den Hörnern packen und darf sich bei der schrittweisen und luziden Überprüfung der Tragweite dieser Krise nicht einschüchtern lassen. Den religiösen Substraten gegenüber, die nun mit ungewöhnlicher Kraft und Stärke hervortreten, war jene von unseren aufgeklärten Vorfahren verkündete Vernunft blind.

Niemals hat man sich das Ziel gesetzt, derartige Substrate in ihrer ganzen Reichhaltigkeit und in ihrem vollen Existenzgrund zu verstehen. Die Vernunft benutzte sie als *Schattenseite* oder *Sündenbock*, von denen sie sich abheben konnte, um sich als souveräne Vernunft zu begründen und zu konstituieren. Im Kampf mit der Religion wollte die Vernunft ihre Selbstrechtfertigung finden. Die Religion wurde mit einem herabsetzenden Begriff beurteilt und getadelt, den unsere römischen Ahnen hierfür erfunden hatten: mit dem Wort »Aberglauben« (*superstitio*).

Den Begriff *superstitio* prägte jenes Volk von Rechtsvertretern, Winkeladvokaten und Bürokraten als die schwarze (verurteilte und abgelehnte) Kehrseite der römischen *religio*, der einzigen als legitim angesehenen Form der Religion. Im Gegensatz zu den genau, ja pedantisch festgelegten Riten des in der Öffentlichkeit und im Familienkreis eingehaltenen Zeremoniells, in denen sich die *religio* äußerte, bezeichneten die Römer mit dem Begriff *superstitio* die orientalisierenden und exotischen Formen der Religion, die – vor allem im spätrömischen Reich – den rein konventionellen Charakter der offiziellen *religio* allmählich in Frage stellten und mit ihrer Lebenskraft und ihrem Sinngehalt dem übermächtigen Heilsverlangen des Volkes entgegenkamen.

Superstitio bedeutete wohl so etwas wie ein Relikt, ein fossiles Überbleibsel jener urväterlichen Welt, die vor der römischen Hegemonie existiert hatte. Max Weber äußert den Gedanken, daß mit diesem Wort der griechische Begriff *ekstasis* übersetzt werden sollte. Gegenüber den ekstatischen (abergläubischen) Religionen, den archaischen Relikten des Kultes der Magna Mater (der Kybele, Isis, Ischtar und der himmlischen Aphrodite) mit ihren blutigen Zeremonien – wie etwa den Taurobolium-Festen oder den berüchtigten und furchteinflößenden orgiastischen Riten im Tempel von Hierapolis –, gegenüber den unzüchtigen Prozessionen der *Galli*, die sich selbst verstümmelten, weil sie sich auf tragische Weise mit Attis, dem Sohn der Göttin, identifizierten, wie auch gegenüber den esoterischen Kulten der Mithras-Anhänger, Gnostiker oder Christen erhob sich diese »rationale Religion« der echten Römer mit ihrem ritualistischen und pedantisch gesetzestreuen Wesen: als ein offizieller Staatskult oder im privaten und familiären Bereich als die Pflichterfüllung der *pietas*, der liebevollen Verehrung der Vorfahren. Diese *religio* konnte für ihre Lebenskraft und ihren Sinn nur eine wenig aussichtsreiche Perspektive gewinnen, indem sie sich auf stoische und spätplatonische philosophische Hilfskonstruktionen stützte.

Als das europäische Selbstbewußtsein in seine Glanzperiode eingetreten ist und sich glücklich und zufrieden fühlt, weil es das Erwachsenenalter der Menschheit erreicht hat (Kant), erscheint jene alte, bereits von den Römern vorgenommene Unterscheidung wieder. Die Aufklärung, vor allem die französische, strebt nach einer »Religion der Vernunft«, die ein im Ansatz deistisches Wesen und gefühlsbetonte Erscheinungsformen hat: eine mit der »menschlichen Natur« und ganz allgemein mit der Natur übereinstimmenden Religion, die sich radikal von allen »abergläubischen« Täuschungen unterscheidet, wie sie von den Priesterkasten und den skrupellosen Despoten benutzt wurden, um die unwissenden Massen zu manipulieren. Die von den sogenannten *philosophes*, jenen Vorkämpfern des modernen Journalismus, betriebene Aufklärungspropaganda stützt ihr überragendes Selbstbewußtsein auf eine derart scharfe Abgrenzung.

Die sogenannten »Philosophien des Mißtrauens« im romantischen und positivistischen Jahrhundert sind in dieser Hinsicht subtiler. Von Voltaire übernehmen sie den inquisitorischen Gestus, den sie jedoch verfeinern und sublimieren. Ihre Religionskritik geht indirekt und detektivisch vor: Anstatt die »abergläubischen« Aspekte der Religion zu verdammen, versuchen sie, diese zu prüfen und ein Gerichtsverfahren gegen sie zu eröffnen, in dessen Verlauf sie dem Wissenschaftler oder dem Analytiker die Wahrheit und den Sinn offenbaren soll, die sie enthält, obwohl ihr diese unbewußt bleiben. Den Schlüssel für diese Wahrheit und diesen Sinn hat der Forscher selbstverständlich sich selbst vorbehalten: Er kennt ihn, bevor er das Untersuchungsverfahren einleitet. Wir können bei Hegel, Marx, Nietzsche, Freud oder Durkheim zwar unterschiedliche hermeneutische Schlüssel, jedoch das gleiche methodologische Vorgehen bei ihren Auseinandersetzungen mit der Religion feststellen.

Die Religion wird somit als Ideologie und falsches Bewußtsein verstanden, als eine opiatisierende Verhaltensweise, die in einer herzlosen Welt als Ersatz dient, als eine stellvertretende Form des Glücks, des *bonheur*, in einem unbefriedigenden und trostlosen sozioökonomischen Rahmen. Den Schlüssel für deren Sinn sowie deren Wahrheit muß man im Klassenkampf und in den Eigentumsverhältnissen suchen und finden. Das ist, kurz zusammengefaßt, für Marx, Engels und deren Anhänger die Religion.

Oder man wird die Religion als eine Offenbarung des *absoluten Wesens* in *repräsentativer* Form und Gestalt auffassen, die sich auf halbem Wege zwischen Kunst und Philosophie befindet: eine Offenbarung, die noch nicht die der Wahrheit gemäße Form, ihre begriffliche Form, erreicht hat. So wird sie von Hegel und nach ihm von seinen orthodoxen Schülern verstanden. Oder man wird unter Religion auch eine abstrakte und entfremdete Projektion der menschlichen Wesenheit bzw. des Menschen als *Gattungswesen* verstehen, ja sogar das Paradigma jeder Entfremdung des Menschen in abstrakter und abgesonderter Form. Die christliche Trinitätslehre hätte gewissermaßen jene Wahrheit des humanistischen Evangeliums bereits angekündigt, nur wäre sie vorerst in entfremdeter Gestalt aufgetreten. Das Christentum als Religion des Menschen sei in einer noch irrtümlichen Form der *anthropologischen* Entdeckung der Wissenschaft und wahren Philosophie vorausgegangen: soweit Feuerbach.

Man kann als Religion auch die Äußerung und das Symptom eines verkümmernden *Willens zur Macht* verstehen, den Ausdruck eines kranken Willens, der jeden jasagenden Willen mit jenem Empfinden infizieren will, das ihn selbst innerlich vergiftet: ein Empfinden, das tatsächlich Ressentiment, Rachedurst und erbarmungsloser Kampf gegen alles Lebenskräftige und Herausragende ist. So entsteht jene Priestermacht, die Würdigungen und Werte umzukehren vermag oder die das, was einfach schlecht, schädlich und unerwünscht ist, als das Böse und Bösartige auffassen kann.

Die Religion wird dann in ihren sichtbarsten Formen jener von den Priesterkasten geschaffene Gegenwert sein. Oder sie wird in ihren erhabensten Formen (Gautama Buddha, Jesus von Nazareth) der reinste Ausdruck eines Willens zur Macht sein, der dem Untergang entgegeneilt und der, wie einen letzten Klageruf, vor der Vollendung seiner absoluten Selbstaufhebung das Evangelium (oder *Disangelium*) des Nichts verkündet. Soweit Nietzsche.

Oder man wird schließlich der Religion den Status einer *Illusion* geben, die sich vergebens der (sich im »Realitätsprinzip« äußernden) Notwendigkeit und dem Schicksal widersetzt. In säkularisierten Epochen, in denen der *innere Mensch* eine vorherrschende Position einnimmt, zieht sich diese Illusion in die verborgene Intimsphäre des einzelnen Subjekts zurück und liefert so das ganze variationsreiche Spektrum der allgemein verbreiteten Neurosen.

Die *religiöse Illusion* wirkt dann als unbewußte Triebkraft: Mit Hilfe von komplexen mythischen Systemen verletzt und lähmt sie den eigenen Körper, wie es bei der Hysterie geschieht; durch komplexe zeremonielle Rituale reglementiert sie die intimste und am schamhaftesten empfundene Privatsphäre, wie es bei der Zwangsneurose geschieht; sie bringt theologische oder theogonische Konstruktionen hervor, die das Subjekt in der Doppelgestalt, die es abwechselnd Verfolger und Verfolgter sein läßt, in die Enge treiben, wie es bei der Paranoia der Fall ist; oder sie erhebt die tote und verlorene Seite des gespaltenen Subjekts in eine abgöttisch verehrte Position, worauf sich die lebendige Seite des Subjekts bezieht, indem sie trauert und Trauer trägt, wie dies bei der Melancholie der Fall ist.

Der Hegelsche *absolute Geist*, die *Dreieinigkeit* aus Kunst, Religion und Philosophie werden in dieser Diagnose Freuds und seiner Nachfolger in angemessener Weise entschleiert. Mit ihrer künstlerischen Seite soll sich die Religion in der Hysterie äußern, in ihrer philosophischen und theologischen Ausdrucksform durch die Paranoia und in ihrem kultischen, spezifisch religiösen Aspekt in Zwangsvorstellungen und Melancholie.

Unbestreitbar ist das Erklärungspotential, das alle referierten Varianten der *Philosophie des Mißtrauens* bieten, bei denen das Phänomen und die Erfahrung der Religion dem Urteil und der Entscheidung eines bestimmten (idealistischen, materialistischen, genealogischen oder psychoanalytischen) Verstandesbegriffs unterliegen. Doch bei derartigen Denkmodellen läßt sich nicht übersehen, daß sie sich eines recht fragwürdigen Verfahrens bedienen: Ihnen ist gemeinsam, daß sie die Religion von einem Standpunkt aus erklären, der *sich außerhalb ihrer selbst befindet*. Man geht von der rationalistischen und der Aufklärung entstammenden Voraussetzung aus, daß die Religion an und für sich Illusion, Ideologie, inadäquater Begriff, Krankheit, falsches Bewußtsein sei.

Ihre Wahrheit und ihr Sinn ließen sich nicht innerhalb des Erfahrungshorizontes und des Spielraumes (des Raums eines pragmatischen oder Sprachspiels) finden, in denen sie sich äußert. Man nimmt an, daß sich ihre Wahrheit und ihr Sinn dahinter befinden, in einer stets weiter dahinterliegenden Schicht, einem unbewußten oder tieferen Substrat, das der Philosoph, Wissenschaftler oder Analytiker erhellen (und auch entschleiern) muß.

Die Religion wird – gewissermaßen als Versuchskaninchen der Vernunft – vor den Richterstuhl der Wissenschaft und der Vernunft (oder der Genealogie des *Willens zur Macht*) geführt, um sie zu untersuchen, zu prüfen, zu erproben und zu ergründen. Der ganze Reichtum, die Vielfalt der religiösen Erfahrung und der von ihr veranlaßten »Sprachspiele« werden dann, während man ihre unbewußte Wahrheit hintanstellt, auf jene Einbahnstraße zurückgeführt, die man in solchen Diskursen autoritär als einzige Vernunft festlegt.

Doch vielleicht ist der Augenblick gekommen, da man laut und mit aller Deutlichkeit und Überzeugungskraft erklären muß, daß *logos* nicht dasselbe wie »Vernunft« (*ratio*) ist. *Logos* ist das besondere Kennzeichen des *menschlichen* Subjekts, das dieses als Menschen identifiziert und als Menschen bildet. Und dieser *logos* äußert und entfaltet sich in der komplexen und bunten Vielzahl dessen, was der späte Wittgenstein als »Sprachspiele« bezeichnet hat. Jedes einzelne derartige Spiel hat prinzipiell seine eigene immanente Logik, seine Wahrheit und seinen Sinn. Ja noch mehr, solche Spiele sind »sprachlich« in dem radikalen (anthropologischen und ontologischen) Sinn, der es ermöglicht, die Sprache als das menschliche Kennzeichen schlechthin zu denken.

2. Die Religion des Geistes

Vielleicht geht es darum, die Heraufkunft einer neuen Religion vorzubereiten: der wahren *Religion des Geistes*, die bereits im 12. Jahrhundert der kalabrische Abt Joachim von Floris prophezeit hatte und an die Novalis oder auch Schelling im romantischen und idealistischen Jahrhundert erinnerten. Die einzige Möglichkeit, den überall ausbrechenden *Religionskriegen* entgegenzuwirken, besteht vielleicht darin, die Grundlagen eines neuen Projekts zu schaffen. Nur daß es zu einem derartigen Ereignis nicht durch eine Willensentscheidung kommt; damit es geschehen kann, müssen vielfältige und unterschiedliche Faktoren zusammenwirken. Vielleicht geht es lediglich darum, den Weg zu ebnen, damit das *Ereignis* irgendwann einmal eintreten kann.

Denn es ist offenkundig, daß die Rudimente der Religion, die in deren unterschiedlichen Ausdrucksformen fortbestehen, gewiß nicht die Kraft haben, eine Welt zu einen und zusammenzuschließen, die immer mehr in Regionen zerfällt und sich auseinanderentwickelt. Sie wirken vielmehr als Impulse, um die gegenseitigen Ressentiments, Furcht- und Haßgefühle zu verstärken. Die Welt, die sich nach dem Ende des kalten Krieges und des östlichen und westlichen Blockes herausbildet, ist durch einen deutlichen Polyzentrismus gekennzeichnet, und die *ideologischen* Differenzen sind in ihr hinter den *kulturellen Substraten* zurückgetreten. Diese wurzeln stets im felsenfesten Grund der *religiösen* Restbestände. Die in ihrer Wahrheit verstandene Kultur beruht immer auf der Ausbreitung eines bestimmten *Kultus* innerhalb einer Gesellschaft. Und der Kultus ist, der treffenden Feststellung Hegels zufolge, der unveräußerliche Mittelpunkt des komplexen Syndroms, das konstituiert, was man gewöhnlich *Religion* nennt.

Vor allem anhand des schmerzlichen Konflikts in Jugoslawien hat man nachgewiesen, daß der kulturell »differenzierende Sachverhalt«, der zum Hegelschen »Kampf auf Leben und Tod« führen kann, in Wahrheit selbstverständlich nicht die Sprache ist (wie es ein gewisser romantischer Nationalismus angenommen hatte), sondern die Religion. Man kann dieselbe Sprache sprechen und sich zugleich zutiefst überzeugt fühlen, daß man zu unterschiedlichen und einander entgegengesetzten nationalen Realitäten gehört. Allerdings ist dazu erforderlich, daß es einen wichtigen Unterschied gibt: den, der nur von der Religion vermittelt wird. Wichtiger als die (gemeinsame) *gesprochene* Sprache ist sogar der Unterschied zwischen den (kyrillischen oder lateinischen) *Schriftzeichen.* Die Unterschiede in der *Schrift* haben sich als relevanter erwiesen, als es die Gemeinsamkeiten in der *gesprochenen* Sprache sind: Hier kann man für einmal den »Grammatologen« recht geben. Oder ist *das Heilige* etwa nicht vor allem in den Schriften präsent, indem es sie zu *Heiligen Schriften* macht? Daß man in kyrillischer oder lateinischer Schrift liest: Das ist der »differenzierende Sachverhalt«! (In Klammern sei angemerkt: Wären die Basken Hugenotten und die Katalanen Schiiten, so hätten sie seit Jahrhunderten ihre Unabhängigkeit erreicht; das gleiche wäre auch eingetreten, wenn die einen und die anderen zwar die *Koine* des Reichs gesprochen, aber gelernt hätten, kyrillische oder gotische anstelle der kanonischen lateinischen Schriftzeichen zu lesen.)

Jedenfalls steht fest, daß diese polyzentrische Welt nach offenen Perspektiven verlangt. Keiner gegenwärtig vorhandenen

Kulturform kommt ein Privileg zu. Im Hinblick auf die Zukunft interessiert nicht mehr die Frage: In welchem kulturellen und religiösen Rahmen entstand die (kapitalistische) Gesellschaftsform, die sich offenbar konkurrenzlos durchsetzt? (Die von Max Weber überlieferte Antwort, die zu einem Topos geworden ist und heute weitgehend in Frage gestellt wird: innerhalb des kalvinistischen Protestantismus.) Vielmehr stellt sich im Hinblick auf die Zukunft eine weitaus bedeutungsvollere Frage: Welcher religiöse und kulturelle Rahmen ist am besten geeignet, sich den neuartigen Formen des siegreichen technologischen Kapitalismus anzupassen? (Vorläufige Antwort: der Schintoismus und die Zen-Kultur Japans, auf lange Sicht vielleicht die Synthese aus Konfuzianismus und Taoismus des ewigen Reichs der Mitte.)

Es handelt sich, wie gesagt, einstweilen darum, den Weg zu ebnen, damit sich das Denken auf diesen kulturellen Polyzentrismus einstellt, der vielleicht einer neuen und noch nicht voraussehbaren Ausdrucksform vorausgeht. Hierfür muß man unterschiedliche Strategien anwenden. In einem Buch mit dem Titel *La edad del espíritu* (»Das Zeitalter des Geistes«), das gegenwärtig im Druck ist, nehme ich eine archäologische Untersuchung der wichtigsten Ideenbewegungen vor, die sowohl die großen Weltreligionen als auch die wichtigsten philosophischen Systeme hervorgebracht haben. In diesem Buch habe ich keine Vollständigkeit angestrebt, sondern mich statt dessen bemüht, einige der bedeutendsten kulturellen Enklaven oder Einschlüsse unserer Welt tiefgründig zu analysieren: das Denken und die Religion Indiens, die Welt des Iran, Israel, Griechenland, die Anfänge des Christentums, den Islam, die Welt des Mittelalters, Renaissance, Reformation, *das Zeitalter der Vernunft*, Aufklärung und Romantik. Eine derartige Archäologie ist unerläßlich; selbstverständlich muß sie jedoch durch Untersuchungen ergänzt werden, die sich unmittelbarer mit der gegenwärtigen, von uns erlebten Welt beschäftigen. Vielleicht ist es heute mehr als je zuvor dringend notwendig, eine universale, weltumspannende Perspektive wiederzufinden. Heute wird es mehr als je zuvor erforderlich, daß das Engagement gegenüber der eigenen besonderen Realität mit einer umfassenden *globalen* Sicht kontrapunktisch verbunden ist.

In einer Zeit des Niedergangs der farblosen Europaidee, die zu sehr den blinden Kräften der Ökonomie und Bürokratie ausgeliefert ist, in einer Zeit der Wiedergeburt der Nationalstaaten oder auch jener ganzen Gruppe von Nationen, die keinen Staat haben und den Status der Eigenstaatlichkeit anstreben, sind nur zwei Möglichkeiten denkbar: daß man sich von diesem entwürdigenden, den Rückfall in die schlimmste Vergangenheit herbeiführenden Zersetzungsprozeß vollständig fernhält oder daß man Augen und Geist universalen Perspektiven aufgeschlossen zuwendet. Vielleicht geht es darum, daß man über die streng abgegrenzte europäische Einheit hinausblickt, die sich schließlich in ihrem Zusammenhalt als wenig beständig erwiesen hat. Wie Rafael Argullol und ich bei unserem Gespräch zu dem Thema *Die Erschöpfung des Abendlandes* gesagt haben, gibt es vielleicht kein Europa ohne *Adjektiv*: Osteuropa, das lateinische Europa, das nordische Europa, das angelsächsische Europa, Mitteleuropa; oder, wenn man es so nennen will, das byzantinisch-orthodoxe Europa (Bulgarien, Rußland, Griechenland, Serbien), das katholische und das protestantische Europa. Man kann kein wirklich gehaltvolles und ambitioniertes Projekt gestalten, wenn man sich lediglich auf einen derart unsicheren und zufallsabhängigen Bereich wie den ökonomischen stützt. Europa büßt nun für seinen schwerwiegendsten Verrat: daß es sich selbst gestalten wollte, ohne der *kulturellen* Auseinandersetzung den höchsten Vorrang zu geben. Wie Rafael Argullol dachte ich noch vor einem Jahr, daß Europa ein erschöpfter Organismus sei. Heute gelange ich allmählich zu der Überzeugung, daß es sich einfach in seinem Endstadium befindet. Und das sage ich mit wirklichem Schmerz, denn mein Wesen, Leben und Schicksal sind selbstverständlich europäisch.

Ein Europa, das offenkundig verfällt und das (seiner eigenen Sünden wegen) das Kreuz eines in seinem Herzen eingebrannten Bürgerkriegs zu tragen hat; ein Spanien, das abermals auf einer unheilvollen Grundlage vereinigt wurde, das heißt durch den zählebigen Starrsinn, seine jahrhundertealten Dämonen, seine niemals entschiedenen Kämpfe um die eigene *Identität* in die Gegenwart einzubringen. Wenn man Geist und Augen der komplexen Welt mit all ihren unverkennbaren Unterschieden in Kultur und Zivilisation aufgeschlossen zuwendet, ist es vielleicht möglich, den Ariadnefaden zu finden. Denn dieses Weltganze stellt tatsächlich ein Labyrinth dar, in dem jeder einzelne Abschnitt und Haltepunkt einen besonderen *kulturellen* Einschluß bildet, der von einer bestimmten religiösen (*kultischen*) Grundlage – der eine gloriose Vergangenheit vorausgeht – gestaltet und geprägt wird: Sie kann christlich-orthodox, reformiert, islamisch, schiitisch, hinduistisch, jüdisch oder buddhistisch sein. Damit komme ich zu der ersten in diesem Text vertretenen Ansicht zurück: Man muß ernsthaft an die *Möglichkeit* denken, günstige Voraussetzungen für die Heraufkunft einer neuen Religion zu schaffen: der *Religion des Geistes*. Denn wie es Rafael Sánchez Ferlosio, dieser große Mann und große Denker, höchst zutreffend erkannt hat: »Solange die Götter sich nicht verändern, hat sich nichts verändert.«

3. Das Symbol und das Heilige

Es steht jedenfalls fest, daß die Religion am Horizont auftaucht und uns herausfordert, sie ernsthaft zu durchdenken. Es genügt nicht mehr, in der Art Voltaires jedem Risiko vorzubeugen und die Religion als Aberglauben zu verunglimpfen. Es genügt nicht einmal mehr, vom »Opium des Volks«, vom »Platonismus für das Volk« oder von der »Zukunft einer Illusion« zu sprechen. Wir kommen nicht viel weiter, wenn wir *usque ad nauseam* [bis zum Überdruß] eines dieser *aufgeklärten* Stereotype wiederholen, die aus der Philosophie des Mißtrauens hervorgegangen sind.

Es kommt also darauf an, sich durch die Reflexion dem Phänomen des Religiösen zu öffnen. Oder darauf, daß die Religion denkbar wird. Hierfür muß ein anderes Phänomen hervorgehoben werden, das uns diese Aufgabe erleichtert. Im folgenden werde ich versuchen, ein »Schlüsselwort«, das mir eine solche Reflexion ermöglichen kann, als Leitgedanken zu benutzen. Dieses Wort ist das Wort *Symbol*. Was hat man darunter zu verstehen? Was veranlaßt mich, dieses Wort als dasjenige hervorzuheben, das mich am besten zu einer Reflexion über das religiöse Phänomen führen kann?

Was ist und worauf beruht das, was man *Symbol* nennen kann? Ich verstehe darunter die wahrnehmbare und sichtbare Offenbarung des *Heiligen*. Meiner Ansicht nach ist Religion eine Verbindung (*re-ligatio*), die *sich* auf das Heilige *bezieht* (wobei ich selbstverständlich die von diesem Wort ausgedrückte radikale Ambivalenz berücksichtige: *sacer/sanctus*, das Heilige und das Sakrale).

Es geht darum, über das Symbol nachzudenken und die Kategorien zu bestimmen, die sich aus dieser Reflexion herleiten lassen. Hierfür wird der ursprüngliche und etymologische Sinn des Begriffs berücksichtigt. Mehr als »Symbol« (das Substantiv) benutzen wir das Wort »symbolisieren« (die verbale Form). Wir berufen uns nämlich auf den Vorgang, bei dem man zwei Teilstücke einer Münze oder Medaille, die als ein geheimes Kennzeichen dienen, um ein Bündnis zu vereinbaren, »zusammenwirft« (*sym-bal[l]ein*).

Es läßt sich annehmen, daß uns eines der beiden Teilstücke zur Verfügung steht (der Teil, den man selbst besitzt). Der andere befindet sich hingegen »anderswo«. Das *sym-balische* Ereignis stellt nun einen komplexen Prozeß oder Vorgang dar, in dessen Verlauf das Zusammenfügen und Zusammenpassen beider Teile stattfinden kann. Einen Teil – jenen, den man selbst besitzt – kann man als den »symbolisierenden« Teil des Symbols ansehen. Der andere, über den man nicht verfügt, bildet jene andere Hälfte, ohne die der erstgenannten der Sinnhorizont fehlt: sie ist jene, auf die sich die erstgenannte bezieht, um Bedeutung und Sinn zu erhalten (was vom symbolisierenden Teil aus gesehen das darstellt, was dieser erstgenannte Teil symbolisiert: das, was in ihm symbolisiert ist).

4. Das symbolische Ereignis

Das Symbol ist eine (*sym-balische*) Einheit, die eine Spaltung voraussetzt. Grundsätzlich sind in ihm die symbolisierende Form oder der sichtbare und sichtbar machende Aspekt des Symbols (in bezug auf Anschauung, Wahrnehmung, Hören) und jener Teil auseinandergerissen, der im Symbol symbolisiert wird und dessen Sinnhorizont darstellt. Man besitzt bestimmte Formen, Gestalten, Erscheinungen, Merkmale oder Worte. Doch man verfügt nicht über die Schlüssel, die eine angemessene Orientierung ermöglichen, um herauszufinden, was sie bedeuten. Es gibt also eine ursprüngliche Spaltung oder Teilung als Prämisse des ganzen symbolischen Dramas. Ein bestimmtes Bündnis, das der Schürzung des Knotens in diesem Drama vorausgeht, hat das Szenarium für diese Situation des Exils vorbereitet und ausgestaltet, für ein Exil, bei dem die beiden Teile getrennt sind, die als *dramatis personae* auftreten: der symbolisierende Teil und der andere, der ihm entzogen ist. Das Drama ist auf das abschließende Szenarium der Wiedervereinigung oder der Einigung ausgerichtet, in dem beide Teile »geworfen« werden und in dem man ihre herbeigewünschte Verbindung miterlebt.[1]

Diesem dramatischen Szenarium und dem Prozeß oder Vorgang, der dessen Handlung darstellt, geben die symbolischen *Kategorien* eine Bestimmung. Derartige Kategorien offenbaren oder heben die Bedingungen hervor, die das abschließende Ereignis oder den Ausgang des Dramas erlauben bzw. ermöglichen.[2] Derartige Kategorien folgen stufenweise aufeinander: Die erste bereitet die zweite vor, diese bildet die Voraussetzung für die dritte usw. Es sind unterschiedliche *Offenbarungen*, die bewirken, daß die Bedingungen des symbolischen Geschehens in vollem Licht erscheinen. Solche Offenbarungen bilden eine *Stufenleiter*, die man sich in musikalischer Form wie die Stufenleiter der musikalischen Intervalle vorstellen kann. Dies unter der Voraussetzung, daß die erste Offenbarung die zweite bestimmt, diese wiederum die dritte usw.

Im Verlauf dieses Prozesses tritt die symbolisierende Form oder Gestalt hervor. Diese setzt jedoch schon eine Bedingung voraus, die als Grundlage wirkt: den mütterlichen Nährboden der ganzen symbolischen Entfaltung. Ein solcher Nährboden

1 Ein *Symbol* war ursprünglich ein geheimes Kennzeichen: eine zerbrochene Münze oder Medaille, die man als Unterpfand der Freundschaft oder des Bündnisses übergab. Der Geber behielt einen Teil. Der Empfänger verfügte also nur über eine Hälfte, die er später als Beweis für das Bündnis vorlegen konnte, wobei er lediglich seinen Teil mit dem zusammenfügte, der sich im Besitz des Gebers befand. In diesem Fall warf man die beiden Teile zusammen, damit man sehen konnte, ob sie zusammenpaßten. Hiervon leitet sich der Ausdruck *sym-bolon* ab, der das bedeutet, was man »zusammengeworfen« hat.

2 Vom Kantischen »Kategorie«-Begriff behalte ich hier den Sinn »Möglichkeitsbedingung« bei (in diesem Zusammenhang eine Bedingung, die das Eintreten des symbolischen Ereignisses möglich macht). Diese Kategorien sind notwendige Bedingungen, so daß sie alle unentbehrliche Erfordernisse darstellen, damit ein solches Ereignis stattfinden kann. Derartige Kategorien sind außerdem aufeinanderfolgende und stufenweise *Offenbarungen* dieses Geschehens.

oder Stoff verleiht dem Symbol ein materielles Substrat. Es muß allerdings gestaltet oder umgestaltet werden, damit es danach als symbolische *Form* oder *Gestalt* erscheint.

Dieser symbolische Stoff erweist sich als die erste Bedingung oder Kategorie: als jene, die den im symbolischen Geschehen kulminierenden Entwicklungsgang und die Bewegung einleitet. Dieses Geschehen kann sich nicht vollziehen, ohne daß die materielle Dimension als Voraussetzung existiert, die als niedrigstes und grundlegendes Intervall der Stufenleiter wirkt (um es mit musikalischen Begriffen zu sagen). Diese materielle Dimension stellt den *Basso ostinato* dar, der das Tongebäude trägt. Und in diesem Sinne tritt die stoffliche oder als Nährboden dienende Seite in jedem Symbol hervor.

Auf der Grundlage dieses symbolischen Stoffs kann man nun die zweite Bedingung einführen. Damit es ein symbolisches Geschehen gibt, muß man jenes mütterliche, als Nährboden dienende Substrat geordnet und begrenzt haben, bis es als ein *Kosmos* erscheint. Man muß eine Welt »geschaffen« oder »gestaltet« haben (die der *indifferenten Materie* Trennungslinien, Abgrenzungen, Bestimmungen verleiht). Derartige Abgrenzungen des Materials erscheinen als räumlicher Ausschnitt (*temenos, templum*) oder als zeitliche Markierung (Stunde, *tempora, tempus*: die Bestimmung der Feste).[3] Tempel und Fest erweisen sich daher als die räumlichen und zeitlichen Auswirkungen dieser Umgestaltung der Materie in einen Kosmos oder eine Welt.

Hiermit verfügt man bereits über das Szenarium, das als Mög-

---

3 *Temenos* (im Griechischen: Tempelbezirk) bedeutet »Abgrenzung«, »Ausschnitt« (Etymologie: *tem* im Sinne von »ausschneiden«). Abgrenzung und Ausschnitt oder Grenzscheidung eines heiligen Bezirks; zum Beispiel das Anlegen einer »Lichtung« im Wald, indem man Bäume fällt oder eine freie Stelle nutzt; man muß den Rand des frei gemachten Raums hervorheben, indem man die ihn einfassenden Bäume fällt, denn die Grenzen dieses heiligen Bezirks sind *tabu* oder dürfen nur überschritten werden, wenn man eine rituelle Form beachtet. Ein Tempel ist also der *Ort* des Heiligen, der sich vom »Natürlichen« (Wilden oder Bewaldeten) abgrenzt. Er »vermindert« den dichten Wald und bewirkt so, daß ein Ort für das Heilige erscheint oder daß sich dieses einen Ort gibt. Der Tempel ist, kurz gesagt, das Heilige als Ort; das Fest ist nun die Zeit des Heiligen oder das Heilige als Zeit. Zeit, *tempus*, hat dieselbe Wurzel wie »Tempel«. Siehe Ernst Cassirer, *Philosophie der symbolischen Formen*, 2. Band: Das mythische Denken, Darmstadt 1977, S. 132; sowie Nissen, *Das Templum*, Berlin 1969.

lichkeitsbedingung des *symbolischen Ereignisses* wirkt. Dieses stellt immer eine Begegnung dar. Oder eine (*sym-balische*) Beziehung zwischen einer bestimmten *Erscheinung* (*praesentia*), die aus der Verborgenheit hervortritt, und einem bestimmten *Zeugen*, der sie erkennt (und der ihre Form oder Gestalt ermittelt). Diese Erscheinung (des Heiligen) und dieser (menschliche) Zeuge stehen dann in einer wechselseitigen Beziehung: in einer genuin *gegenwärtigen Beziehung*, die diese Begegnung in sichtbarer Form bezeichnet. Auf Grund dieser *gegenwärtigen Beziehung* nimmt die Erscheinung eine Form oder Gestalt an: als Theophanie, als darstellbare Gestalt oder als *Aura* bzw. Glorie, als Strahlenkranz. Diese gegenwärtige Beziehung stellt dann die Möglichkeitsbedingung einer echten Kommunikation zwischen der Erscheinung und dem Zeugen (vermittels des Wortes oder der Schrift) dar. Eine derartige verbale oder schriftliche Kommunikation vollzieht die symbolische Manifestation oder vollendet den *Symbolisierungsprozeß* des Symbols. Als Ergebnis dieser Kommunikation entsteht eine Offenbarung in der Form eines (heiligen) Wortes oder einer (heiligen) Schrift. Damit wird die Stufenreihe der symbolisierenden Kategorien besiegelt und abgeschlossen.

Diese letzte (verbale oder schriftliche) Kategorie stellt die (materielle) Vorbedingung für die erste Kategorie im Bereich *des Symbolisierten* dar. Die (mündliche oder schriftliche) Offenbarung, die vermittels der Kommunikation vollzogen wurde, verlangt nun eine Exegese: einen Bezug oder Verweis von der sichtbaren symbolisierenden Seite (der Literalität des Wortes oder Textes) auf die (hermeneutischen) Schlüssel, die deren Sinn offenbaren können. Ohne eine vorherige Manifestation oder Offenbarung (die poetisch, prophetisch und inspiriert ist) ist ein solcher Verweis unmöglich. Doch sobald diese Manifestation vollendet ist, erweist es sich nun als notwendig, die (exegetische, allegorische) Methode zu bestimmen, die zu den genannten, als *ideelle Formen* des Sinns wirkenden Schlüsseln führt.

Allerdings stoßen diese Formen oder Ideen (platonische, gnostische oder neuplatonische Ideen) im Schwellenbereich auf ein letztes Hindernis, von dem der exegetische und allegorische Impuls aufgehalten wird. Der Verweis oder Bezug führt von dieser Entfaltung von *Ideen* oder *Formen* zur äußersten Grenze, an der sich jegliche Sinnsuche aufzuheben scheint. Es ist nämlich so, daß das Symbol (im Unterschied zur Allegorie oder zum Schematismus der Begriffe) stets einen *mystischen* Rest bewahrt, der dessen Wesen offenbart, das strukturell mit einem geheimen, versiegelten, heiligen Substrat verbunden ist (mit dem Sakralen, wie es der eigentümlichen Ambivalenz des Heiligen und des Sakralen entspricht).[4] Die ideellen Bedingungen des Sinns sind also diejenigen, die als Bedingungen dieses Aufschwungs zum Mystischen wirken.

Damit sich jedoch diese mystische Begegnung als symbolisches Geschehen vollenden kann, muß sie nun in einen Bereich zurückweichen, in dem die *Verbindung* zwischen den beiden betreffenden Seiten – der symbolisierenden und der symbolisierten – eintreten kann. In diesem Sinne macht die Mystik das Zurückweichen von jener negativen und superlativischen Erhebung zum konstitutiv Transzendenten in Richtung auf jenen *Grenzraum* notwendig, in dem das Symbol erprobt werden kann, indem es versucht, sich als eine mögliche, sym-balisch geartete Zusammenfügung des symbolisierenden Teils und dessen, was in ihm symbolisiert wird, zu konstituieren.

---

4 Diese Ambivalenz wird im Griechischen, Lateinischen (und Kastilischen) sprachlich bezeichnet: *hagios* (*sanctus*, santo: heilig) und *hiereos* (*sacer*, sagrado: sakral). Es handelt sich um zwei miteinander verknüpfte Dimensionen ein und desselben *Phänomens* (das Heilige-und-das-Sakrale). Das Heilige verweist auf das Höchste und Erhabenste: das, was der Zeuge nicht berühren oder streifen (ja nicht einmal »anschauen«) darf. Das Sakrale darf hingegen berührt werden: Man kann mit ihm (dem Kult- oder Opferobjekt) operieren, wodurch es sich zerstören und vernichten läßt; das Sakrale kann auf etwas Grauenhaftes verweisen, das verworfen werden muß. Das Sakrale kann sogar »unheimlich, gefährlich, verboten, unrein« bedeuten (so etwa das lateinische *sacer*). Siehe Sigmund Freud, *Totem und Tabu*, in: ders., *Studienausgabe*, Band IX, Frankfurt/M. 1972, S. 287-444; hier S. 311. Über die doppelte Erscheinungsform des Sakralen als ein Mysterium, das Grauen (*phobos*) und/oder Faszination bewirkt, siehe Rudolf Otto, *Das Heilige. Über das Irrationale in der Idee des Göttlichen und sein Verhältnis zum Rationalen*, Breslau 1917. Dieser Autor begreift »*sacer-und-sanctus*« (das *Numinose*) als den Referenten der Erfahrung einer radikalen Andersheit, die sich auf das »ganz Andere« beziehe. Es handele sich also um eine radikale Andersheit, die im »Mysterium« eingeschlossen sei oder die etwas verborgen und eingeschlossen bzw. verschlossen halte (*mystes*, das in sich selbst Verschlossene). Ein derartiges Mysterium führe zur doppelten Erfahrung des *mysterium fascinans* (des anlockenden und in seinen Bann ziehenden Aspektes des *Numinosen*) und des *mysterium tremendum* (des schrecklichen und bedrohlichen Aspektes des *Numinosen*). Beide Dimensionen seien eng miteinander verbunden.

In diesem Grenzraum kommt es nun zur Vollendung des Symbols: Die beiden Teile des Symbols – der symbolisierende und der symbolisierte – finden ihre Verbindung und den Ort, wo sie zusammenpassen: den Ort ihrer Ko-inzidenz. Das Symbol vollzieht sich dann endlich als wahres Ereignis. Das Symbol verwirklicht sich *als Symbol* oder erreicht die ihm immanente Teleologie. Es macht sich also alle Bedingungen zu eigen, die es stufenweise vorbereitet und ausgestaltet haben, und erhebt sich zum *symbolischen Ereignis*.

5. Symbolische Kategorien

Wir wollen versuchen, das Symbol in all seinen Dimensionen zu durchdenken. Unter »Symbol« verstehen wir hier ein verbal vermitteltes Ereignis, das bewirkt, daß zwei Teilstücke »zusammengeworfen« werden: die Bruchstücke einer in zwei Hälften geteilten Medaille oder Münze. Es kommt also darauf an, die Bedingungen zu bestimmen, die dieses symbolische Ereignis ermöglichen, das zum Zusammenpassen beider Teile führen kann. Die eine Hälfte (das zur Verfügung stehende Bruchstück) wirkt als der *symbolisierende* Teil des Symbols. Die andere, der Sphäre der Erscheinungen entzogene Hälfte wirkt als jener Teil, auf den der erstgenannte, verfügbare Teil verweist, um seinen ganzen Sinn zu erhalten: Sie ist der Teil, mit dem sich der *Sinn* des verfügbaren Bruchstücks bestimmen läßt oder der die Schlüssel bzw. die hermeneutischen Schlüssel liefert, die den erstgenannten Teil mit einem Sinn versehen und ihm so ermöglichen, sich zu dem ihn definierenden Endziel zu erheben: der Symbolisierung.

Ein Symbol ist daher nicht, oder nicht hauptsächlich, eine Sache oder ein Gegenstand. Mehr als von diesem oder jenem Symbol soll hier von diesem oder jenem symbolischen Ereignis gesprochen werden. An ihm muß man erproben und experimentell nachprüfen, ob sich die beiden anfänglich getrennten Bruchstücke der Münze oder Medaille zusammenfügen lassen oder nicht. Wenn sie sich zusammenfügen lassen, verwirklicht sich das symbolische Geschehen.

Die Dimensionen des Symbols sind jene *Bedingungen*, die das Eintreten eines solchen Ereignisses oder das schließliche Zusammenpassen der beiden Teile ermöglichen, so daß nunmehr dasjenige vereint wird, was zuvor getrennt war. Solche Bedingungen wirken als echte *symbolische Kategorien* (wobei Kategorie in streng kantschem Sinne zu verstehen ist).

Es kommt also darauf an, die einzelnen Kategorien zu bestimmen, von denen ausgehend sich der Akt oder das Ereignis vollziehen kann, mit denen die beiden Teile des Symbols vereint werden. Solche Kategorien lassen sich ermitteln, wenn man lediglich den Entwicklungsgang der Bewegung verfolgt, die sich mit dem Zusammenpassen beider Teile vollendet. Sie sind also die einzelnen Stufen oder Grade, die zu jener Probe oder jenem entscheidenden Experiment führen, bei denen der symbolisierende und der symbolisierte Teil »zusammengeworfen« werden. Sie sind die Etappen oder Abstufungen jenes symbolischen Prozesses selbst: die einzelnen Marksteine einer dramatischen Handlung, die mit der symbolischen Endprobe abschließt oder entschieden wird und den symbolischen Akt selbst darstellt.

Dieses einer Stufenreihe eigentümliche Charakteristikum ermöglicht es, die genannten Kategorien in musikalischen Begriffen als einzelne Schlüssel zu formalisieren, die den symbolischen Raum erfassen: jenen Bereich, der durchlaufen werden muß, damit der Akt oder das symbolische Geschehen stattfindet. Als erstes sind die Bedingungen zu berücksichtigen, die den symbolisierenden Teil ermöglichen; zweitens die Bedingungen dessen, was in diesem Teil symbolisiert wird – und drittens die Bedingungen, die sich auf das Zusammenfügen oder Zusammenpassen beziehen. Die Analyse dieser Bedingungen ermöglicht es, die einzelnen, stufenweise aufeinanderfolgenden *symbolischen Kategorien* herauszufinden.

Hier leiten sich die Kategorien nicht wie bei Kant aus einer Analytik der Verbindungsformen der Urteile ab; sie entstehen auch nicht wie bei Aristoteles aus einer bewußten oder unbewußten Prüfung der Gattungsformen der Sprache. Die Aufstellung einer *Kategorientafel* wird hier durch die Analyse des Prozesses ermöglicht, aus dem das symbolische Ereignis (oder das vereinigende Zusammenfügen der beiden Teile, des symbolisierenden und des symbolisierten) hervorgeht.

Damit der symbolisierende Teil sich konstituieren kann, sind vier Bedingungen notwendig:

1.) Daß dieser Teil ein materielles Substrat besitzt.

2.) Daß er jedoch innerhalb eines Darstellungsbereichs geordnet und gegliedert worden ist, den man *Kosmos* oder *Welt* nennen muß.

3.) Daß dieser Kosmos sich dann als das Szenarium konstituieren kann, das eine *Begegnung* zwischen einer bestimmten (heiligen) Erscheinung, die aus der Verborgenheit hervortritt, und einem bestimmten (menschlichen) Zeugen, der sie bezeugen kann, ermöglicht.

4.) Daß diese Begegnung oder gegenwärtige Beziehung sich vermittels der (verbalen oder schriftlichen) Kommunikation vollziehen kann.

Diese vier Bedingungen bestimmen die symbolisierende, verfügbare und sichtbare Seite.

Diese verweist oder bezieht sich jedoch auf den symbolisierten Teil, der nicht verfügbar ist. Hieraus ergibt sich:

1.) Das sichtbare Symbol muß auf bestimmte hermeneutische Schlüssel verweisen, die es ermöglichen, die (ideellen) Gestalten zu ermitteln, mit denen sich der Sinn des sichtbaren Symbols festlegen läßt.

2.) Die exegetischen Schlüssel müssen zwangsläufig an eine äußerste Grenze stoßen, die jede Sinnsuche zunichte macht, so daß sich der Verweis nur in *mystischer Form* vollziehen kann.

Nach der Bestimmung der symbolisierenden Bedingungen (Materie, Kosmos, Erscheinung, *logos*) und der sich auf das Symbolisierte beziehenden Bedingungen (Schlüssel des Sinns, mystisches Substrat) sind bereits alle unentbehrlichen Erfordernisse festgelegt, damit das symbolische Ereignis eintreten kann; nun bleibt also nur noch übrig, die Bedingungen der späteren Vereinigung der beiden Teile des Symbols zu bestimmen. Dann erscheint die letzte und entscheidende Kategorie, mit der die notwendige Wiederzusammenführung des voneinander Entfernten und Getrennten vollzogen wird.

Hier die Tafel der symbolischen Kategorien:

SYMBOLISIERENDE KATEGORIEN

1. Materie
2. Kosmos
3. Gegenwärtige Beziehung (zwischen einer Erscheinung und einem Zeugen)
4. (Verbale, schriftliche) Kommunikation

SICH AUF DAS IM SYMBOL SYMBOLISIERTE
BEZIEHENDE KATEGORIEN
5. (Exegetische) Schlüssel des Sinns
6. Heiliges und sakrales (oder mystisches) Substrat
VEREINIGENDE KATEGORIE
7. Verbindung der beiden Teile des Symbols

Aus dem Spanischen von Ulrich Kunzmann

Aldo Giorgio Gargani
Die religiöse Erfahrung

Ereignis und Interpretation

Die Gefahr, die der Reflexion über die Religion heute droht und die vielleicht ihre größte Gefahr überhaupt darstellt, besteht darin, daß sie das Interesse an der Verifizierung der Realität und der Präsenz der Gegenstände des religiösen Diskurses von der metaphysischen und der positivistischen Tradition, aus der sie stammen, auf genuin religiöse Themen überträgt. Besteht die Gefahr für die Philosophie nicht vielleicht gerade darin, Bedeutung und Wert des religiösen Diskurses davon abhängig zu machen, daß sie feststellbare Entitäten als präsente und irgendwie verifizierbare meint untersuchen zu müssen? Mit den Instrumenten der Vernunft oder gar der Erfahrung? Müssen wir die Bedeutung und den Wert des religiösen Diskurses, wie diejenigen jedes anderen Diskurses, von der Kontrollmethode abhängig machen, die die Konsistenz dessen prüft, wovon geredet wird, während man spricht? Sollten wir das Schicksal des religiösen Diskurses an dasjenige einer methodischen Regel binden, die den ihren eigenen kanonischen Verfahrensweisen entsprechenden Gegenständen Legitimität und Plausibilität zuschreibt? Und begeben wir uns nicht umgekehrt, wenn wir uns von dem Begriff einer als Regelzwang verstandenen Rationalität frei machen, auf die Jagd nach Phantasiegebilden, bei der sozusagen alles mehr oder weniger erlaubt ist? Könnten wir uns nicht – indem wir auf die Positionen der traditionellen Metaphysik reagieren, für die die Verifizierung der Präsenz der Wesen die Vorbedingung ihrer Bedeutung ist, indem wir aber auch gegen die strenge neopositivistische Disziplin rebellieren, der zufolge wir über Gott wie über alle anderen Gegenstände, die die Wirkung eines religiösen Diskurses haben, nur etwas sagen könnten, wenn wir über *sense data* verfügten – *Erlebnisse*, wie Russell bzw. Carnap sagen würden –, könnten wir uns also nicht auf den anaphorischen Modus des Diskurses zurückziehen, jenen Modus, der die Referenz oder Denotation dessen, was gesagt wird, nur kraft des Diskurses feststellt? Wie Leibniz in den *Nouveaux Essais*, als er im winterlichen Hannover bemerkt, daß

Kirschen, auch wenn es sie in der Natur gerade nicht gebe, nichtsdestoweniger als Referenten des Diskurses erhalten blieben, und zwar kraft dieses Diskurses selbst? Aber der anaphorische Diskurs stellt nur ein Indiz für die Schwierigkeit dar, um die es uns hier geht, ist er doch nicht mehr als das Symptom der Sehnsucht nach dem referentialistischen Schema und seiner Voraussetzung: Daß nämlich ein Nomen und eine Aussage dann und nur dann eine Bedeutung haben, wenn ihnen ein Objekt bzw. ein Tatbestand entsprechen. Der anaphorische Diskurs ist eine Kompromißbildung, die an die Stelle des referentialistischen semantischen Paradigmas der Präsenz tritt.

Während der religiöse Diskurs wieder einsetzt, der von präzisen historischen Umständen und subtilen spekulativen und psychologischen Erfordernissen abhängt – ist infolge einer intellektuellen Unmittelbarkeit – bekanntlich gibt es Unmittelbarkeit nicht bloß in der Trieb- und Gefühlssphäre – die erste Frage, und damit die erste Beunruhigung, die bei einem Philosophen getreu der Logik dieses Diskurses auftaucht: Können wir denn von Gott reden, ohne auf alle Argumente einzugehen, die es für oder gegen die Beweise seiner Existenz gibt? Und weiter: Wie stellt man es an, von Religion zu sprechen, ohne sich in irgendeiner Form auf irgendeine These zur Existenz Gottes einzulassen? Können wir, um einen Diskurs über die Religion zu entwickeln – wenn Gott ein irreales, phantasmatisches, von der empiristischen, aufklärerischen oder neopositivistischen Tradition erledigtes Objekt ist –, jene Ebene einer unvorstellbaren Kraft überhaupt wieder erreichen, oder bleibt uns nur das Gestammel derer, die versuchen oder darauf beharren, von Religion zu sprechen und dabei von ihrem schlechten spekulativen Gewissen geplagt werden, weil sie das Gefühl haben, einen Sprung ins Leere zu tun, weil sie den Weg von der semantisch-epistemologischen Referenz zu Gott nicht finden können?

Dem religiösen Bereich scheint sich jenes diskursive Feld nicht erschlossen zu haben, das sich in diesem Jahrhundert in anderen Disziplinen der Kultur emanzipiert hat. Um nur einige wenige Beispiele zu nennen: angefangen mit der Alltagssprache, in der wir gelernt haben, die Wörter außerhalb des Schemas von Objekt und Bezeichnung zu benutzen, Wörter wie »Hilfe!« oder »bitte!« zu gebrauchen, ohne unseren Ausdrücken Dinge oder Substanzen als stützende Grundlage beigeben zu können;

über die Mathematik, von der wir gelernt haben, daß man nicht unbedingt Schulden haben muß, um die Bedeutung der negativen algebraischen Zahlen zu erfassen, und daß man mit unendlichen Zahlen rechnen kann, ohne zu meinen, man müßte hierzu das Unendliche als eine reale Gesamtheit von Objekten darstellen können; bis hin zu den Naturwissenschaften, in denen man von existierenden Objekten nur insoweit spricht, als sie erforderlich sind, um die Aussagefunktionen der holistisch verstandenen Theorie zu erfüllen, wenn es denn stimmt, daß – wie W. O. Quine behauptet hat – das Konzept des »Elektrons« zur Erklärung des Blitzes für sich genommen nicht weniger mythisch ist als das Konzept des »zürnenden Zeus«, und zwar selbst da noch, wo es am wenigsten mythisch daherkommt, nämlich in J. C. Maxwells Theorie des Elektromagnetismus.[1] Zwar können wir sagen, daß der Gebrauch von Wörtern auf Ursachen zurückzuführen ist, doch enthält und prädeterminiert diese Ursache nicht die Bedeutung der von ihr verursachten Wörter. Damit will ich sagen, daß die kausalen Kräfte, die uns von DNA oder von der Quantisierung der Energie sprechen lassen, von der gleichen Art sind wie diejenigen kausalen Kräfte, die uns von »postmoderner Erfahrung« oder von der »Krise der Demokratie« oder gar der »Krise des Romans« sprechen lassen. Will man nicht mit dem Hammer philosophieren, so muß man einräumen, daß es Ursachen gibt, die uns sagen lassen, was wir sagen, und die doch für die Bedeutung der Wörter, die sie hervorrufen, nicht verantwortlich sind. In dieser Hinsicht wird die Welt nicht Text, was eine metaphysische und ohne weiteres durch ihr spiegelbildliches und ebenso metaphysisches Gegenteil – »es gibt nur Atome« – ersetzbare Behauptung ist. Wer immer sich aber wirklich mit Text befaßt, der weiß, daß es keinen Text ohne Außer-Textliches gibt.

Die philosophische Reflexion, die sich derzeit die religiöse Sphäre zurückerobert, würde gehemmt und käme nicht ungehindert ans Ziel, wenn sie sich einer Diskursbewegung anheimgäbe, die ihren eigenen Gehalt an der (infolge der ontotheologischen Tradition, die auf den Philosophen lastet) Unterscheidung – die als schlechthin ausschlaggebend wahrgenommen wird –

---

1 W. O. Quine, *Von einem logischen Standpunkt: Neun logisch-philosophische Essays*, Frankfurt/M. 1979.

zwischen demjenigen bemißt, was existiert, was präsent und real ist, und demjenigen, was demgegenüber vom phantasmatischen Atem des Mythos lebt, vom Hauch des unbegründeten Glaubens, von der Erzählung, die den Objekten, von denen sie spricht, eine bloß anaphorische Existenz verleiht. Der Diskurs, der sich die logisch-metaphysische und epistemologische theoretische Neubegründung der Entitäten zum Ziel setzte, mit denen sich historisch die Theologie befaßt hat, wäre sinnlos und führte zu nichts. Aber der Widerstand gegen die Befreiung von dieser Vorannahme und Fessel ist zäh. Muß der religiöse Diskurs also seinen großen Bedeutungshorizont verlieren und auf seine Aktualität verzichten, weil er angesichts seiner Gegenstände auf die ontologische Verbindlichkeit nicht verzichten mag? Müssen wir, mit anderen Worten, von Gott als von einer idealisierten anthropomorphischen Entität sprechen, die die raum-zeitliche empirische Welt transzendiert und in einer anderen ontologischen Region subsistiert? Müssen wir den Glauben als eine Haltung leben, die sich über die endliche und begrenzte Vernunft hinwegsetzt, um in Wirklichkeit mit diesem Sprung in die Unmittelbarkeit das zu vollbringen, was die Vernunft nicht vollbringen kann, nämlich die Präsenz von Entitäten wie Gott, den Sphären der Engel, der Reiche der Seligen, der Sühne und der Höllenstrafe zu belegen? Müssen wir uns Hölle, Strafe, Schuld auf dem Hintergrund eines realen Feuers vorstellen, in dem die gepeinigten Seelen brennen, und das Paradies als einen ganz anderen Zustand, in dem die Liebe waltet? Nichts, was Hölle und Paradies gemeinsam hätten? Dies sind nur einige der Fragen, die wir uns in diesem Zusammenhang stellen könnten.

Unsere Sicht wird unvermeidlich so lange oberflächlich bleiben, wie wir nicht über die Metaphysik der Präsenz der theologischen Objekte hinausgelangen und jene Ebene zurückgewinnen, die sich mit der tatsächlichen Erfahrung der Wirklichkeit der Religion deckt. Sie erkennt im religiösen Diskurs eine hermeneutische Perspektive, unter der das Leben zu betrachten wäre. Dann würden wir erleben, wie die traditionellen Dichotomien von irdischem und himmlischem Leben, Hölle und Paradies, Menschheit und Gottheit als starre Unterscheidungen hinfällig würden, weil wir uns selbst auf das höhere und fruchtbarere Spiel ihrer Affinitäten und Differenzen eingelassen hätten. Dann bedeuteten die Unterschiede der Regionen des Diskurses nicht mehr, daß zwischen ihnen unüberwindliche Spaltungen oder Abgründe klaffen, sondern daß sie im Gegenteil in der Ökonomie eines Diskurses, der sich als solcher erkennt und als endloser Diskurs fortschreitet, miteinander verflochten sind. Dies könnte als Versuch der Überwindung oder der Abkehr von der religiösen Tradition erscheinen, doch geht es hier gerade umgekehrt um eine überhaupt noch nicht hinreichend gedachte Wiederaneignung der Zeichen der religiösen Tradition. Die Aufgabe der metaphysischen Verbindlichkeiten in bezug auf den ontologischen Status der Referenten des theologischen Diskurses kann dann die Bedeutung einer Wiederaneignung jener Zeichen und Verkündigungen annehmen, die der Geschichte einer religiösen Tradition immanent sind. Ist ihr metaphysisches Geschütz erst einmal entschärft, werden die Objekte der religiösen Tradition zu *Figuren einer Perspektive der Lebensdeutung.* In Gestalt dieser nunmehr an ihnen zutage tretenden Eignung zur Interpretation des Gangs der Existenz, in der wir uns befinden, und nicht in Gestalt der Haltung des Hinüberziehens und Einsaugens der Prozesse des Lebens und der Geschichte in eine andere ontologische Sphäre von transzendenten Entitäten, stellt sich uns heute die Ebene dar, die zu gewinnen ist, wollen wir die religiöse Erfahrung neu denken.

Damit will ich sagen, daß im Unterschied zu dem, was heute geschieht und was diejenigen tun, die die Religion zum Anlaß nehmen, sich einem blind-unmittelbaren Empfinden zu überlassen – einer Art Eintauchen in die Transzendenz, das wir Glauben nennen, das aber der Form nach alles mögliche sein könnte, was nicht diskursiv und rational vermittelt ist –, die Form der Wiederaneignung und Aktualisierung der religiösen Erfahrung in der genau umgekehrten Bewegung besteht, nämlich genau *in jener Bewegung von Reflexion und Erfahrung, in der die Religion wieder zur Nachbarin der Immanenz wird, ihre Symbole wieder in den Figuren unseres Lebens erkennt.* Also nicht in der umgekehrten Bewegung, die die Verhältnisse der Menschenwelt in die Vorgeschichte der transzendenten Wesen und Ereignisse zurückwirft. Die religiöse Transzendenz könnte nicht einmal genannt werden, wäre sie nicht eine bei den wirklichen Figuren unserer Erfahrung ansetzende Differenz. Dies bedeutet die Aufhebung der Transzendenz als etwas Abgetrenntem jenseits einer ontologischen Scheidelinie zwischen aneinander angrenzenden

Klassen von Wesen statt eines in den Fluß der Erscheinungen des Lebens und der Geschichte eingebundenen kritischen Fluchtpunkts der interpretierenden Tätigkeit. Am Ende wird sich die Religion nicht als der Diskurs erweisen, der ein anderes Objekt, eine andere Entität, entdeckt und sichtbar macht, sondern als eine Vergleichsgröße, von der aus die Situationen, Figuren und Prozesse unseres Lebens neu zu interpretieren sind. Kein Objekt der Anschauung, das außerordentlich, weil anders als alle Objekte der gewöhnlichen Lebenserfahrung ist, sondern ein Nicht-Objekt, ein Paradigma, das die Objekte und Situationen unseres Lebens zu außerordentlichen macht, indem es sie auf die Ebene einer außerordentlichen symbolischen Kraft hebt.

Im übrigen entspricht die Bewegung zur Immanenz, die wir hier skizziert haben, der wahren Bewegung innerhalb der religiösen Transzendenz. Dies ließe sich auch anhand von Beispielen belegen, die im großen und ganzen auf das – vielleicht paradox erscheinende – Ergebnis hinauslaufen, daß die religiöse Transzendenz zu ihrer eigentlichen Bedeutung über die Kehrtwende einer Reflexion gelangt, in der ihre Begriffe als immanente neu bestimmt werden. *Die Transzendenz wird immanent.* Das entscheidende Kennzeichen des von mir »metaphysische und objektivistische Transzendenz« genannten Standpunkts, der von der platonischen Ontologie bis zum empirischen Realismus des Positivismus nachweisbar ist (jener Haltung, die die tatsächliche Präsenz der Wesen überprüft und verifiziert), besteht in der Einführung von starren Dichotomien in die religiöse Erfahrung. Dabei erfolgt die Enteignung eines entscheidenden und fruchtbaren Kerns von Gedanken, die sich über das, was in der Psychoanalyse *Organsprache* heißt (zum Beispiel bei einer Patientin, die unfähig ist, zur Symbolebene des Eros zu gelangen, und ständig von der Penislänge – in Zentimetern – der Männer redet, mit denen sie zusammen war), verraten und ausdrükken.

Genauso handelt es sich um *Organsprache*, wenn das Schicksal einer Seele, einer Psyche, eines Geistes, in ein Reich der Hölle und ein Reich des Paradieses aufgeteilt wird. Im Paradies wandeln die Seelen auf ruhigen, glücklichen Wegen in der Liebe Gottes; in der Hölle dagegen sind sie im Höllenfeuer gefangen und winden sich in endloser Qual. Beides sind unterschiedliche und getrennte ontologische Bereiche. Diese Trennung, die den

Gipfel der Transzendenz zu bezeichnen scheint, übt Verrat an der Bedeutung der religiösen Transzendenz. Jene Bewegung des Denkens dagegen, die die einschlägigen Begriffe und Verhältnisse in den Status der Immanenz zurückholt, stellt den Sinn der religiösen Erfahrung wieder her. Ich würde also sagen, daß in dieser zweiten Version das Höllenfeuer keine Qual ist, die Gott den Menschen auferlegt, die ihn nicht zu erkennen vermochten, sondern Ausdruck des Widerstands der Menschen gegen die Liebe Gottes. Dies impliziert, daß die Liebe Gottes im Paradies dasselbe ist wie das Feuer, das die Seelen quält, die insofern verdammt sind, als sie der Liebe widerstehen. Für die Hölle sowenig wie für das Paradies gibt es einen Ort oder eine ontologische Verortung. Hölle und Paradies bezeichnen zwei gegensätzliche Schicksale in bezug auf dieselbe Flamme. Paradiesesfeuer und Höllenfeuer haben denselben Grund. Damit sind Selige und Verdammte nicht mehr durch metaphysische Regionen, räumliche Abstände, ethisch-juristische Unterscheidungen voneinander getrennt (letzlich lauter Ausdrücke der *Organsprache*), sondern durch eine unterschiedliche Haltung in bezug auf ein und denselben wesentlichen Tatbestand, nämlich die Liebe Gottes, welche den die jeweiligen Schicksale übersteigenden Rahmen ihrer Immanenz bildet.

Wie ist nun aber das Gebot »Du sollst den Namen des HERRN, Deines Gottes nicht mißbrauchen!« zu interpretieren? Im Sinne des Verbots, eine Über-Entität und eine höchste tranzendente, einfach jenseits des Horizontes unserer Existenz befindliche Autorität zu benennen, oder im Sinne *einer entscheidenden Bedeutung und einer entscheidenden Geschichte*, die aus einer Tradition von Verkündigungen und Botschaften heraus endlich an unsere gegenwärtigen Lebensbedingungen heranreicht und sich nicht beliebig verbalisieren und nicht den gewöhnlichen Ausdrücken des normalen Diskurses assimilieren läßt? Also als etwas, das nicht gesagt werden kann, wie es ist und wenn es ist, sondern über das jenes Schweigen gewahrt werden muß, das seiner Tiefe und Differenz gerecht wird? Aber während das Gebot in dieser zweiten Bedeutung einerseits insofern glaubhaft ist, als es nicht auf die normalen Ausdrücke heruntergebracht wird, die man unter beliebigen Umständen sagt oder schreibt, also auf den gewöhnlichen Stoff des verbalen Austauschs, erweist es sich andererseits als eingebunden in die Figurationen unseres Lebens. In diesem Sinne bedeutet, »den Namen des HERRN, Deines Gottes nicht mißbrauchen«, den Wert des Wortes vor den Versuchen zu schützen, es zu verzerren, mißzuverstehen, aus seinem unverwechselbaren Kontext zu reißen, aus seiner Bindung an das ihn umgebende Schweigen zu lösen, an die Irrealität, die als der Träger des Sinns angesichts der *Präsenz* von Dingen und Personen erscheint, die keinen mehr haben, die ganz einfach deswegen *präsent* sind, weil sie erschöpft und entleert sind. In diesem Sinne schützt »Du sollst den Namen des HERRN, Deines Gottes nicht mißbrauchen!« die geheime Geschichte des Wortes. Zum Beispiel dasjenige des Psychoanalytikers, das nicht unnütz genannt werden soll, nämlich außerhalb der Sitzung, in der es sozusagen beheimatet ist, und das, aus der Sitzung hinausgetragen, aus dem Theater, in dem es inszeniert wurde, seine Bedeutung verliert und der Schmach des Miß- und Unverständisses ausgesetzt ist. »Den Namen des HERRN, Deines Gottes nicht mißbrauchen« ist das Gebot, mit dem die dichterische Sprache sich selbst schützt, während sie sich gegen die Paraphrasen wehrt, gegen die Erklärungen und Aufklärungen, die es, erklärend, eben jener Sprache assimilieren, gegen die der dichterische Ausdruck in seiner Einzigartigkeit gerade aufbegehrt, weil er eine Differenz setzen will, einen Sprung vollführen, einen Wahrnehmungsalarm auslösen, ein Staunen, welches in der Didaktik wie in der Pornographie, das heißt durch zwei typischerweise auf mechanischen Verursachungsprozessen beruhende kinetische Dispositionen, mittels Assimilierung auf die Normalität der Alltagssprache heruntergebracht wird.

Das Gebot »Du sollst den Namen des HERRN, Deines Gottes nicht mißbrauchen!« ist der Geste inhärent, die das Leben vor seinen Mördern schützt, vor denen, die das Leben als ein Objekt der Herrschaft ansehen, der Unterwerfung unter ihren eigenen Willen und, noch einmal, über den Umweg des Ausdrucks, der *Organsprache*, unter die Herrschaft von Intoleranz, Neid und Verdacht. Indem es sich dem Über-Ich entzieht, das durch elterliche und soziale Autorität in uns errichtet wurde und alles benennen, erklären und vereinheitlichen möchte, schützt dieses Gebot die Bedeutungen und die Werte, durch die sich das Leben vor der Gewalt schützt. So ist das Gebot »Du sollst den Namen des HERRN, Deines Gottes nicht mißbrauchen!« einerseits die Spur, die von einer in stetem Wandel begriffenen Tradition einer *Verkündigung* herrührt, die schon lange zum Sedimentgestein unserer Geschichte gehört, und deckt sich andererseits als unvorhersehbares, Differenzen setzendes Ereignis mit der Innerlichkeit des Lebens. Die Transzendenz Gottes bedeutet nunmehr die Transzendenz des Wertes und des Wortes in bezug auf die historisch-sozialen Verhältnisse der Intoleranz, des religiösen Fanatismus, des Fundamentalismus und der Verfolgung durch Ideologien mit Allgemeinheitsanspruch, die die Erscheinungen des Lebens nach dem feststehenden Kodex einer gewaltsamen Standardisierung vereinheitlichen möchten.

So kann man sich über die Einstellung vieler Priester nur höchlichst verwundern, die ihre Aufgabe nicht im Hören auf eine Botschaft, eine Verkündigung, eine Spur sehen, die sich in eine Tradition und in eine Geschichte aufgespalten hat und als solche geistig und existentiell ausgestaltet werden muß, sondern sich im Grunde von ihr distanzieren, ihre Bedeutung und richtungsweisende Kraft gefährlich verzerren, um diese Aufgabe auf die des *Moralisten* zu reduzieren. Moralismus ist der Begriff für jene Verzerrung, die für die Herabwürdigung einer Verkündigung, des Evangeliums, zu einer Sammlung von Vorschriften für das menschliche Verhalten verantwortlich ist. Aber Moralismus bedeutet folgerichtig auch *Verlust* des *theologischen Bewußtseins* im höchsten und vollsten Sinne des Wortes, nämlich als Reflexion, rationale Vermittlung der Verkündigung und Ausübung des Zweifels. Dem Moralismus, das heißt der auf einen Verhaltenskodex reduzierten religiösen Erfahrung, fehlt die Liebe, die die theologische Forschung anfacht. In ihrer tiefsten und entscheidenden Bedeutung, wie sie im Gefolge des Sozianismus in der liberalen Theologie des 18. Jahrhunderts[2] von Chillingworth und Locke festgelegt wurde, wird die Toleranz zum Symptom eben dieser Barmherzigkeit, ist doch die Achtung vor der Freiheit der Menschen bei der Erforschung der Glaubensinhalte das Kennzeichen der Nächstenliebe. Mit der Verankerung der Toleranz nicht nur in sozialer und politischer, sondern auch theologischer Hinsicht, nämlich durch die Feststellung, daß sie mit der Grundhaltung der Barmherzigkeit in Einklang steht, hat sich in der Tradition des Christentums ein Umschwung vollzo-

2 Vgl. u. a. William Chillingworth, *The Works*, Oxford 1838.

gen, mit dem sich die religiöse Erfahrung vom Primat der *Inhalte* der Glaubensartikel auf das Primat der *Form* der Suche verlagerte. Immer wieder überraschend und eigentlich herrlich paradox aber ist der Umstand, daß sich *formal* die Haltung der Toleranz mit dem entscheidenden Kern der im Evangelium enthaltenen Botschaft deckt.

»Du sollst den Namen des HERRN, Deines Gottes, nicht mißbrauchen!« – dies ist noch nicht die Äußerung einer unerbittlichen, an sich bereits Respekt erheischenden Autorität, sondern die Verteidigung der Werte und Bedeutungen, die von einer Tradition und einer Geschichte übermittelt werden, aber zugleich in einer ständigen Umgestaltung begriffen sind und deshalb als Garanten der Zukunft verstanden sein wollen, um das, was noch nicht ist, zu schützen vor dem Schon-Gesagten, Schon-Getanen, vor dem, was begründet, geschützt und populär ist. »Den Namen des HERRN, Deines Gottes nicht mißbrauchen«, das bedeutet den Schutz dessen, was spezifisch menschlich und göttlich zugleich ist – eben des Wortes, das eine inkommensurable Differenz in die Erscheinungen des Lebens bringt: die Differenz zwischen dem, was sichtbar, zugänglich, auf handfest-direkte Weise faßbar ist, und dem, was sich demgegenüber entzieht, davonstiehlt, um sich im Schweigen (wider) zu spiegeln, diesem großen Prüfstand jeder Sprache.

Das Spiel und die Entwicklung dieses entscheidenden Unterschieds sind dafür verantwortlich, daß die menschliche Existenz weder im Horizont der reinen metaphysischen Transzendenz aufgeht noch andererseits eingeschlossen bleibt in der Enge der historistischen, soziologistischen und anthropologistischen Immanenz, sondern letztlich in der Entwicklung der Differenz und im tragischen Wechsel ihrer Figuren besteht. Die in der religiösen Erfahrung enthaltenen Zeichen sind keine starren Designatoren, sichere Beweise einer Wirklichkeit, sondern die Verkündigung und Vorhersage der Opferung bestimmter Teile des Lebens für andere, die noch nicht sind und aufgrund ihrer Unwirklichkeit der existierenden Wirklichkeit eine entscheidendere Bedeutung abfordern, für die der Mensch sich *in einen anderen Zustand* versetzt, dem er bereits anzugehören vermeint, während er ihn noch gar nicht erreicht hat. Und all das tut er, ohne aus sich herauszutreten, ohne zu meinen, eine außerhalb seiner selbst liegende Wahrheit und Wirklichkeit zu ergreifen –

als ließe sich diese ergreifen, wenn man nur von der Nicht-Wahrheit aus die Hand nach ihr ausstreckt –, sondern infolge einer inneren Bewegung, die einen Übertritt vollzieht, einen Sprung in das Schwindelerregende des Noch-nicht-Gesagten und Noch-nicht-Getanen, in ein Reich des Zwielichts. Wären die Verkündigungen und Zeichen der religiösen Erfahrung nicht ungewiß, bedenklich und dunkel, würden sie sich mit der gezeigten Wirklichkeit decken. Im Ersten Brief an die Korinther bemerkt Paulus, daß Prophetie und Glauben, wären sie eine gesicherte und vollendete Realität, eben keine Prophetie und kein Glauben wären. »Denn unser Wissen ist Stückwerk, und unser prophetisches Reden ist Stückwerk.« (1. Korinther 13, 9).[3] So könnte man den religiösen Glauben in dem ihm wesentlichen Sinne der Verkündigung mit einem Gedanken vergleichen, der auf der Suche nach Denkern ist. Ein Zeichen, ein Gedanke, die da sind, mögen die Menschen sie auch ignorieren. Der erwartete Tag der Wiederkunft Christi ist unvorhersehbar. Im Matthäusevangelium steht geschrieben, daß der Tag der Ankunft Gottes kommen wird wie ein Dieb in der Nacht. »Wenn sie also zu euch sagen werden: Siehe, er ist in der Wüste!, so geht nicht hinaus; siehe, er ist drinnen im Haus!, so glaubt es nicht. Denn wie der Blitz ausgeht vom Osten und leuchtet bis zum Westen, so wird auch das Kommen des Menschensohns sein [...] Darum wachet; denn ihr wißt nicht, an welchem Tag euer Herr kommt. Das sollt ihr aber wissen: Wenn ein Hausvater wüßte, zu welcher Stunde in der Nacht der Dieb kommt, so würde er ja wachen und nicht in sein Haus einbrechen lassen. Darum seid auch ihr bereit! Denn der Menschensohn kommt zu einer Stunde, da ihrs nicht meint.« (Matthäus 24, 26-27; 24, 42-43)

Der Zugang zur religiösen Erfahrung verharrt in dem, was ihre Ur- und Anfangsphase zu sein scheint, aber im Gegenteil ihren Dauerzustand darstellt und in eben dieser *Initiation in das Ereignis* besteht, genauer gesagt in einer Initiation, die ein Standpunkt der Interpretation und zugleich eine von Unvorhersehbarkeit und Schmerz gekennzeichnete Erwartung ist. Im Ersten Brief an die Thessalonicher schreibt Paulus in bezug auf das zweite Kommen Jesu Christi: »Von den Zeiten und Stunden

---

3 Zu dieser Frage vgl. S. Quinzo, *Un commentato alla Bibbia*, Mailand 1991, S. 483.

aber, liebe Brüder, ist es nicht nötig, euch zu schreiben; denn ihr selbst wißt genau, daß der Tag des Herrn kommen wird wie ein Dieb in der Nacht. Wenn sie sagen werden: Es ist Friede, es hat keine Gefahr –, dann wird sie das Verderben schnell überfallen wie die Wehen eine schwangere Frau, und sie werden nicht entfliehen« (1. Thess. 5, 1-3).

Es kann gar nicht oft genug daran erinnert werden, daß das Vokabular der religiösen Erfahrung nicht dem Vokabular der mechanischen Gesetze der wissenschaftlichen Kausalität und des epistemologischen Diskurses assimiliert werden darf; sowenig wie die calvinistische Prädestinationslehre ein Gesetz der Geschichte ist, nach der das Los der Auserwählten vorhersehbar wäre, sondern im Gegenteil eine Perspektive, aus der heraus eine Interpretation der menschlichen Geschichte möglich wird. Das Schicksal einer religiösen Erfahrung ist nicht in einer Verkündigung umrissen, in einer Botschaft, die sich am Ende zu einer transzendenten Entität konsolidiert und verfestigt, vor der das Wort versagt, weil es *die Sache selbst ist, die große* oder vielmehr *ungeheuerliche Sache* des religiösen Geheimnisses. Wie aber könnte ein Geheimnis in der Gegenwart einer wie auch immer ungeheuerlichen Sache enthalten sein? Auch hier wieder sehen wir als Folge einer unangebrachten Assimilierung verschiedener Vokabularien das referentialistische Schema des metaphysischen Realismus und der positivistischen Epistemologie am Werke, nämlich: hier das Wort, dort die Sache; hier das Wort »Fido«, dort der Hund Fido. Das Geheimnis, das in der Verifizierung von etwas so Furchterregendem wie einer ungeheuerlichen metaphysischen Substanz und unerbittlichen Autoritäts- und Befehlsinstanz gipfeln müßte, wäre der Tod des Wortes, das heißt, der Besonderheit des Menschen, der sich eben vom Augenblick seiner Bekehrung an auf einen anderen Zustand zubewegt, auf das, was anders, nämlich Erkenntnis, Bild, Wort, Verkündigung des neuen Wegs ist. Wurde zu Anfang das Geheimnis der christlichen Religion nicht als die Liebe verkündet, das heißt, als die paradoxe Passion, die die Verzweiflung und die Unmöglichkeit des Heils in jener menschlichen Lebensform entdeckt, die sich der Beziehung zum anderen und der unvermeidlich damit einhergehenden Spannung entzieht? Am Ende wurde das religiöse Geheimnis als ein Symptom und ein Ruf verkündet, der von allem ausgeht, was die Identität transzendiert, in der der Mensch sich einsperrt und verbarrikadiert, das heißt seine Gleichheit mit sich selbst, Fluchtpunkt der Realität, der Geschichte von Liebe und Schmerz, also Ausgangspunkt einer Flucht, die im Laufe der Zeit zum Gefängnis wird, in dem er langsam ersticken muß.

Wie bereits bemerkt, ist die von Jesus Christus gepredigte Liebe ihrem Wesen nach ein Paradox und zugleich und ebenso wesentlich eine Verkündigung. Ein Paradox, weil sie eine Verkündigung ist – und umgekehrt, beschränkt sie sich doch nicht auf die Tautologie, zu lieben, was schon geliebt wird oder liebenswert ist, sondern weil sie, sehr davon verschieden, dazu auffordert, die Feinde zu lieben. Die Liebe zu den Feinden, Folterknechten, Verfolgern, erscheint paradox und instinktwidrig, wenn sie nicht zugleich als Verkündigung begriffen wird und eben gerade als Vorhersage und als Initiation in den Prozeß ihres Dramas, ihrer Verwandlung, ihres Schmerzes, ihrer Reue und ihrer Erlösung. Indem der Mensch seinem Feinde zu essen und zu trinken gibt, schreibt Paulus im Brief an die Römer, schiebt er die Rache und die Belohnung auf, welche nach biblischer Weisheit Gottes sind (5. Mose 32, 35),[4] und besiegt das Böse durch das Gute. »Rächt euch nicht selbst, meine Lieben, sondern gebt Raum dem Zorn Gottes; denn es steht geschrieben (5. Mose 32, 35): Die Rache ist mein; ich will vergelten, spricht der Herr. Vielmehr, wenn deinen Feind hungert, gib ihm zu essen; dürstet ihn, gib ihm zu trinken. Wenn du das tust, so wirst du feurige Kohlen auf sein Haupt sammeln« (Sprüche 25, 21-22). Die Liebe zu den Feinden erweist sich als die Sichtweise der Verkündigung wie auch der Prophezeiung, als alles andere, nur nicht als Haltung der *Unmittelbarkeit zur Präsenz dessen, was jeder ist*; sie ist vielmehr der Ort einer Differenz, die in der Spannung zwischen Liebe und Feindschaft, Frieden und Krieg, den Horizont einer Interpretation unseres Nächsten und unser selbst in unserem Beteiligtsein an seinem Schicksal eröffnet, als ob auch wir uns entdeckten, und zwar nicht mehr als mit uns selbst identisch, sondern als unser eigener *Nächster*. Und so, indem wir ein ganzes Reich von Unterschieden und Unterscheidungen entdecken, erkennen wir, daß das Problem, das die anderen Menschen darstellen, unser eigenes Problem ist, daß die Linie, die jeden von uns von den anderen trennt, dieselbe Schei-

4 Vgl. ebd., S. 415-416.

delinie ist, die uns von uns selbst trennt, *weil jede Geschichte, die uns erzählt wird, am Ende von uns erzählt.* Und diese Erkenntnis ist ihrem Wesen nach etwas, das zu einer Toleranz führt, die nicht nur ein Geschenk für oder eine Ausweitung auf oder ein Zugeständnis an die anderen ist, was als solches bestenfalls ein moralistischer Vorsatz sein könnte, sondern die Rechtfertigung und Rettung unserer selbst darstellt. Sie erspart uns nicht nur die Gewalt in der Auseinandersetzung mit den anderen, sondern erlöst uns auch von der Gewalt, die in uns selbst ist.

In diesem Sinne erweist sich die Wiederkehr einer religiös motivierten Reflexion, wie sie derzeit stattfindet, auch im Rahmen der philosophischen Analyse als plausibel. Und allem voran die Idee, das Böse und den Schmerz nicht ausschließlich als Feind zu betrachten. Eines der Merkmale der religiösen Erfahrung in der westlichen Tradition, aber auch in den östlichen Religionen, ist eine Theodizee, deren Bedeutung nicht unbedingt in einem religionspolitischen Plan zur Rechtfertigung Gottes liegt, zur Versöhnung von Vorsehung und »Sacco di Roma«, Zerstörung Roms, Pest in Mailand, Erdbeben von Lissabon. Hier ist die Idee der Apologetik mit dem aufklärerischen und rationalistischen Modell kontaminiert, das auf der Annahme der Gottheit als einer Art wissenschaftlicher Gesetzmäßigkeit beruht, die es mit den Fakten und der Ordnung der Natur zu konfrontieren gilt. Aber Gott ist keine wissenschaftliche Hypothese, weil er eben überhaupt keine Hypothese ist. Die religiöse Apologetik muß wesentlich als diejenige Disziplin neu gedacht werden, die in eine differenzierte Beziehung zum Bösen eintritt, es nicht austreibt, nicht versucht, seine Ausmerzung zu verkünden, sondern sich ihm nähert, durch es hindurchgeht und es anerkennt als einen Faktor, der uns benachbart ist, unser Nächster, und der das Prinzip der Verantwortlichkeit verstärkt – läuft doch gerade ein Mensch, der glaubt, sich vom Bösen, vom Schmerz und von der Ungerechtigkeit distanziert zu haben, am ehesten Gefahr, die größte Gewalt auszuüben. Auch wenn man sich Richard Rortys Forderung nach Überwindung des logozentrischen und metaphysischen Diskurses über die menschliche Natur als der universalen Matrix der ethisch-juristischen Rechte und Werte nur anschließen kann,[5] so sei doch angemerkt,

5 Vgl. R. Rorty, *Philosophical Papers*, Bd. I, Cambridge 1991, S. 175 f.

daß die politische und ethische Lehre wie alles andere auch einer Reflexion bedarf, die sowohl philosophisch als auch religiös ist.

So wäre über den Umstand nachzudenken, daß Ideologien und Glaubenslehren wie etwa der Marxismus und das Christentum, die für die Rechte der Armen und Unterdrückten und für die Menschenrechte überhaupt eingetreten sind, zu Kreuzzügen und Inquisition bzw. zum Gulag geführt haben. Jedes dieser Ereignisse hat sich zu seiner eigenen Rechtfertigung auf ein vermeintliches historisches Gesetz des Zu-sich-selbst-Kommens berufen, dem zufolge aus der Folter der Inquisition das Himmelreich und aus den sowjetischen Konzentrationslagern die klassenlose Gesellschaft hervorgehen sollte, in der es keine Ausgebeuteten und keine Ausbeuter mehr gibt. Dies sind metaphysische Ideologien, und sie funktionieren wie ein Verschluß, der aufgebrochen wird, nur um sich um den eigentlichen Kern des Bösen, das sich da unaufhaltsam in ein Gutes verwandeln soll, wieder zu schließen. Der Umstand allerdings, der dennoch einer philosophischen Reflexion bedarf, wenn auch einer anderen als der einer universalen metaphysischen Definition der menschlichen Natur, ist die Erkenntnis, daß die Ideologien der Erniedrigten und Beleidigten, also etwa Christentum und Marxismus, zu Instrumenten der individuellen und sozialen Verfolgung entartet sind. Der eigentliche antimetaphysische Kern der Politik und das Zentrum einer angemessenen philosophischen Reflexion sind unserer Ansicht nach durch die Alternative einer kooperativen Gesellschaft, die auf der solidarischen Verteilung der Werte beruht, nicht nur oder nicht hinreichend bestimmt, sondern vielmehr (will man nicht das paradoxe und unhaltbare Spiel von Schuld und Verantwortung mitspielen) durch die Erkenntnis, die über ein *über den Parteien stehendes unerkanntes und unbekanntes Drittes* zu gewinnen wäre, das die Macht gehabt hat, die Entartung der Werte, Kulturen und Programme der moralischen und sozialen Emanzipation zu den historischen Formen von sozialer Tyrannei und Grausamkeit zu bewirken.

Von politischer Verantwortung zu reden ist schwierig; zutreffender und sicher auch interessanter ist es, von der geistigen und philosophischen Verantwortung zu reden, die darin bestanden hat, wenn ich es einmal so sagen darf, der Stimme des Guten zu folgen, ohne auf die Stimme des Bösen zu hören, das sich in das Gute einschleicht, indem es das Gute besser zu vertreten vorgibt als das Gute selbst. Ich meine, daß der eigentliche, konsistente antimetaphysische Kern der Politik eine philosophische Reflexion und religiöse Motivation wären, die sich diesem Hören auf das Böse aussetzen, auf das Heimtückische, auf jenen unbestimmt-dunklen Untergrund der Realität, der sich Individuen, Städte, Gesellschaften und Staaten unterwirft, indem er sie lautlos überzieht und zersetzt wie Feuchtigkeit und Rost. Der Grundtatbestand, um den es hier geht, ist der, daß die Politik wie die Metaphysik zum Diskurs geworden ist, der sich immer wieder in der Begrifflichkeit seines eigenen totalisierenden Vokabulars einsperrt und praktisch-theoretische Beziehungen nur noch mit der *positiven Zweckbestimmung* seines eigenen Entwurfs unterhält, seines eigenen Programms, und dabei von der Annahme ausgeht, daß das Böse und die Negativität äußere, in den gegnerischen politischen und sozialen Parteien personifizierte Faktoren sind. Diese metaphysische und ideologische Politik hat das Böse in der Figur des Gegners ausgemacht, hat es zu einer politisch-sozialen Präsenz verfestigt und auskristallisiert, als wäre es eine Entität, eine distinkte und spezifische Präsenz. Sie hat den Umstand vernachlässigt, daß das Böse, das Negative, überall war und ist, auch in ihr selbst; und daß also das Negative, da es in ihr selbst ebenso enthalten ist wie in der Figur des Gegners, kein spezifisches Seiendes ist, sondern ein so unvorhersehbarer wie undefinierbarer Faktor, von dem noch die kleinste ethische oder politische Geste allseits umgeben ist.

Längst schon hätte man verzweifeln können bei dem Gedanken, daß die Politiker immer nach vorn geblickt haben, immer vorwärts gegangen sind, über jede Grenze hinweg, und ihren Weg immer noch eher im Laufschritt gemacht haben als einmal nicht vorwärts zu marschieren, ohne neben, unter oder über sich zu schauen, und schon gar nicht in sich hinein, ins Innere dieses von ihnen in Gang gesetzten Mechanismus. Sie haben immer nach vorn geblickt, sind ausgezogen zur Eroberung des Rechts, des Guten, der Gerechtigkeit, im Vollgefühl ihrer moralischen Rechtfertigung und ihres sozialen Elans, ohne zu merken, daß sie, während sie auf die Gerechtigkeit, den Fortschritt und das gesellschaftliche Gute zustürzten, lauter Verbrechen, Vergehen und Gewalt entfesselten. Ohne die unerbittlichen Differenzen zu bemerken, mit denen das Böse und das Negative ihr eigenes Handeln aushöhlten. Die Interaktion mit der Kausalität der Au-

ßenwelt und ihren unvorhersehbaren Ereignissen, Rätseln, Fall-
gruben, zufälligen Störungen und Verstörungen, mit der Negativität und dem Bösen, bestünde an diesem Punkte, also bei der
Frage nach dem richtigen philosophischen Standpunkt, noch
einmal in der Forderung, daß auch die ethischen, sozialen und
politischen Programme in ständigem Zusammenhang mit der
Gefahr der metaphysischen Gewalt zu sehen sind, die immer
droht, während sie den Anschein erweckt, das Gute besser zu
vertreten als das Gute selbst. Von der Reflexion und der Erkenntnis zu fordern, daß sie der Spur dieses unbekannten und
unerkannten tertium nachgehen, das soziale Prozesse und politische Ereignisse wie überhaupt jede Spur der menschlichen
Existenz umfaßt, dies wäre das Thema einer philosophischen
und religiösen Reflexion, die sich auf alles erstreckte, von der
Logik, Semantik und Epistemologie bis hin zur Politik und zur
Lehre von der Gesellschaft. Das tertium ist das Siegel der Gottheit, es ist Schweigen, es ist der Hintergrund des Anderen, jeder
Differenz, jedes Paradoxons und jeder Zweideutigkeit, der Tat-
sache, daß jeder Ausdruck und jeder Gedanke in sein eigenes
Gegenteil umschlagen kann.

Mit Bezug auf dieses *tertium* gehen die Worte wie die Beziehungen der Menschen ihre wechselseitigen Bindungen ein, an
ihm machen sich ihre Sinnverhältnisse fest. Es ist durchaus möglich, hat es sich doch von Zeit zu Zeit als tatsächlich möglich erwiesen, daß die Menschen glauben oder sich einbilden, der Sinngehalt ihrer Beziehungen erschöpfe sich in ihren bestimmten
persönlichen Beziehungen, nicht anders als die Schachspieler,
die sich einbilden können, sie spielten zu zweit.[6] Und natürlich
gelangen die Menschen an die äußerste Grenze der Säkularisierung, während sie sich auf Namen ohne Substanz reduzieren. In
Wirklichkeit drängt sich unausweichlich, auch wenn sie nichts
davon ahnen, ein tertium zwischen die Menschen, das keine Sache, kein Seiendes, kein Individuum, keine Präsenz ist, sondern
der Hintergrund, der, wie jede religiöse Erfahrung, zugleich zu-
sammenhält und trennt, Sinn und Atem ihrer Gesten, Worte,
Vorstellungen, die sich verändern, während sie sich eine zweite
Geburt erfinden und sich erzählen, was gleich geschehen wird,

---

6 Stefano Levi della Torre, *Mosaico. Attualità e inattualità degli Ebrei*, Turin 1994, S. 17-49; und ders., »Ebraismo«, in: *Novecento*, Bd. VIII, Nr. 22,
und: *I Viaggi di Erodoto*, Mailand 1994, S. 216-220.

einen Anschein von Schicksal, eine Initiation in eine neue Bewegung, ein Unternehmen, in alles, was unter dem Namen Sinngebung abläuft. Die Menschen können von dem tertium, das sie umgibt, nichts ahnen. Wie die Schachspieler bilden sie sich ein, allein zu sein, und doch könnten sie nicht spielen, gäbe es nicht einen dritten Mitspieler, nämlich das Schachspiel selbst mit seinen Regeln und möglichen Zügen. So können die Menschen in den verschiedenen Umständen ihres Lebens die Zeichen eines tertium ignorieren, das sie vor Augen haben, ohne es wahrzunehmen und ohne etwas von ihm zu ahnen, und deshalb wird der erwartete Tag des Herrn unerwartet kommen wie ein Dieb in der Nacht.

Die religiöse Verfassung ist ein anderer Zustand, sie entzieht sich der linearen Abfolge der Zeit, sie existiert vielmehr zwischen den Zeiten, zwischen Zeiten, wie die Tübinger Theologen sagten; sie sichert uns keine Zeit, zu der wir gehören werden. Alles andere also als eine Garantie der Präsenz. Wie sagen, daß Jesus Christus bis zum Ende in Agonie sein wird. »Und siehe, ich bin bei euch alle Tage bis an der Welt Ende.« (Matthäus 28, 20) In unserer Zeit steht die religiöse Verfassung zwischen der Sinntrunkenheit, die das Kennzeichen aller Ideologien und Fundamentalismen ist, und dem Sinnverlust, der Ernüchterung der heutigen Philosophie.[7] Heute hat die religiöse Erfahrung, indem sie sich von den metaphysischen Entitäten und Hypostasen abkehrt, ihren spezifischen Ort in der Entfaltung der Differenz, in der Entwicklung der Spur des Anderen, des *tertium*, im Gegensatz zu der erstarrten und blockierten Identität mit dem eigenen Vokabular, wie sie von der – weltlichen oder kirchlichen – Ideologie repräsentiert wird, in der sich der Brand von Fundamentalismus, Fanatismus und Intoleranz selbst befeuert. »Spur« und »Differenz« sind Symptome eines Hintergrundes, eines tertium, das durch seine verzweifelten Differenzen und Distanzen die Produktionen der Wörter verknüpft, ihres Sinns, die Ungleichgewichte, die für die Ereignisse und Erscheinungen des Lebens verantwortlich sind. Derrida hat ja gerade betont, das der Terminus »Differenz« nicht ein Begriff oder ein Wort ist, sondern eine

7 Vgl. B. Forte, *Cattolicesimo*, in: *I Viaggi di Erodoto* (siehe Anmerkung 6), S. 221-224. Ich möchte hinzufügen, daß die mystische Erfahrung, die wesentlich eine »Sinntrunkenheit« darstellt, von der hier gemeinten Dichotomie zwischen Ideologie und Enttäuschung in keiner Weise betroffen ist.

ihrerseits unausdrückbare Grenze und die Bedingung der Möglichkeit der Begriffe und der Wörter, »die gemeinsame Wurzel aller begrifflichen Gegensätze, in die unsere Sprache zerfällt.«[8] In die Sprache Wittgensteins übersetzt könnten wir sagen, die »Differenz« sei das Unsagbare, das das Sagbare möglich macht. Das heißt, das Wort hat einen Hallraum, als käme es aus der Ferne, aus einem Hintergrund des Schweigens, und damit wird ihm seine göttliche Herkunft zurückgegeben, das heißt sein Charakter als Geschenk, das ein Geheimnis offenbart, seine erlösende und heilbringende Macht, nämlich »erlösendes Wort«, »erlösender Gedanke« zu sein, der uns keinen Realitätsbeweis und keine Gewißheit bietet, an die wir uns halten könnten, aber einen Trost, wenn auch kein Ende, für den Schmerz, die Sehnsucht, die in ihnen sind und uns die Erkenntnis und Legitimierung des Problems vermitteln, das jedesmal wir sind; am Ende, sozusagen, das Recht, sprachlich klar zu umreißen, was wir zu einem bestimmten Zeitpunkt unserer historischen Existenz sind und geworden sind, ohne deshalb Schuldgefühle haben zu müssen. Ist nicht vielleicht gerade dies der lange Weg, von dem uns gesagt wurde – an die Worte können wir uns erinnern, ihren Sinn aber haben wir im Laufe der Zeit vergessen –, Gott sei die Liebe und die Barmherzigkeit und das Wort sei Gott? Sind wir nicht am Ende, wie Vattimo meint, wir Okzidentalen und Nichtokzidentalen, die Folge dieser Verkündigung?

Im Laufe dieser Seminartage auf Capri im Winter 1994, an denen J. Derrida, M. Ferraris, H.-G. Gadamer, E. Trías, G. Vattimo, V. Vitiello und der Verfasser teilnahmen, kam natürlich auch das Problem der Gründe zur Sprache, aus denen wir uns mit der religiösen Thematik befassen, mit dem Unterschied zwischen philosophischem und religiösem Diskurs, ihre jeweiligen Vokabularien gegeneinanderhaltend in der Erkenntnis, daß sich derzeit ein neuer rhetorischer Raum auftut, ein neuer öffentlicher Kommunikationsraum. M. Ferraris hat im Laufe der Diskussion bemerkt, die philosophische Arbeit als kritische Analyse der Metaphysik habe sich erschöpft und damit dem Diskurs über die Religion eine neue Legitimität verliehen, deren Ergebnis es jedoch sei, die Unterscheidung zwischen Philosophie und

8 Vgl. Jacques Derrida, *Positions*, Paris 1972 (deutsche Übersetzung: *Positionen*, Graz 1986)

Religion an diesem Punkte wiederum problematisch werden zu lassen. Andererseits stieß Vattimos Anregung, eine strukturale philosophische Analyse des religiösen Diskurses möglichst zu vermeiden, auf allgemeine Zustimmung. Merkwürdig, aber auch verständlich ist, daß gerade diese Mahnung dazu beigetragen hat, die Autonomie des philosophischen Diskurses zu wahren, indem jedes Sich-Ergehen in einer kategorisierenden oder logisch-linguistischen Analyse ebenso vermieden wurde wie die Option einer rein spekulativen Betrachtung der Inhalte, Positionen und Thesen der religiösen Traditionen oder die von einem geschlossenen und totalisierenden eigenen Vokabular ausgehende Entwicklung einer natürlichen Theologie einerseits, das Risiko eines sachlichen, scheinbar neutralen, aber in Wirklichkeit bewußt oder unbewußt von der Bejahung oder Ablehnung bestimmter Glaubensartikel und Glaubensapparate abhängigen Vorgehens andererseits. Ich persönlich meine, daß eine Philosophie, die der Vielfalt der kulturellen Vokabularien Rechnung trägt, der grundsätzlichen Endlosigkeit ihres eigenen Diskurses und der heterogenen Bestandteile, die ihn als interferierende Verknüpfungen und nichtinterferierende Assoziationen von Metaphern und Gleichnissen strukturieren, die Grenzen ihres eigenen Vokabulars entdeckt. Grenzen, deren Wirkung es ist, sie vor der Versuchung des totalisierenden Diskurses zu bewahren, vor der assimilierenden Gewalt der traditionellen Metaphysik, vor der Neigung, den Kosmos ausgehend von einer Handvoll selbstevidenter Axiome als autark-rationale Ordnung zu generieren. Ich glaube, daß diese Situation zur Klärung der philosophischen Arbeit als solcher beiträgt, an sich, und zur Definition ihrer Distanz zum religiösen Diskurs, die fruchtbar und vielversprechend ist. Diese Unterscheidungen, diese Entzifferungen der Grenzen tragen zur Forderung nach Toleranz bei, die eine konstitutive und generative Voraussetzung des philosophischen Diskurses wie jeder anderen Ausübung des Wortes ist. Gerade diese Distanzen, Diskrepanzen und Begrenzungen nämlich lassen das Verhältnis von Philosophie und Religion fruchtbar werden, die Möglichkeit der ersteren, sich auf die letztere zu beziehen, ohne sie zu zerstören, aber auch ohne unterschiedslos mit ihr zusammenzufallen. Die Disposition zum Vernehmen dessen, was anders ist, das wiedergewonnene Staunen als »Grundgestimmtheit der Philosophie« und, genauer gesagt, als »*Unmaß der Unentschiedenheit* zwischen dem, was ein Seiendes im Ganzen als das Seiende ist, und dem, was sich als Unständiges, Gestaltloses, Fortreißendes andrängt und d. h. hier immer zugleich: sich alsbald entzieht«,[9] als die Unterdrückung des »Instinkts des Stellung-Nehmens« offenbart, als das, was die Philosophie wie jede andere schöpferische Kraft in einem Zustand der Unentschiedenheit und Unerklärbarkeit hält,[10] all das sind Indizien, Spuren und Voraussetzungen der derzeitigen Verknüpfung von philosophischem Diskurs und religiöser Erfahrung.

Nun mag zwar das traditionelle referenz- und repräsentationsorientierte Schema von Objekt und Wort, *adaequatio rei et intellectus*, Identität von Erkennendem und Erkanntem, also die ganze metaphysische Philosophie der Präsenz in eine Krise geraten sein, doch gilt ebenso, daß ein großer Teil der analytischen Sprachphilosophie Gefahr läuft, in eine linguistische Neuformulierung des Idealismus zu verfallen, und daß ein großer Teil der postanalytischen Philosophie und Epistemologie, Nelson Goodmans *Weisen der Welterzeugung*, Thomas Kuhns Paradigmen, Hillary Putnams Schemata der rationalen Entscheidung und Jehuda Elkanas Erkenntnisanthropologie,[11] die philosophische Arbeit in eine Kulturphilosophie verwandelt haben, das heißt in eine intellektuelle Übung, die von sich selbst zehrt, von den eigenen Ergebnissen, und jede Spur der Differenz, jede Konfrontation mit der inneren und äußeren Andersheit in einer selbstreferentiellen methodologischen Standardisierung der Wirklichkeit, der Andersheit und jedes Geheimnisses und Rätsels zum Verschwinden bringt. Von der Dekonstruktion des Neopositivismus haben wir am Ende Versionen einer Welt ohne Welt bekommen. Die Philosophie hat ihren Effekt des Sich-Reibens an der Wirklichkeit, die zu denken sie antritt, verloren. Die Philosophie denkt in der Tat insofern, als es etwas gibt, was sich zu denken gibt: die Geschichte, das Ereignis, die Einzigartigkeit, die eine Verkündigung und einen Weg kennzeichnen. Die post-

---

9 Martin Heidegger, *Grundfragen der Philosophie. Ausgewählte »Probleme« der »Logik«*, Frankfurt/M. 1984, S. 160.
10 Ebd., S. 160ff.
11 Vg. T. Kuhn, *Die Struktur wissenschaftlicher Revolutionen*, Frankfurt/M. 1979; N. Goodman, *Weisen der Welterzeugung*, Frankfurt/M. 1984; H. Putnam, *Vernunft, Wahrheit und Geschichte*, Frankfurt/M. 1990; J. Elkana, *Anthropologie der Erkenntnis*, Frankfurt/M. 1986.

neopositivistische und postanalytische Epistemologie dagegen konstruiert Versionen der Welt, die von der Annahme eines interpretierenden Subjekts ausgehen, welches begriffliche Schemata auf einen neutralen, unvoreingenommenen und ungeformten Erfahrungsfluß anwendet, und wiederholt damit Kants – später von Ernst Mach, Bertrand Russell und Rudolf Carnap aufgegriffene – Dichotomie von Schema und Inhalt. So schreibt N. Goodman, Descartes, Newtons, Canalettos und van Goghs Versionen der Welt seien eine so objektiv wie die andere und bewegten sich gleichberechtigt nebeneinander auf einer Ebene, da in jeder von ihnen eine interessante Spur der Erfahrung festgehalten sei.[12]

Aber die Lehren von den Versionen der Welt, den Paradigmen und den Schemata der rationalen Entscheidung stellen insofern ein unzulängliches System der Selbstverständigung dar, als es sich als schwierig erweist, die Motivationen, aufgrund deren in Wissenschaft, Kunst und Politik bestimmte Versionen der Welt erzeugt werden, auf die philosophische und epistemologische Lehre von den Versionen der Welt zurückzuführen.[13] Wir glauben, daß wir einen Schritt weiter gegangen sind und uns umgekehrt gerade wieder am Ausgangspunkt befinden, wo das Problem von vorne anfängt und eine Lösung nicht absehbar ist. Aus den Lehren der Paradigmen, der Weltversionen und der Schemata der rationalen Entscheidung ist der Reibungseffekt verschwunden, der der Anfang allen philosophischen Fragens ist und aus etwas Einzigartigem besteht: einem Ereignis, einem Erfahrungsprozeß, einer historischen Begebenheit, einer Botschaft, einer Verkündigung, einem Evangelium. Was sich, mit anderen Worten, zu denken gibt und über jeweils wechselnde Interpretationsprozesse in die Tradition eingeht. Nehmen wir die Physik: Einstein hat erklärt, die physikalische Theorie erschöpfe sich nicht in einem hypothetisch-deduktiven System von logisch-mathematischen Schlußfolgerungen aus einer Handvoll Axiome. Am Ursprung der Relativität steht das einzigartige Phänomen des Lichts und steuert den Aufbau der

12 Vgl. N. Goodman, *Weisen der Welterzeugung*, ebd., S. 15.
13 Vgl. A. G. Gargani, *L'Étonnement et le Hasard*, Montpellier 1988; »L'attrito del pensiero«, in *Filosofia 86*, unter der Leitung von G. Vattimo, Bari/Rom 1987, S. 5-22, nachgedruckt in *Stili di analisi*, Mailand 1993, S. 43-60.

Theorie; auf einer allgemeineren methodologischen Ebene meinte Einstein, der Physik müsse eine der mathematisch-experimentellen Entwicklung vorausgehende Empathie zugrunde liegen, eine Einfühlung des Wissenschaftlers in die Naturerscheinungen, mit denen er konfrontiert ist. Es sei das vornehmste Ziel des Physikers, schreibt Einstein, zu jenen allgemeinen Gesetzen vorzudringen, von denen aus das Universum deduktiv rekonstruiert werden könne. Zu diesen Gesetzen aber führe kein logischer Weg, sondern nur die auf dem einfühlenden Verständnis des Experiments beruhende Intuition. Die empirische Welt begründe praktisch das theoretische System, trotz der Tatsache, daß es keine logische Brücke zwischen den Erscheinungen und ihren theoretischen Grundlagen gebe.[14]

Psychologisch, meinte Einstein, lägen den Axiomen Experimente zugrunde. »Es können aber Begriffe nie aus dem Erlebbaren logisch einwandfrei abgeleitet werden. Aber für didaktische und wohl auch heuristische Zwecke ist solches Vorgehen unvermeidlich. Moral: Wenn man gar nicht gegen die Vernunft sündigt, kommt man überhaupt zu nichts, oder auch, man kann kein Haus und keine Brücke bauen ohne Benutzung eines eigentlich nicht dazu gehörigen Gerüstes.«[15] Für Einstein ist somit die wissenschaftliche Theorie keine Widerspiegelung oder Darstellung der Wirklichkeit, sondern »ein Instrument der Forschung«. Die Naturphilosophien des 18. und 19. Jahrhunderts seien allenfalls von dem Gedanken geprägt, daß die Grundbegriffe und Postulate der Physik, logisch gesehen, keine »freien Erfindungen« des menschlichen Geistes seien, sondern sich durch »Abstraktion«, das heißt mit den Instrumenten der Logik, aus dem Experiment ableiten ließen. Diese Vorstellung sei im Grunde erst mit der allgemeinen Relativitätstheorie klar als falsch erkannt worden.[16] Bezeichnenderweise betrachten die neopositivistische und postanalytische Epistemologie und die Sprachphilosophie das Ge-

---

14 Vgl. A. Einstein, *Lettres à Maurice Solovine*, deutsch/französisch, Paris 1956, S. 120.
15 Ebd., S. 128.
16 A. Einstein, *On the Method of Theoretical Physics, The Herbert Spencer Lecture*, gehalten in Oxford, Oxford 1933, S. 11; vgl. A. G. Gargani, »La buona austricità di Ernst Mach«, Einleitung zu E. Mach, *Conoscenza e errore. Abbozzi per una psicologia della ricerca*, Turin 1982, S. VII-XXXIII.

heimnis, das Rätsel, das Staunen als so etwas wie eine Störung oder Fehlleistung der Alltagssprache. Dieser Epistemologie und dieser Philosophie entgeht der Unterschied zwischen dem Subjekt, das Gesetze aufstellt und Experimente und Natur konstruiert, und dem Subjekt, das Ereignisse, Vorfälle, Verkündigungen, Geheimnisse und Rätsel interpretiert.

Diese Analyse läßt ein kritisches und problematisches Ereignis ahnen, das meiner Meinung nach derzeit quer durch die Philosophie, Epistemologie, Ästhetik und Religion hindurchgeht und ihre jeweiligen Abgrenzungen durchbricht. Es gibt nämlich heute einen Konflikt zwischen Heteronomie (Pluralität der Vokabularien und Sprachen, Vielfalt der methodischen Ansätze von der Philosophie der Naturwissenschaften bis zur Hermeneutik) und Homonomie (einheitliche Methode, Entscheidung und Abgrenzung zwischen verschiedenen Stilen der Beschreibung). Die Homonomie setzt voraus, daß es insofern eine einzige Methode und eine einzige Beschreibung gibt, als es nur eine einzige zu erforschende Realität gibt; sie betrachtet die Vielfalt der von der Heteronomie gebrauchten Stile und Beschreibungen als bloßen Ästhetizismus; die Heteronomie hält ihrerseits die von der Homonomie getroffene eindeutige und bevorrechtigte Wahl für bloßen Ästhetizismus. Der Vorwurf des Ästhetizismus scheint in der aktuellen philosophischen Debatte einige Unruhe auszulösen. Richard Rorty, um ein Beispiel zu geben, erhebt als Vertreter der Heteronomie den Vorwurf des Ästhetizismus gegen W. O. Quine und die von ihm den Naturwissenschaften vor den Geisteswissenschaften eingeräumte Vorrangstellung, nach Rortys Ansicht das Ergebnis einer Wahl, die eine »rein ästhetische Angelegenheit« sei.[17] Aber wo wäre weniger Ästhetizismus im Spiele als bei Quine? Vielleicht hat Rortys Kritik einen alles andere als banalen Hintergrund. Als Vertreter der Pluralität der Interpretationen und Vokabularien der Kulturen könnte sich Rorty seinerseits dem Vorwurf des Ästhetizismus ausgesetzt sehen. In einem Aufsatz von 1992[18] und auch in einer diesbezüglichen Diskussion an der Universität Mailand hat Gianni Vattimo das Problem der Rationalität des hermeneu-

---

17 Vgl. R. Rorty, *Der Spiegel der Natur: eine Kritik der Philosophie*, Frankfurt/M. 1981, S. 226: »Diese Taktik macht seine Präferenz zu einer rein ästhetischen Angelegenheit.«
18 G. Vattimo in *Filosofia '91*, Rom/Bari 1992, S. 93.

tischen Ansatzes gestellt und bemerkt, daß sich Rorty, abgesehen von der Kritik an der ontotheologischen Kultur und an der Philosophie der Präsenz, der Gefahr des Ästhetizismus aussetze, des willkürlichen Spiels der als *coup de dés* aufgefaßten Interpretationen. Für Vattimo wiederum besteht das diskriminierende Element in der Vielfalt der Interpretationen in den Wechselfällen einer historischen Erfahrung und in einer Tradition, in der sich die Geschichte der Wirkungen der Interpretationen vollendet, in dem also, was H.-G. Gadamer die *Wirkungsgeschichte* nennt.

Mit dem Ausdruck »ästhetisch« ist immer seltener die Disziplin oder die Form des Schönen und immer häufiger ein Stil, eine Intentionalität des Denkens gemeint. Wir können eine homonomische Haltung in der Kunst und eine heteronomische Haltung in der philosophischen oder naturwissenschaftlichen Theorie antreffen (die verschiedenen gleichberechtigten und gleichmächtigen Arten, das Spiel der Wissenschaft zu spielen, wie zum Beispiel Feyerabend meint). Dichtung oder Literatur, die als Versionen einer einzigen zu betrachtenden Wirklichkeit interpretiert werden, sind nicht weniger homonomisch als Saul Kripkes und H. Fields referentialistische Theorie oder B. Williams realistische Theorie. Umgekehrt sind eine philosophische Lehre oder eine wissenschaftliche Theorie, die von einer Vielfalt der alternativen Spiele ausgehen, leicht der Abstempelung oder dem Vorwurf ausgesetzt, sie seien nur ästhetische Optionen. Das entscheidende Problem ist, ob nicht wie beim Historismus und beim Relativismus, denen die eigene Historisierung und Relativierung nicht gelungen ist (Hegels absoluter Geist, Nietzsches Wille zur Macht), implizit ein homonomischer Aspekt auch in der Heteronomie gegeben ist. In der traditionellen, auf der Annahme einer strikten Identität von Subjekt und Welt beruhenden Auffassung von Erkenntnis als *adaequatio*, von Philosophie und Wissenschaft als *repraesentatio* war das Phänomen des Ästhetischen eine Heteronomie, die als solche keinerlei Wahrheit besitzt. In der zeitgenössischen Kultur sind diese Identitäten sowohl in der Kultur der Ideen (Pluralität der Vokabularien, methodologischen Ansätze und Interpretationsstile) als auch im sozialen Leben (Kirchen, Sekten, Parteien, politische Bewegungen, Zusammenschlüsse, Spaltungen usw.) aufgebrochen. Nebenbei bemerkt stellen Goodmans, Kuhns und Putnams Lehren von der Pluralität der von einem mit sich selbst identischen Subjekt erzeugten Versionen der Welt (die Beziehung Subjekt–Welt als eine Beziehung des Einen zum Vielen) nur einen halben Schritt, wenn nicht geradezu einen revolutionären Rückschritt dar, einen *revolutionary setback*, einen retardierenden Effekt. Sind das Subjekt oder die Welt erst zu einer Pluralität von Versionen imstande, ist das Heteronomische kein Kennzeichen der ästhetischen Erfahrung mehr. Trotzdem bleibt das Problem, ob das Heteronomische ohne das Homonomische auskommen kann. Was denkt der Denker der Heteronomie? Will sagen: Hat nicht auch er, während er über verschiedene Ausschnitte der von ihm beschriebenen Realität reflektiert, einen einheitlichen Hintergrund, so etwas wie einen philosophischen Nachgeschmack? (Die Versuchung ist der Wahrheitskern des Realismus.) Daher lautet das Problem: Braucht man nicht doch, um die Vielfalt der Versionen der Welt denken zu können, den Hintergrund einer einheitlichen Sicht, das heißt die Homonomie? Braucht man sie nicht, meine ich, als Rückhalt oder Stütze, Halt, *footing* oder auch nur als Intentionalität, um die Mannigfaltigkeit und die Vielfalt der Welt zusammenzuhalten? Das Geheimnis des Lebens besteht in dem, wovor der Denker der Heteronomie meint sich verantworten zu müssen und was er als Schatten, aber auch als Gefährten erkennt, der seine Gedanken begleitet. (Die deutsche Sprache verfügt über den Ausdruck *Gefährte* zur Bezeichnung einer Sache oder Person, die uns, ohne daß es eines Bündnisses oder einer Vereinbarung bedürfte, von ferne begleitet.) Dies ist der Berührungspunkt von philosophischer Analyse und religiöser Erfahrung. Der Punkt, an dem ihre Unterscheidung beginnt, an dem eine doppelte Ordnung eingeführt und die Entwicklung der Differenz eingeleitet wird, die Ausbreitung der Gedanken, der Worte und der existentiellen Situationen, all dessen, was von einer jenseitigen einheitlichen Instanz manifest geworden und zugleich zurückgeblieben ist; der Ort ihrer Zusammenfassung, die Heimat ihrer Koexistenz, die Wohnstatt ihrer Motivationen, der Hintergrund schließlich einer einzigen Sehnsucht.

Es gibt einen Traum von der Homonomie, das heißt von einem einheitlichen Hintergrund, der selbstverständlich etwas anderes ist als der Universalismus des metaphysischen Rationalismus, ist er doch das Gegenteil der Homonomie irgendeiner konsolidierten »Weltanschauung«, nämlich die Sehnsucht nach Gott, die in jedem lebendigen Menschen ist. Dies ist die existentielle Situation, von der, in Gestalt der Geschichte eines Arztes, eine Erzählung von Tschechow handelt:

»[...] Nach hundert Jahren wieder aufwachen und wenigstens mit einem Blinzeln betrachten dürfen, wie weit sich die Wissenschaft entwickelt hat. Noch einige zehn Jahre leben dürfen ... Und was weiter?

Weiter nichts. Ich denke hin und her, ich denke lange nach und komme auf nichts weiter. Und wieviel ich auch nachdenken mag und wohin immer auch meine Gedanken abschweifen, es ist mir klar, daß in meinen Wünschen etwas Wichtiges fehlt, etwas sehr, sehr Bedeutendes. Trotz aller meiner Leidenschaft für die Wissenschaft, trotz meines Verlangens zu leben, trotz dieses Hockens auf einem fremden Bett, in dem Bestreben, mich selbst zu erkennen, fehlt in all meinen Gedanken, Gefühlen und in den Begriffen, die ich mir über alles gebildet, etwas Einheitliches, daß sie zu einem großen Ganzen vereinigen könnte. Jedes Gefühl und jeder Gedanke führen in mir ihr besonderes Leben, und in allen meinen Urteilen über Wissenschaft und Theater, über Literatur und Schüler sowie in all den Bildern, die mir meine Phantasie malt, wird selbst der geschickteste Analytiker nicht das finden, was man als einen zusammenfassenden Gedanken bezeichnet oder als den Gott des lebendigen Menschen.

Und wenn das nicht da ist, so bedeutet dies, daß überhaupt nichts da ist.

Bei solcher Armut genügte bereits eine ernsthafte Unpäßlichkeit, die Todesfurcht, der Einfluß der Verhältnisse und der Menschen, damit alles, was ich vormals für meine Weltanschauung gehalten und worin ich Sinn und Freude meines Lebens erblickt, auf den Kopf gestellt wurde und in Stücke zerflog.«[19]

Dies ist der Augenblick der Transzendenz des eigenen Selbst, dessen, was man war, ist und sein wird, der Punkt, an dem philosophische Reflexion und spirituelle religiöse Erfahrung einander anzusehen beginnen, sich einander benachbart zu finden, um sozusagen ihre Körper zu tauschen, ohne sich zu berühren, im äußersten Horizont ihres wechselseitigen Verflochtenseins in der Zukunft des anderen. Novalis hat geschrieben, Philoso-

19 Anton Tschechow, *Eine langweilige Geschichte*, in: *Werke. Novellen, Erzählungen, Dramen*. Bd. 2, Hamburg/München 1963, S. 161.

phie sei eigentlich Sehnsucht, ein Drang, überall zu Hause zu sein,[20] das heißt, überall und immer in der Totalität zu sein, während sie versucht, über den Menschen und den Humanismus hinauszugelangen und doch von unserer Endlichkeit auszugehen, von der Sterblichkeit und bisweilen von dem Verdacht, nur durch Zufall ins Universum geraten zu sein.

Aus dem Italienischen von Hella Beister

20 Novalis, *Schriften*, Bd. II, Fragment 21, Jena 1923, S. 179; vgl. M. Heidegger, *Grundbegriffe der Metaphysik. Welt – Endlichkeit – Einsamkeit*, Frankfurt/M. 1983.

Vincenzo Vitiello
Wüste Ethos Verlassenheit

Beitrag zu einer Topologie des Religiösen

An der Schwelle zum dritten Jahrtausend, zu dem Zeitalter, das wir, Europäer und Christen, als das dritte Jahrtausend definieren, sind unsere Aussichten alles andere als beruhigend. Hat der Zusammenbruch des sowjetischen Imperiums uns mit der Evidenz des Faktischen gezeigt, wie eine auf den höchsten Werten der menschlichen Solidarität gegründete Ideologie zur unbarmherzigsten Unterdrückung der Menschenrechte fähig ist, so scheinen die religiösen Fundamentalismen, die innerhalb und außerhalb von Europa an Boden gewinnen, weniger den Ausspruch des Lukrez – *tantum religio potuit suadere malorum* –, als vielmehr Nietzsches Satz vom »Tod Gottes« zu bestätigen.

Nietzsche hat prophetisch gesprochen. »Die Wüste wächst«, schrieb er, als er *unsere* Geschichte erzählte, die für ihn die künftige Geschichte war, »die Geschichte der nächsten zweihundert Jahre.« Und die Geschichte ist Wüste nicht aufgrund des Fehlens von Werten, sondern eben weil es Werte gibt. Die Wüste unserer Geschichte wird von den Werten geschaffen – dies ist es, was uns Nietzsche *prophetisch* gesagt hat.

Aber das Bild der *Wüste* ist viel älter als Nietzsches Denken. Und nicht immer war seine Wertigkeit negativ. Um Nietzsche zu verstehen, und damit unsere Gegenwart, sollte man sich also auf das ältere Bild beziehen, auch um zu erklären, wie diese negative Wertigkeit zustande kommen konnte. Und damit die erste – noch ganz diffuse und im Grunde auch banale – Bedeutung des *Nihilismus*.

I – Wüste und Irrweg
Die jüdische Gottesvorstellung

I/1. Figuren

a) Abraham

Lesen wir noch einmal die alten Worte:

»Und der HERR sprach zu Abram: Geh aus deinem Vaterland und von deiner Verwandtschaft und aus deines Vaters Haus in ein Land, das ich dir zeigen will. Und ich will dich zum großen Volk machen und will dich segnen und dir einen großen Namen machen, und du sollst ein Segen sein.« (*1. Buch Mose*, 12, 1,2).

In diesen Worten ist bereits das ganze Schicksal des jüdischen Volkes enthalten. Und es bedarf hier keiner *allegorischen*, auf die Erfassung des »Geistes« jenseits des »Buchstabens« gerichteten Interpretation. Das Land ist weder das Symbol des Körpers noch die Gefühlsverwandtschaft, noch das Haus des Vaters der Sprache – wie Philo von Alexandrien interpretierte. Und auch Gottes Befehl ist nicht als der Wille zu verstehen, den Geist des Menschen durch Lösung seiner Bindungen an die irdische Welt rein werden zu lassen. Die *Wanderung Abrahams* ist ganz konkret und *wörtlich* zu verstehen: Der jüdische Gott ist ein eifersüchtiger Gott, der sein Volk mit nichts und niemandem teilen will. Deswegen trennt er seine Nation – was einmal seine Nation sein soll – vom Land der Väter, von Gefühlsbindungen, Gebräuchen, Familiengewohnheiten und von den Gottheiten, die in diesem Land zu Hause sind. Der Befehl ist mit einer Verheißung verknüpft, die in der Folge, vor allem als Er sein Volk im Glauben an Ihn wanken sieht, ein Bund wird. Das Zeichen dieses Bundes, dieses *Bündnisses*, das im Laufe der Zeit mehrfach erneuert wird, müssen seine männlichen Schützlinge unauslöschlich im Fleische tragen.

Ein eifersüchtiger Gott, ein Gott, der den Menschen entfremdet: nicht nur dem Land der Väter, sondern auch den Gaben, die Er selbst macht. Abraham und Sara, den Alten, hat er erlaubt, den ihnen versprochenen Sohn zu bekommen. Aber damit die Liebe zum Sohn nicht die Hingabe an Ihn verringert, befiehlt er das größte Opfer.

In einer Passage von großer religiöser Tiefe hat Kierkegaard den Sinn dieser äußersten Einsamkeit Abrahams erfaßt. Dieser spricht weder mit Sara noch mit Eliezer noch mit Isaak. Er kann nicht sprechen, weil er – anders als der tragische Held – keinen Grund für sein Handeln angeben kann. Agamemnon opfert Iphigenie, zerreißt die Bande des Blutes im Namen eines *höheren Interesses (inter-esse)*, eines *gemeinsamen Ethos*; Abraham ist und bleibt vor Gott allein: Sein Verhältnis zu Ihm ist ein *absolutes* Verhältnis zum *Absoluten* – ein von allem abgelöstes Verhältnis zu dem, der von allem abgelöst ist. Abraham liebt seinen Sohn »von ganzer Seele«.

»[...] indem Gott ihn fordert, muß er ihn womöglich noch stärker lieben, und nur dann kann er ihn *opfern*; denn diese Liebe zu Isaak ist es ja, die durch ihren paradoxen Gegensatz zu seiner Liebe zu Gott seine Tat zu einem Opfer macht. Aber dies ist die Not und die Angst im Paradox, daß er sich, menschlich gesprochen, in keiner Weise verständlich machen kann. Nur in dem Augenblick, da sein Tun in absolutem Widerspruch zu seinem Gefühl steht, nur da opfert er Isaak, aber die Realität seines Tuns ist das, wodurch er zum Allgemeinen gehört, und da ist und bleibt er ein Mörder.« (S. Kierkegaard, *Furcht und Zittern*. Hamburg 1992, S. 68-69).

Dennoch hat Kierkegaard nicht den Mut, die *Absolutheit* des Verhältnisses, das Abraham an seinen Gott bindet, zu Ende zu denken, die *Absolutheit* der religiösen Bindung der Juden. Er legt Abraham den Glauben ins Herz, das Opfer werde nicht geschehen, »oder wenn es geschieht, dann wird der Herr mir einen neuen Isaak geben, nämlich kraft des Absurden« (ebd., S. 108.). Als christlicher Denker – als Denker des mit Paulus und nicht aus dem Wort Jesu gekommenen *historischen* Christentums – gibt Kierkegaard, hierin nicht anders als Philo, der Jude mit der griechischen Kultur, dem Irrweg ein Ziel, einen Zweck und ein Ende. Gerade das, was der Jude nicht kennt: Für diesen bleibt das Gelobte Land, wo Milch und Honig fließen, immer das Land, das noch kommen soll.

b) Moses

Abrahams Irrweg folgt aus dem Befehl Gottes, der ihn dem Land seiner Väter entreißt; für Moses ist schon die Geburt eine Irrfahrt. Er wird geboren aus den Wassern des Nils und darf ins Leben überhaupt erst treten, nachdem ihn die unfruchtbare

Tochter des Pharao aus den Fluten des Flusses rettet, dem man ihn übergeben hatte. Alles, was vorher war, seine *natürliche* Geburt, zählt nicht, ist phantasmatisch – *ist* eigentlich *nicht*. Zumindest soll es *nicht sein*. Und doch ist das Phantasma dieser natürlichen Geburt immer anwesend. Aber eben als *Phantasma*, als ein Sein, das ein Nicht-Sein ist und der *sozial* anerkannten Geburt, der einzigen Geburt, die es im Reich des Pharao geben darf, die *Realität* nimmt. Ägypter und Jude zugleich – und Nichtägypter und Nichtjude – hat Moses seine Geburt als ein zu eroberndes Ziel vor sich. Hierfür muß er sich aus beiden Gemeinschaften entfernen, denen er als Nichtangehöriger angehört. Moses wird sein Vaterland als »Fremdling im fremden Lande« (*2. Buch Mose*, 2, 22) finden. Deshalb kehrt er, als er seinen *Ursprung* und mit diesem zugleich *sein* Volk wählt, zurück, um sein Volk aus der ägyptischen Gefangenschaft zu führen. Nur auf der Irrfahrt kann sich Moses in seinem Volk erkennen.

Land, Vaterland ist für ihn nur die Wüste – die Abwesenheit von Vaterland. Der Ursprung ist Gefahr und Todesdrohung. Erst die Geburt als Jude, dann die Fluten des Flusses, am Ende das Land Ägypten. *Am Ende?* Gibt es ein Ende für Moses, ein Ende von Gefahr und Bedrohung? Für ihn ist jeder Halt Verrat, jede Ruhe Verlassenheit, jede Befriedung Sakrileg. Als er seinen Gott bittet, ihn schauen zu dürfen, geht Gott vor ihm her und verbirgt sein Gesicht. Moses kann nur den Rücken Gottes sehen. Gregor von Nyssa kommentiert:

»Und nun wird Moses, der Gott zu sehen verlangte, belehrt, wie man Gott sehen kann: Gott nachfolgen, wohin ER auch führt, ist: Gott sehen [...]. Deshalb wird zum Geführten gesagt: ›Du wirst mein Antlitz nicht sehen‹, das heißt: ›Du sollst den Führer nicht von Angesicht zu Angesicht sehen. Denn sonst würdest du in die entgegengesetzte Richtung gehen.‹ Das Gute schaut dem Guten nicht entgegen, sondern folgt ihm.« (*Der Aufstieg des Moses*, 117)

Der Gott Moses ist immer woanders, jenseits. Seine wahre Wurzel – das Gute – liegt nicht in der *Vergangenheit*, sondern in der *Zukunft*. Vergangenheit und Gegenwart haben einen Wert *durch* die Zukunft. Die jüdische Zeitvorstellung unterscheidet sich grundsätzlich nicht nur von der »kreisförmigen« Zeit der Griechen, sondern auch von der »linearen« Zeit des historischen, des paulinischen Christentums. Die jüdische Zeit ist nicht auf die *Gegenwart* Christi, sondern auf die *Zukunft* des immer woanders und immer jenseits seienden Gottes ausgerichtet, des Gottes, der »anders als Sein« ist. Wie die *Vergangenheit* Gefahr und Bedrohung, so ist die *Gegenwart Wüste*, sie hat keinen Wert an sich. Das Land, in dem man wohnen soll, ist immer das zukünftige. Die ganze Kette der Zeit ist an der Zukunft aufgehängt. Die Wüste ist deshalb nicht eine Zeit der Prüfung, sondern ein *Schicksal*. Und die dauernde Lebensbedingung des jüdischen Volkes.

Aber die Wüste ist nicht nur Irrfahrt und Armut, sie ist auch *Verheißung*. Die Rauchsäule, die Moses und Israel führt, ist schon *Begegnung*. In der Wüste, und nur in ihr, trifft man den Gott als Führer. Israel ist in der Irrfahrt zu Hause. Deshalb sind Gesetze nötig – auch harte: hart wie das Wüstenleben. Der Gott, der sich als Abwesender zeigt, der sich verbergend erscheint, fordert Treue. Eine immer wieder erneuerte Treue. Isaak ist keine Episode der Vergangenheit. Auch das Opfer Abrahams hat nur als erneuertes einen Wert – nur *in der Zukunft* aller und jedes einzelnen, in der Zukunft ganz Israels. Deshalb fordert der zukünftige Gott von seinen Menschen und Tieren die Erstgeburt. Er behält sich vor, den Holocaust ein ums andere Mal aufzuschieben. Die Begegnung mit Gott ist immer ein Opfer. Das Opfer der Gegenwart. Die nur als geopferte einen Wert hat. Und also als vernichtete. Nur die Vernichtung der Gegenwart gibt der Gegenwart Wert und Würde. Die Wüste ist *Wüste* nur durch den Gott, der sie entwürdigt, vernichtet, negiert. Die Begegnung mit Gott ist die erhebende Erfahrung der eigenen Vernichtung durch die totale Hingabe, die Hingabe, die kein *Ende* kennt.

Deshalb trifft Israel, als es um eine Ruhepause bittet, als die Härte der immer wüster werdenden Wüste die Sklaverei in Ägypten in der Erinnerung fast leicht erscheinen läßt, unbarmherzig Gottes Verdammnis, dieses Volk, *sein* Volk, das unfähig ist, ihn zu empfangen – das gegen sein anspruchsvolles Urteil rebelliert. Aber nicht nur das Volk Israel *rebelliert gegen* seinen Gott. Auch Moses lernt das Ermatten angesichts eines Ziels kennen, das nie aufhört, Ziel zu sein, angesichts eines Gottes, der in seiner undurchdringlichen Wolke verhüllt bleibt, eifersüchtig bedacht auch auf sein Bild. Der erst hilft, als sein Stamm am Ende seiner Kräfte ist, und ihm plötzlich befiehlt, sich wieder auf den Weg zu machen in der Wüste. In der Episode vom Goldenen Kalb kann man durchaus auch eine gewisse »Mitverantwortung« Moses erblicken, eine – wenn auch nur indirekte – Mitschuld. Man bedenke, daß die Idee, das Gold einzuschmelzen, um das Götzenbild zu gießen, immerhin von Aaron kam, dem »Munde« Moses. Und daß auch Moses Strafe, sterben zu müssen, ohne das Gelobte Land betreten zu haben, zu hart ist, als daß sie nur auf jenen zweiten, unbefohlenen Stockschlag auf den Felsen zurückzuführen wäre, aus dem Gott die Quelle springen läßt, die Israels Durst löscht.

I/2. Interpretationen

a) Hegel

Die Abhandlung des jungen Hegel zur Religion ist durch eine tiefe Feindseligkeit gegenüber dem Judentum gekennzeichnet. Hegel vergleicht Abraham mit Kadmus, Danaus und anderen griechischen Helden und schreibt, daß diese »einen Boden auf[suchten], wo sie frei wären, um lieben zu können«, während jener, der Stammvater der jüdischen Nation, »*nicht* lieben [wollte] und darum frei sein« (*Der Geist des Christentums*, S. 277). Der Auszug aus dem Land der Väter war nur der erste Akt einer Freiheit, die absolut sein wollte, frei von allen Bindungen an die Welt. Auch die Liebe zum Sohn, dem einzigen Sohn, den er je hatte, belastete ihn. Er konnte sie erst akzeptieren, als er sicher war, »daß diese Liebe nur so stark sei, um ihm doch die Fähigkeit zu lassen, den geliebten Sohn mit eigener Hand zu schlachten« (ebd., S. 279).

Nicht weniger hart ist sein Urteil über Moses: Er habe sein Volk von einem Joch befreit, nur um ihm ein schwereres aufzuerlegen. Abrahams »nicht lieben wollen«, das seiner Nation die Feindschaft aller Menschen einträgt, die ihnen auf ihren Wanderungen begegnen, richtet sich bei Moses und Aaron auch gegen das eigene Volk:

»Moses und Arons Taten wirken gerade auf ihre Brüder wie auf die Egypter als eine Macht, und wir sehen, daß die letzteren sich doch noch gegen die Unterjochung durch dieselbe wehren.« (ebd., S. 281)

Es ist klar, daß das negative Urteil nur auf diesen Gott Israels selbst zurückfallen konnte, auf seine Unerkennbarkeit. Der Vergleich des Geheimnisses der eleusischen Mysterien mit der Verborgenheit des Gottes Moses ist aufschlußreich:

»[...] die Verborgenheit des Gottes im Allerheiligsten hat einen ganz anderen Sinn als das Geheimnis der eleusinischen Götter. Von den Bildern, den Gefühlen, der Begeisterung und Andacht zu Eleusis, von diesen Offenbarungen des Gottes war keiner ausgeschlossen, gesprochen durfte von ihnen nicht werden, denn sie würden durch Worte entweiht; von ihren Dingen, und Handlungen und den Gesetzen ihres Dienstes konnten die Israeliten wohl schwatzen, denn daran ist nichts Heiliges, das Heilige war ewig außer ihnen, ungesehen und ungefühlt.« (ebd., S. 285)

Hegel sah nur das *Negative* der jüdischen Lebenauffassung, die für ihn Nihilismus und nichts als Nihilismus war. Die *Wüste* ist nur das Bild für die Abwesenheit von Liebe, die Abwesenheit von Wert, die Abwesenheit von Gott. Der Vernichtung der Kreatur entspricht das Nichts des Schöpfers. Hegel erinnert an die Enttäuschung des Pompeius, der, »als er sich dem Innersten des Tempels genähert, dem Mittelpunkt der Anbetung, und in ihm die Wurzel des National-Geistes, wohl die belebende Seele dieses ausgezeichneten Volkes [...] zu erblicken gehofft hatte [...] jenes in einem leeren Raume fand« (ebd., S. 284).

Genaugenommen richtet sich Hegels ganze Kritik gegen die jüdische Auffassung von der Zeit. Als Erbe des paulinischen Christentums – des historischen Christentums –, kann er eine Zeit, die ganz und gar in der Zukunft aufgehoben ist, eine Zeit, deren Zentrum nicht die Gegenwart ist, nicht verstehen. Sein Unendliches ist Totalität, *Positivität, Anwesenheit, Offenbarung.* Der Gott, der sich nicht zeigt, der nicht liebt, der sich nicht offenbart, der nur und immer *zukünftige* Gott, ist für Hegel ein armseliger, verfehlter Gott. Hegels Zukunft ist nur in der *Gewißheit* der Gegenwart, in der *Wahrheit des Gekommenseins.* Der Messias ist gekommen. Die Zeit ist vollendet. Deshalb sind alle Übel der Welt – die *mala mundi* – im allumfassenden Guten besiegt und überwunden. Mit den *mala* überwunden und besiegt ist auch das *malum,* der Tod. Der Tod ist für das Leben: Auf den Karfreitag der Passion folgt das Ostern der Auferstehung – in der Wahrheit der Philosophie nicht weniger als im Glauben der Religion.

b) Benjamin und Jabès

Im Rahmen von Hegels Interpretation des Judentums scheint eine Erklärung der Größe Israels, die der Philosoph selbst anerkennt, wenn er dieses Volk das *ausgezeichnete* nennt (ebd.), nicht möglich. Auch geht die Funktion des Messias in der jüdischen Religionsauffassung nicht völlig in Hegels Diskurs auf. Sie ist auf die Anmerkung beschränkt, »der gemeine Jude [wollte] sich wohl, aber nicht sein Objekt aufgeben [...], in der Hoffnung eines kommenden Messias« (ebd., S. 295-296). Und umgekehrt bekommt der Messias die Rolle einer notwendigen Vermittlung. Die Distanz des jüdischen Gottes, die absolute Jenseitigkeit seines Zukünftigseins, grenzt immer an den völligen Abbruch jeder Beziehung zur Gegenwart und birgt damit die Gefahr des Verlusts seiner Natur als des *zukünftigen* Gottes. Der Messias bringt die Zukunft nicht näher, *verwirklicht* sie nicht, wahrt vielmehr Distanz – aber eben, er wahrt sie. Der *Prophet* – derjenige, der im Futur spricht, um das Ausmaß des *gegenwärtigen* geistigen Elends zu zeigen: die *Untreue* des Volks Gottes zu seinem Gott – setzt voraus, daß die Bindung an den Gott, in dessen Namen er spricht, nicht nur von ihm ausgeht, nicht nur *seine* ist, *subjektiv*, sondern *objektiv*, und das heißt, von Gott selbst gewollt. Der Messias ist die Manifestation der Bündnistreue Gottes im Gegensatz zur *Untreue* des Volkes Israel. Der Messias ist die Anwesenheit der *Zukunft* Gottes in der menschlichen *Gegenwart*. Anwesenheit jedoch als Abwesenheit, die zugleich eine Verurteilung der Gegenwart ist. Auch der Messias also bleibt immer der zukünftige, muß es bleiben. Er ist Zusammenfassung und Ausdruck der ganzen Komplexität der jüdischen Zeit. Einer der subtilsten und scharfsinnigsten Interpreten dieser Komplexität war Walter Benjamin. Und zwar von seinen frühesten Schriften an.

Benjamin geht von der Unterscheidung zwischen der Sprache der *Offenbarung* oder des *Ausdrucks* und der Sprache der Mitteilung aus: eine Sprache, die benennend das *Wesen* der Dinge ausdrückt und *ist*, und einer anderen, die ein Bild der Dinge und ein nützlicher Träger der Mitteilung ist. Diese Unterscheidung aber ist nicht historisch-faktisch, denn seit der Zeit des Sündenfalls, seit der Zeit also der *Geburt* der Geschichte, hat der Mensch die offenbarende, die *paradiesische* Sprache verloren (*Über die Sprache überhaupt und über die Sprache des Men-*

schen, S. 152-153). Die »reine Sprache« ist nur eine *archaische* Erinnerung – die Erinnerung an eine Vergangenheit, die immer schon vergangen war. Tatsächlich haben nur die »aberhundert Sprachen« der *geschichtlichen* Menschheit existiert und existieren noch, die alle ein Verrat (»tradimento«) – und also auch eine *Tradition, Transmission* – jener reinen und ursprünglichen Sprache sind, die nie *existiert* hat und doch metahistorisch und axiologisch in jeder historischen Sprache anwesend ist (*Die Aufgabe des Übersetzers*, S. 13-18).

Benjamins Interpretation der Zeit steht in bewußtem Gegensatz zu Hegel. Auch die tragische Zeit, die eigentlich der *Vorgeschichte* des Menschen angehört, ist zwar wie die messianische Zeit eine *erfüllte Zeit*, aber doch *erfüllt* in einem Sinne, der das genaue Gegenteil von Hegels Auffassung darstellt. Erfüllt ist die Zeit des tragischen Helden insofern, als der Tod nicht einfach das Ende seines Lebens bedeutet, sondern *seinem Schicksal Form* gibt. Er vollendet seinen »Beginn«, das, was er von Anfang an war. Der Tod verleiht dem tragischen Helden Unsterblichkeit. Aber es handelt sich um eine »ironische Unsterblichkeit« (*Ursprung des deutschen Trauerspiels*, »Trauerspiel und Tragödie«). Auch für Benjamin ist die *Wahrheit des Endlichen das Unendliche* – wie Hegels berühmte Formulierung lautet –, doch in seiner Interpretation des Tragischen ist das Unendliche nicht die Versöhnung des Göttlichen mit dem Menschlichen, die Wiederherstellung der »sittlichen Weltordnung«, sondern vielmehr die absolute und nicht dialektische Negation des Endlichen. In der Sprachlosigkeit des tragischen Helden offenbart sich der ahistorische Charakter seines Schicksals. Der Tod des tragischen Helden *eröffnet* keine Geschichte, sondern offenbart mit der Willkür des Schicksals die »Überlegenheit« des Helden über seine Götter. Hierin liegt die *moralische* Erhabenheit (im Sinne Kants) der Tragödie (vgl. ebd., S. 285 ff. [Selbstzitat aus *Schicksal und Charakter*]).

Wenn dies die Vollendung der tragischen Zeit ist, worin besteht dann die *Unvollendetheit* der historischen Zeit? Hier wird der Gegensatz zu Hegel womöglich noch schärfer. Benjamin setzt der Immanenz des Begriffs die Transzendenz der Idee entgegen, der Bezüglichkeit des Symbolischen die Jenseitigkeit der Allegorie, kurz: der Verherrlichung der Geschichte einen radikalen historischen Nihilismus. Der Lauf der Geschichte ist kein

Eroberungs- und Heilsweg; im Gegenteil: Er ist ein unermeßlicher Trümmerhaufen. Die Geschichte ist nur der Raum des Vergänglichen, des Sinnlosen, das seinen angemessensten Ausdruck in der zerstückelten Sprache des *Trauerspiels* findet. Getrennt vom Ewigen kann die in sich selbst gespaltene Zeit keine andere Kontinuität haben als die einer bloßen räumlichen Zusammenziehung (vgl. *Ursprung des deutschen Trauerspiels*, Kap. I und IV).

Dennoch ist im kreatürlichen Elend der Geschichte die Sehnsucht nach Gott noch anwesend. Eine menschliche Sehnsucht, aber hervorgerufen von der Abwesenheit Gottes. Des durch den Messias anwesenden Gottes. Jeder Augenblick, jede Sekunde – behauptet Benjamin – ist »die kleine Pforte, durch die der Messias treten konnte« (*Über den Begriff der Geschichte*, S. 704). Eintreten kann, und tatsächlich eintritt. Eintritt als Bewußtsein vom Elend des Menschen, als Verlangen nach dem Göttlichen, als das Nichts, das das Maß unserer Nichtigkeit ist. Benjamin entdeckt so die *geschichtsbildende* Funktion des Messias, ohne deshalb in eine historische Verherrlichung der Geschichte zu verfallen. Der jüdische Messias bleibt der zukünftige, und zwar der ewig *zukünftige* – darin besteht sein göttliches Antlitz; diese zukünftige Ewigkeit aber hat die Kraft, die Gegenwart zu sich zu rufen, noch während sie sie verdammt und sich ihr verweigert. Dies ist der Messianismus, aus dem sich die Kraft dieses bemerkenswerten, außergewöhnlichen, *ausgezeichneten* Volks erklärt.

Die jüdische Erfahrung des Göttlichen als Abwesenheit findet in Edmond Jabès einen weiteren außergewöhnlichen Interpreten. Die Gegenwart ist die Negation Gottes. Und nicht die Gegenwart des Menschen allein: Die Gegenwart des Wortes, das vom Schweigen Gottes reden will. Noch vor der Gegenwart des Menschen, der Gegenwart Gottes, der *Schöpfung*, ist die Negation Gottes:

»Gott: vor der Schöpfung ist Er das Ganze; danach, ach, danach: ist Er das Nichts?

Das Ganze ist unsichtbar. Die Sichtbarkeit ist zwischen dem Ganzen und dem Nichts, in jedem vom Ganzen weggenommenen Teil.

Um zu erschaffen, ist Gott aus Sich selbst herausgetreten, um in Sich eindringen und Sich zerstören zu können.

Nachdem Er die Welt erschaffen hatte, war Gott das Ganze ohne den Himmel und die Erde.

Nachdem Er den Tag und die Nacht erschaffen hatte, war Gott das Ganze ohne die Sterne.
Nachdem Er die Tiere und die Pflanzen erschaffen hatte, war Gott das Ganze ohne die Tiere und die Pflanzen der Erde.
Nachdem er den Menschen erschaffen hatte, war Gott ohne Antlitz.
Niemand hat Gott gesehen, aber die Etappen Seines Todes sind sichtbar für jeden von uns.«
(*Le Livre des Questions*, 2, S. 319)

Diese *Fülle* Gottes, seine Vollkommenheit oder seine Vollendung, Sein Alles-in-Einem-Sein, macht die Erde zur Wüste. Nicht der Mensch, nein: Keine menschliche Schuld, keine Sünde des Menschen könnte so mächtig sein, von Gott etwas wegzunehmen. Gott allein kann Gott und Gottes Werke zerstören. Nein, nicht durch den Menschen, sondern durch sich selbst, durch ihr eigenes *göttliches Wesen*, ist die Schöpfung die *Negation Gottes*. Auch Schuld und Sünde des Menschen sind erst *nach* der Schöpfung möglich, *nach* der Wüste. Auf diese Weise aber verkehrt sich der Sinn des *Zu-Hause-Seins in der Wüste*. Aus negativ wird positiv. In der Wüste umherwandern, umherirren, das Exil auf sich nehmen, ist die einzige Art und Weise, wie der Mensch mit Gott kommunizieren kann, mit Gottes Schöpfung. Gerade der *Abfall* von Gott ist die Antwort auf Ihn, auf sein *Werk*:

»Der Schöpfer wird von der Schöpfung abgewiesen. Herrlichkeit des Universums. Erschaffend zerstört sich der Mensch.« (*Le Livre des Questions*, 1, S. 396)

Die Sünde des Menschen bestünde also darin, daß er das Exil und das Nomadentum und das immerwährende Wandern nicht auf sich nimmt. Aber wenn die Erde Wüste ist, wie könnte der Mensch das Umherirren je nicht auf sich nehmen? In Wahrheit sind die Wege der Sünde unendlich: Der Mensch ist imstande, auch die Wüste zur Wohnstatt zu machen und das Exil zum Vaterland. Deshalb empfindet Jabès die Notwendigkeit, sein eigenes Nomadentum zu verdoppeln, indem er beides einfordert, die Entfremdung von dem Land, aus dem er ins Exil geführt wird, und die Entfremdung von dem Land, das ihn aufgenommen hat (*Un Etranger...*, S. 107) – die Entfremdung noch von der Sprache, in der er schreibt. Das Exil ist für ihn immer das Exil vom Exil: *Reise in der Reise. Irrfahrt in der Irrfahrt* (ebd., S. 18).

Aber sosehr auch Jabès auf dem »Fremdsein« besteht – »Der Fremde des Fremden‹, habe ich einmal geschrieben« (*Le Parcours*, S. 16) –, am Ende führt ihn sein Denken doch zwingend zur Anerkennung des *Primats der Gastfreundschaft.* Zwar erlaubt die Gastfreundschaft in der Wüste keine Vertrautheit. Aufgenommen wird der Fremde als Fremder, als Reisender, der anonym ist, auch wenn man ihn kennt, unerwartet, auch wenn er erwartet wird (*Le Livre de l'Hospitalité*, S. 84-85). Was besagt, daß die gastfreundliche Aufnahme der Wüste vor der beunruhigenden, zu diesem Ort gehörigen Abwesenheit Gottes schützt. Aber auf welche Weise schützt sie vor ihr? »Fremdheit« ist immer beunruhigend – doch betrifft sie das Gastverhältnis – ob Gastgeber oder Gast, macht keinen Unterschied –, nie die Aufnahme selbst. Die *Gastfreundschaft* an sich ist sicher, wenn auch die Beunruhigung *in* ihr ist. Gegen die eigene Absicht verwandelt Jabès die Wüste in eine allaufnehmende Wohnstatt. Die Abwesenheit Gottes in den stets sicheren Ort der Anwesenheit des Menschen. Und das Buch, das Zeugnis von dieser Abwesenheit ablegt (*Le Parcours*, S. 30), in einen Ort der Hoffnung.

»Die Hoffnung steht auf der nächsten Seite. Mach das Buch nicht zu. Ich habe alle Seiten des Buchs durchgeblättert, ohne der Hoffnung zu begegnen.
Die Hoffnung ist vielleicht das Buch.«
(*Le Livre des Questions*, 1, S. 380)

Doch in *Le Parcours* schreibt er – in einem Stil, der ungewöhnlich und wie ein Schrei ist –:

»Gott ist nicht Gott. Gott ist nicht Gott. Gott ist nicht Gott. Er ist. Er ist vor dem Zeichen, das ihn bezeichnet. Vor der Bezeichnung.
Er ist die Leere vor der Leere, der Gedanke vor dem Gedanken; also auch das Ungedachte vor dem Ungedachten – als gäbe es ein Nichts vor dem Nichts.
Er ist der Schrei vor dem Schrei, das Zittern vor dem Zittern.
Er ist die Nacht ohne Nacht, der Tag ohne Tag. Der Blick vor dem Blick, das Hören vor dem Hören.
Er ist die Luft vor dem Atem. Die eingeatmete und ausgeatmete Luft der Luft. Noch nicht Wind, sondern leichte, gleichgültige Luft, in seiner Ur-Muße.
O Leer-Unendliches.« (S. 35)

Geht man zu weit, wenn man in diesem Wort das Echo eines anderen Schreis zu hören meint? Eines Schreis, der Ausgeburt und Ausdruck einer ganz anderen Erfahrung des Göttlichen ist?

II – Ethos
Die griechische Erfahrung des Göttlichen

Der Gott Israels kehrt seinem Volk den Rücken – immer ist er der zukünftige, ferne, distanzierte: Auch wenn er ihm wohl will, ist er der Führer, niemals ein Weggenosse –, die Götter der Griechen dagegen zeigen sich immer von vorn. Daran erinnert Pindar: »Ein und dieselbe ist der Menschen und der Götter Abkunft; von einer einzigen Mutter her atmen wir beide, doch trennt sie gänzlich verschiedenes Vermögen. Denn das eine ist ein Nichts, wohingegen der eherne Himmel als ewig unzerstörbare Stätte Bestand hat« (*Nemeische Oden* VI, Vers 1-4). Auch pflegten die Himmlischen vor der Geschichte die Mahlzeiten mit den Sterblichen zu teilen. Und auch nachdem Prometheus' Betrug an Zeus diesem Brauch ein Ende setzt, verschmähen es die Götter so wenig, sich mit sterblichen Frauen zu vergnügen, wie die Göttinnen mit sterblichen Männern. In Griechenland wohnte das Göttliche im Haus des Menschen. In einer von Aristoteles wiedergegebenen Anekdote heißt es, daß ein paar Fremde, die in Ephesus weilten und dem berühmtesten Weisen des Ortes einen Besuch abstatteten, stockten und sich wunderten, einen solchen Mann am Herdfeuer sitzen zu sehen; Heraklit forderte sie zum Eintreten auf *(einai gar kai theous)* und sagte: »Auch hier sind die Götter« (zit. in Heidegger, *Brief über den Humanismus*, S. 351).

II/1. Figuren

a) Odysseus
Abraham und Moses machen sich auf, um sich von dem Land ihres Ursprungs zu entfernen, von der Vergangenheit ihrer Herkunft. Odysseus trotzt allen Gefahren der Reise, um in das Land seiner Geburt zurückzukehren. Er weiß wohl, daß Kalypso Penelope an Schönheit überlegen ist, und dennoch wünscht er heimzukehren. Er verzichtet auf das Geschenk der Unsterblich-

keit und ist sogar bereit zu sterben, nur um seine Insel wieder-
zusehen (*Odyssee*, V, 203-224). Sein Ursprung ist seine eigentliche Zukunft. Sein Grundgefühl ist die Sehnsucht. Schön ist das
Abenteuer und schön die Gefahr, man sucht sie als das Salz des
Lebens, aber nur, wenn es eine Heimkehr gibt. Und für Odysseus ist die Heimkehr Schicksal mehr noch als Ziel. Die größte
Gefahr liegt für ihn in Wahrheit in der Illusion, bereits zu Hause
zu sein. Darin besteht der Liebeszauber der Kirke. Und ihm entzieht sich der Held nicht aus eigener Kraft, sondern nur mit
Hilfe der Gefährten, die ungeduldig sind, ihre Familien wieder-
zusehen, und ihn an das wahre Vaterland erinnern (ebd., X, 472-
474). Die Heimkehr jedoch zwingt zu einem langen Umweg –
länger als alles, was der menschliche Geist sich vorstellen kann.
Eine Reise in das Totenreich. Dort begegnet Odysseus seiner
Mutter. Ende und Anfang sind eins: Es ist der Kreis des Lebens,
den die blinden Augen des Theiresias, hier im Hades, vorausse-
hen: die Heimkehr nach Ithaka, der Sieg über die Freier, die
künftigen Reisen und die künftige Heimkehr; und sogar seinen
süßen Tod [...]. Aus dem Meer, ja (ebd. XI, 134-136); aber alles
verweist hier auf das freundliche Meer Ithakas, heimatlich auch
dieses. Das ganze Abenteuer läuft in der Gegenwart ab, im Zau-
berkreis einer äonischen Stunde, in der Vergangenheit und Gegenwart, vergehend, *sind*.

b) Apollo
Die griechischen Götter sind in der Welt der Menschen zu
Hause. Dennoch bleiben sie bei aller Nähe fern. Der Himmel
umschließt und umfaßt die Erde, aber um sie zu beherrschen.
Wenn der Mythos von der Erzählung menschlicher Begebenhei-
ten zur Erzählung göttlicher Ereignisse übergeht, hebt sich der
Ton. Denn vom Wandelbaren und Zufälligen kommt er zum
Ewigen und Notwendigen. Odysseus steigt in den Hades hinab,
um von Theiresias seine Zukunft zu erfahren. Was ihm vorher-
gesagt wird, wird eintreffen, aber die Gewißheit des künftig Ge-
schehenden, das im Denken des Sehers bereits gegenwärtig ist,
ist nur eine faktische Gewißheit. Den Worten des Theiresias
fehlt die Gesetzmäßigkeit der notwendigen Ordnung der Welt.
Ganz anders das *Sehen* Apollons. Der Sohn des Zeus ist der Hü-
ter des *Nomos* des Vaters. Seine Gegenwart ist die *gesetzmäßige*
Ordnung des Geschehens. Deshalb sieht er nicht eigentlich vor-

aus – er *sieht*. Am Horizont der Zeit sieht er das Sich-Ordnen aller Zeiten.

»Phöbus« Apollon – der »Reine«. Weil sein Blick nicht vom Akzidentellen des Geschehens getrübt ist. Der Gott der Schönheit: Als schönster, weil »sichtbarster« – *ekphanestaton* – Gott macht er alle Dinge sichtbar. Er ist das Licht, das dem, was ist, Kontur und Begrenzung gibt. Ihm befiehlt Zeus – nach der Erzählung des Aristophanes bei Plato –, nachdem er den herrlichen androgynen Urmenschen zerschnitten hat, »ihm das Gesicht und den halben Hals herumzudrehen, nach dem Schnitte zu, damit der Mensch, seine Zerschnittenheit vor Augen habend, sittsamer würde« (*Symposion*, 190e). Mit Apollon also entsteht das Bewußtsein. Das Bewußtsein der menschlichen Begrenztheit gegenüber den Göttern. Das Bewußtsein also der Zeit, der *aufgeteilten* und *geordneten* Zeit des Menschen. Im Mythos des Aristophanes ist unter anderem die Erinnerung an die Geburt der Ordnung der in Vergangenheit, Gegenwart, Zukunft zerlegten Zeit aus der wilden, ungeschiedenen, chaotischen Urnatur aufbewahrt.

Apollo ist die göttliche Gestalt der ewigen Wahrheit des Parmenides. Die *mythische* Vorwegnahme der epistemischen Gegenwart, die zu »denken« sich unsere ganze westliche Tradition – erst die *sophia*, dann die *philosophia* – bemüht hat. Aber nicht *nur*.

Erinnern wir uns daran, daß die Antworten von Delphi mehrdeutig waren. Diese Mehrdeutigkeit geht nicht auf die unzulängliche Intelligenz des Menschen zurück, sondern auf den Willen des Gottes – das *Indirekte*, die Loxia, wie die Griechen das auch nannten. In der »Wahrheit« des Apollon lag, wenn auch nicht allzu tief, ein robuster Wille zur Lüge verborgen. Welcher sich mit Gewalt paarte, hatte sich doch die kleine und felsige Insel Delos gefürchtet, zur Stätte der Niederkunft der Leto zu werden (*Hymne an Apollon*, 66-69). Der griechischste der griechischen Götter war in Wahrheit nicht griechischen Ursprungs. In der Erzählung vom Streit mit Hera und von der Erschlagung des Drachens Typhon, dessen Obhut die Göttin ihre monströse Nachkommenschaft anvertraut hatte (ebd., 331-369), ist die Erinnerung an die Urgewalt offenkundig, die der unbegrenzten, ungeformten, orgiastischen Natur der Mutter Erde angetan wurde, als die auf Maß und Gesetz gegründete

kosmische Ordnung des Vaters Zeus aus ihr entstand. Die Ursprünge des Apollon reichen also bis in die älteste *mediterrane*
Kultur zurück. Und auch als er in den griechischen Olymp aufgenommen wird, bewahrt der Mythos die Erinnerung an seinen
älteren Ursprung. Er erzählt nämlich, daß die Götter selbst bei
seinem ersten Erscheinen in der Wohnung des Zeus »erbebten«
(ebd 1-4).

Auch Heraklit spricht von der zweideutigen Natur des Apollon, wenn er anmerkt, das Orakel von Delphi »spricht nicht aus
und verbirgt nicht, sondern gibt ein Zeichen« (Fragment 93).
Und vielleicht dachte Heraklit noch einmal an die Gestalt des
Apollon, als er behauptete, »das Wesen der Dinge versteckt sich
gern« (Fragment 123). Das schönste, das sichtbarste Wesen.

II/2. Interpretationen

a) Plato

Das Wort der Philosophie ist nicht ursprünglich, sondern abge-
leitet. Älter als die Philosophen sind die Weisen, die – als wahre
Gesetzgeber (nomothetai) – den Dingen Namen gaben und mit
den Namen die Ordnung (*Kratylos*, 390a-391d). Die Griechen,
Philosophen, sind »doch immer Kinder, einen hellenischen
Greis aber gibt es nicht« (*Timaios*, 22b). Die Philosophie, die
sich dessen bewußt ist, spricht vor allem durch die Worte des
Mythos, der von der Entstehung der Zeit erzählt. Der göttliche
Erschaffer der Welt macht, damit sein Geschöpf seinem Urbild
so ähnlich wie möglich werde, »von der in dem Einen verharrenden Ewigkeit (*menontos aiōnos enheni*) ein in Zahlen fortschrei-
tendes ewiges Abbild (*aiōnios eikōn*), eben die Zeit. Und zugleich mit der Zeit läßt er den Himmel entstehen und die Tage
und die Nächte und die Monate und die Jahre, welche Teile
(*merē*) und Formen (*eidē*) der Zeit sind. Es ist klar, daß das, was
der Bewegung angehört – das »war«, das »ist« und das »wird
sein« –, nicht dem zukommt, was, weil es unbewegt und unge-
teilt ist, »ist« und nichts als »ist« (ebd., 37d-38a).

Sonderbar und erstaunlich, diese Geschichte, die mit der Geburt des *Ewigen* beginnt – sei es auch einer ikonischen, abgeleiteten Ewigkeit – und mit der Hypothese der Auflösung von Zeit
und Himmel, das heißt des *ewigen* Abbilds des Ewigen, endet
(ebd., 38b-c). Es ist durchaus nicht belanglos, an dieser Stelle

darauf hinzuweisen, daß die Ewigkeit der Abbild-Zeit von Plato immer mit dem Ausdruck *aiōnios* benannt wird, mit *aiōn* einer zusammengezogenen Form von *aei on*, das Immer-Seiende, während die in dem Einen verharrende Ewigkeit auch *aïdios* genannt wird. Und mit Recht, ist doch *a-idios* eben das Ungeteilte. Das, was weder Teile (*merē*) noch Formen (*eidē*) hat, was uns zu sehen (*idein*) nicht gegeben ist. Die Zeit ist also die Teilung des Ungeteilten, Abbild und Form dessen, was weder Abbild noch Form hat. Sie ist die Anschauung des Unsichtbaren.

Die *Gegensatzbeziehung*, die zwischen Urbild und Abbild besteht, verweist darauf, daß das Abbild gerade vom Urbild bedroht wird. Das sichtbare Abbild, gliche es vollkommen diesem Urbild, verschwände im Unsichtbaren, Ungeschiedenen und Ungeformten. Im *abgeleiteten* Wort der Philosophie taucht diese Bedrohung wieder auf, die der Mythos in der *zweideutigen* Gestalt des Apollon darstellt – »schön« und »gewaltsam«, ein Grieche mediterranen Ursprungs. Vielleicht ist es kein Zufall, daß zu Beginn der »Geschichte« von der Erschaffung der Zeit Plato auch die Götter *aïdioi* nennt. Zum Sichtbaren, Allersichtbarsten, gehört das Unsichtbare. Wie zum Schönen, Allerschönsten, das Schreckliche gehört: »Das Schöne ist nichts / als des Schrecklichen Anfang« (Rilke, *Duineser Elegien*, 4-5).

Diese dämonische Drohung auszutreiben, sich vor der Gefahr der in dem Einen verharrenden Ewigkeit zu schützen, dies ist die Aufgabe, die sich die westliche Philosophie von allem Anfang an gestellt hat. Aristoteles setzt dem Ungeformten, Ungeschiedenen des Ursprünglichen, dem *aoriston* der *dynamis*, das Primat des Handelns entgegen, der *energeia*, des Vollendeten, der *Form*: *morphē mallon physis tēs hylēs* (*Physik*, B, 193 b 6-7). Hier sein Beweis:

»Denn wie soll etwas bewegt werden, wenn nicht eine Ursache in wirklicher Tätigkeit vorhanden wäre? Denn es kann ja doch der Stoff nicht sich selbst in Bewegung setzen, sondern dies tut die Baukunst, und ebensowenig kann die Menstruation oder die Erde sich selbst bewegen, sondern das tut der Same oder der Keim.« (*Metaphysik*, XII, 1071 b, 28-32)

»Also war nicht eine unendliche Zeit Chaos oder Nacht, sondern immer dasselbige *(tauta aei)*, entweder im Kreislauf oder auf eine andere Weise, sofern die Wirklichkeit dem Vermögen vorausgeht.« (ebd., 1072 a, 7-9)

Ewig ist die Welt – und droht nicht unterzugehen. Gott – die reine Form, die nichts Ungeformtes verbirgt – ist der ewig Eine, in dem sich die vielfältige, *eidetische* Ewigkeit der Welt sammelt und spiegelt. Garant der Ewigkeit der Zeit und Fundament der Absolutheit der *episteme*. Dem Menschen nahe, weil er die von ihm bewohnte Welt sicher macht und es ihm dadurch erlaubt, ein *politikon zōon* zu sein.

Diesem auf der *Nähe* Gottes gegründeten *Ethos* ist auch die gesamte Philosophie Hegels verpflichtet. Die des christlichen Philosophen Hegel, des Philosophen des historischen, *paulinischen* Christentums. Nicht daß Hegel das nächtliche, *vorgriechische* Gesicht des Gottes Apollon nicht gekannt hätte; im Gegenteil, seine Interpretation der griechischen Welt beginnt gerade mit der Darstellung zweier entgegengesetzter sittlicher »Massen«, die eine Ausdruck des *natürlichen* Rechts des Schattens, die andere Ausdruck des *geistigen* Gesetzes des Tages (*Phänomenologie des Geistes*, S. 317 ff.). Dennoch hat der Konflikt zwischen dem Nacht- und dem Sonnenantlitz des Gottes – ein Konflikt, der auf immer neue Art und in immer neuen Formen die gesamte Geschichte der Menschheit geprägt hat – ein einziges Ziel, einen einzigen Zweck: die *Offenbarung des Tiefsten* (ebd., S. 564). Der *Schatten* ist von Anfang an zum Lichte bestimmt – um am Ende eben dieses zu werden, Licht.

b) *Nietzsche und Hölderlin*

Bei seiner genealogischen Arbeit ist sich Nietzsche von Anfang an bewußt, daß die Verknüpfung von »Sonnenreligion« und »*episteme*«, auf der die westliche Zivilisation seit Sokrates beruht, und das heißt seit der Geburt der »Philosophie«, der Ausdruck eines *Ethos* ist, einer Art und Weise, in der Welt zu Hause zu sein, deren Forderung nach Gewißheit nur die Frucht von Furcht und äußerster Ungesichertheit ist. Als »Philologe« beugt er sich über unsere ältesten Wurzeln, getrieben von dem Wunsch, das andere Gesicht des Gottes zu sehen, das vorgriechische Gesicht des Griechen Apoll. Das Gesicht, das er Dionysos nennt.

Daß es sich um einen einzigen, in sich gespaltenen und mit sich selbst im Widerstreit liegenden Gott handelt, liegt auf der Hand. Nichts hätte man sonst begriffen von ihrer *Zusammenarbeit*, die aus dem und durch den Gegensatz entsteht. Im übrigen wird die Einheit explizit benannt. Nietzsche nennt sie *Bruder-bund*. Aufgrund dieses *Bundes* redet Dionysos die Sprache des Apollon und Apollon die Sprache des Dionysos (*Die Geburt der Tragödie*, S. 139-140): Weil eben das Eine – das Ur-Eine –, um erscheinen zu können, Gestalt annehmen muß, sich also in vielfältige und individuelle Formen aufteilen muß. Formen, Gestalten, Erscheinungen, die immer Erscheinungen, Formen und Gestalten des Ungeteilten, Nichterscheinenden, Ungeformten sind. Es ist das Kennzeichen der Ikone, daß sie dem, was keine Gestalt hat, Gestalt gibt. Wäre das Ur-Eine schon *gestaltet*, *geformt*, wäre die Ikone nur eine Kopie, eine leere Wiederholung ihrer selbst.

Aber auf welche Weise ist das Ungeformte in der Form, das Ungeteilte im Geteilten? In der Form der *Anwesenheit*. Wenn das *ungeformte* Sein des Einen darin bestünde, keine besondere und endliche, *geteilte*, Form zu haben, wenn es – *un-geteilt* [*in-dividuo*] – alle Formen wäre, in denen es sich nacheinander zeigt, so unterschiede sich Nietzsches Dionysos in nichts von Hegels »Tiefstem«. Dionysos aber ist nicht *anwesend*. Dionysos ist der *Immer-Abwesende*. Er ist die *Abwesenheit*. Dies ist ein heikler Punkt, bei dem wir ein wenig verweilen müssen, auch um das – auch zeitliche – *Primat* zu verstehen, das in der Tragödie dem Chor vor dem Helden zukommt. Und das heißt: das Primat der Betrachtung des Handelns vor dem Handeln. Aber was für ein Paradox ist das nun wieder? Kann man denn irgend etwas betrachten, ehe dieses irgend etwas ist? Das Paradox der Tragödie ist unzweifelhaft ein... Paradox: das Paradox der Betrachtung der Abwesenheit. Denn was *in Wahrheit* in der Tragödie zu betrachten ist, ist die *Abwesenheit*. Die *Abwesenheit* des Gottes. Dionysos *ist nicht da*. Er ist niemals da. Alle Gestalten, die er nacheinander annimmt, alle Helden, die diesem Gott der Tragödie ein Gesicht geben – sind niemals Dionysos (ebd., S. 62-64). Dionysos entzieht sich. Er ist das Sich-Entziehen selbst. Und dadurch wird alle Gewißheit ungewiß, alles Ruhige beunruhigt. Dionysos ist die Abwesenheit, die beunruhigt. *Das Unheimliche*.

Das Auftreten des Helden – der Übergang vom *tragischen Dithyrambus* zur *dramatischen* Form – kennzeichnet bereits den Beginn des *Verfalls* des Tragischen und verweist den *abwesenden* Gott gewissermaßen auf die Maske. Die Tragödie jedoch bleibt in ihrer ursprünglichen Bedeutung so lange erhalten, wie der Chor es wagt, seinen *antithetischen* Charakter in bezug nicht auf den Helden, sondern auf die Reduktion des Göttlichen auf das Gesicht des Helden zu wahren.

Man sollte diese Passagen aus Nietzsches *Geburt der Tragödie* zusammen mit Hölderlins Anmerkungen zum *Ödipus* und zur *Antigone* des Sophokles lesen. Beide stehen im selben Gegensatz zur Dialektik Hegelscher Prägung – ein Gegensatz, der auf die gleiche Wahl eines *epochalen*, als Alternative zur gesamten westlichen Zivilisation oder Tradition verstandenen Bedeutungsfelds verweist.

Für Hölderlin realisiert sich die tragische Darstellung des Bundes des Göttlichen mit dem Menschlichen *im Zorn*, durch den »sich begreift, daß das grenzenlose Eineswerden durch grenzenloses Scheiden sich reiniget« (*Sämtliche Werke*, II, S. 395-396). Das Eineswerden reinigt nicht das Uneinige, sondern genau umgekehrt. Hegel – und alles, was Hegel hier bedeutet – wird auf den Kopf gestellt! Und aus dieser Perspektive sieht Hölderlin auch die Funktion des *Chors*:

»Darum der immer widerstreitende Dialog, darum der Chor als Gegensatz gegen diesen […] Alles ist Rede gegen Rede, die sich gegenseitig aufhebt.« (ebd., S. 396)

Abstrakt logisch könnte man sagen: Der Chor ist die *contradictio contradictionis*, die den Widerspruch vor der Unwidersprechlichkeit seines Da-Seins rettet. Und also wird durch den tragischen Chor die *Beunruhigung*, die *Unheimlichkeit*, nicht beschwichtigt, sondern gesteigert.

Aber Hölderlin, so sehr er im Namen der unendlichen Natur dem nur menschlichen, doch nur endlichen Begriff der hegelschen Versöhnung widerspricht, so wenig wagt er es doch, ganz bei seinem Widerspruch zu bleiben. Sein Unendliches – das *Aorgische* – stellt für ihn eine Form der Versöhnung dar: durch den Tod –, aber um ein neues, höheres, reicheres Leben entstehen zu lassen. Von Empedokles schreibt er:

»[…] daß er […] dadurch aber und durch seinen Tod die kämpfenden Extreme, aus denen er hervorging, schöner versöhnt und vereiniget, als in seinem Leben, indem die Vereinigung nun nicht in einem Einzelnen und deswegen zu innig ist, indem das Göttliche nicht mehr sinnlich erscheint, indem der glückliche Betrug der Vereinigung in eben dem Grade aufhört, als er zu innig und einzig war, so daß die beiden Extreme, wovon das eine, das organische durch den vergehenden Moment zurückgeschreckt und dadurch in eine reinere Allgemeinheit erhoben, das aorgische, indem es zu diesem übergeht, für das organische ein Gegenstand der ruhigern Betrachtung werden muß, und die Innigkeit des vergangenen Moments nun allgemeiner gehaltner unterscheidender, klarer hervorgeht.« (*Grund zum Empedokles*, ebd, S. 118)

Wie Hölderlin, so Nietzsche: Dionysos, der *abwesende Gott*, ist abwesend, weil ihm keine Form, keine Individuation, keine apollinische Gestalt gleicht. Aber aus seinem Sich-Entziehen entstehen alle individuellen Gestalten und Formen. Der Tod des Individuums ist nicht die Niederlage, sondern der Triumph des Prinzips der Individuation. Das Ur-Eine, das Leben im Reinzustand, das reine Fließen, zerstört, um zu erschaffen. Und darin offenbart sich eine *Urlust*, die an die »weltbildende Kraft« erinnert, die Heraklit mit einem Knaben verglich, der am Meeresstrand spielt und aus Sand und Kies Haufen baut und sie gleich danach wieder einreißt. Um andere zu bauen, *ohne Ende.* Zwar behauptet Nietzsche an anderen Stellen der *Geburt der Tragödie*, daß die Musik das Wort nicht braucht, sondern nur erträgt (ebd., S. 51). Und hierin ist vielleicht der erste Ansatz zu seiner Kritik an Wagners *Kompromiß* zwischen Heidentum und Christentum zu sehen, seiner Opposition gegen die Romantik. Aber wenn das *brüderliche* Band zwischen Dionysos und Apollon zerrissen ist, wie ist dann noch die babylonische Orgie von der attischen Tragödie zu unterscheiden (S. 31-34)? Die »Frage« geht, soviel ist klar, über die Grenzen der *Geburt der Tragödie* hinaus und beschreibt die ganze Spannweite von Nietzsches Denken. Welches wie noch kein anderes vor ihm zu einer jedes Maß überschreitenden Verherrlichung der Bewegung und des Werdens vordringt und doch niemals aufhört, in dieser Verherrlichung so etwas wie eine Versöhnung zu suchen. Welche? Die Versöhnung des Werdens mit sich selbst, des Lebens mit dem Leben, des Willens mit dem Willen. Ein Zitat aus dem *Zarathustra* soll hier genügen:

»Und wer lehrte ihn [den Willen] Versöhnung mit der Zeit, und Höheres, als alle Versöhnung ist?

Höheres als alle Versöhnung muß der Wille wollen, welcher der Wille zur Macht ist; doch wie geschieht ihm das? Wer lehrte ihn auch noch das Zurückwollen?« (*Also sprach Zarathustra*, S. 181)

Wenn sich Nietzsche also in den letzten Lebensjahren bemühte, *wissenschaftliche* Beweise für die Lehre von der ewigen Wiederkehr zu finden (vgl. *Wille zur Macht*, insb. §§ 1062-1067), so waren dies keine *rhetorischen* Fragen. Die Versöhnung *jenseits* jeder Versöhnung, die höchste und letzte Versöhnung, der *anulus aeternitatis*, die modernste und die älteste Version des *tanta aei*, bedurfte einer epistemischen Grundlegung. Nietzsche sah zwei Wege vor sich: zur einen Seite den von Aristoteles eröffneten und von der *epistemischen und religiösen* Tradition des Westens gebahnten Weg, zur entgegengesetzten Seite den Weg des *Wahnsinns*, des planvollen Wahnsinns: »Nicht mehr Hirt, nicht mehr Mensch« (*Also sprach Zarathustra*, S. 202). Und er wählte.

Nietzsche schließt seine geistige Autobiographie mit dieser Frage: »Hat man mich verstanden? – *Dionysos gegen den Gekreuzigten ...*« (*Ecce homo*, S. 385).

»Hat man mich verstanden?« – Warum dieser Zweifel? Wer in Gestalt der Kreuzigung den Asketismus wieder auf sich genommen hat, den Primat des Wertes vor dem Tatsächlichen, des Sein-Sollens vor dem Leben, wie könnte der, nach *Jenseits von Gut und Böse* und *Genealogie der Moral*, noch daran zweifeln, verstanden worden zu sein? Wenn aber nun, hypothetisch gedacht, Nietzsche seine Frage nicht an die anderen, sondern an sich selbst gerichtet hätte? Wenn sich, hypothetisch gedacht, in der Frage ein Zweifel an der eigenen Position verriete? Ein Zweifel, den er, indem er ihn aussprach, von sich fernhalten wollte? Man mag das für eine müßige und psychologisierende Spekulation halten. Und doch, und doch ... wenn sich Dionysos am Ende als auf die Gestalt des Apollon eingeebnet erweist, wenn sich erweist, daß das Leben immer schon zur unablässigen Hervorbringung von *Formen* bestimmt war, wenn das höchste Streben des Willens zur Macht nur die Wiederholung seiner selbst war und wenn diese Wiederholung nach *wissenschaftlicher* Grundlegung *verlangt*, nach handfesten Beweisen, wenn sich, kurz gesagt, das *ethisch-epistemische* Modell am Ende als das im wesentlichen von Aristoteles definierte erweist – endet *Ecce homo* dann wirklich mit einem Widerspruch? Die Frage führt zwingend zu einer weiteren: Was ist das *Christentum*? Auch um zu verstehen, daß die letzte Wahl Nietzsches nicht unausweichlich ist. Zwischen *Episteme* und *Wahnsinn* – *tertium datur*!

III – Verlassenheit
Die Worte Christi und das Christentum des Paulus

III/1 – Figuren

a) Jesus

»Aperiam in parabolis os meum, / eructabo abscondita a constitutione mundi.« (*Psal.*, 78, 2; *Matthäus* 13, 35)

Jesus *wiederholt* die Worte des Propheten – absichtlich. Aber, so fragen wir uns: Welchen Sinn hat diese »Wiederholung«? Dies ist eine grundsätzliche Frage, denn auch die allerletzten Worte – die in der neunten Stunde am Kreuz hinausgeschrienen Worte (*Matthäus* 27, 46), sind eine *Wiederholung* des Beginns des 22. Psalms Davids.

Bei Jesus betont die Wiederholung das Getrenntsein, die Differenz. Das Wort Jesu ist nicht das Wort des Propheten, nicht das Wort des Alten Testaments. Es ist etwas anderes. Und von einer *Andersheit*, die keine Vermittlung zuläßt, sondern nur ein klares *aut/aut*. Höchst aufschlußreich die Episode von dem Jünger, der Jesus bittet, seinen Vater begraben zu dürfen, und die schroffe Antwort bekommt: »Folge du mir, und laß die Toten ihre Toten begraben« (*Matthäus* 8, 22). Der älteste Akt der Frömmigkeit wird für eitel erklärt, gehört doch auch er der Welt an. Der Welt des Gesetzes, des *Sichtbaren*. »Habt acht auf eure Frömmigkeit, daß ihr die nicht übt vor den Leuten, um von ihnen gesehen zu werden« (*Matthäus* 6, 1).

Selbst das Gebet wird *im Verborgenen* verrichtet, es flieht die Augen der Welt:

»[...] sollt ihr nicht sein wie die Heuchler, die gern in den Synagogen und an den Straßenecken stehen und beten, *damit sie von den Leuten gesehen werden*. [...] Wenn du aber betest, geh in dein Kämmerlein und schließ die Tür zu und bete zu deinem Vater, der *im Verborgenen* ist.« (*Matthäus* 6, 5-6; Hervorhebungen von mir)

Das Gebot, Caesar zu geben, was Caesars, und Gott, was Gottes ist, hat jedoch nicht die banale Bedeutung, die beiden *Reiche* auseinanderzuhalten, das religiöse und das politische; vielmehr hat es den tiefen Sinn, die unüberwindliche Differenz zwischen innen und außen, Gewissen und Welt zu betonen: »Die Sorge der Welt und der betrügerische Reichtum ersticken das Wort, und er bringt keine Frucht.« (*Matthäus* 13, 22) Nichts liegt Jesus ferner, als eine Kirche gründen zu wollen, eine Gemeinschaft. Als man ihm sagt, daß seine Mutter und seine Brüder mit ihm sprechen wollen, antwortet er:

»Wer ist meine Mutter, und wer sind meine Brüder? Und er streckte die Hand aus über seine Jünger und sprach: Siehe da, das ist meine Mutter, und das sind meine Brüder.« (*Matthäus* 12, 48-50) ·

Jünger Jesu sind alle: Alle, die sein Wort hören. Warum diese Präzisierung? Was ist so schwierig daran, das Wort Jesu zu hören?

Aperiam in parabolas os meum – das Wort Jesu ist keine Brücke zwischen Innen und Außen, Gewissen und Welt; im Gegenteil, es ist das sie trennende Schwert: »Ich bin nicht gekommen, Frieden zu bringen, sondern das Schwert. Denn ich bin gekommen, den Menschen zu entzweien [...] *und des Menschen Feinde werden seine eigenen Hausgenossen sein*« (*Matthäus* 10, 34-36). Jesus spricht in Gleichnissen und also *indirekt*, weil ihm bewußt ist, daß das, was er zu sagen hat, in der Sprache der Welt nicht sagbar ist – in der einzigen Sprache, die es gibt. Das Gleichnis ist eine Notwendigkeit. Und dies ist am schwersten zu verstehen. Wie die von Matthäus berichtete Episode belegt. Den Jüngern, die ihn fragen, warum er in Gleichnissen spricht, antwortet Jesus, daß sie ihn verstehen, weil sie die »Geheimnisse des Himmelreichs« kennen, aber nicht die anderen, denn »mit sehenden Augen sehen sie nicht und mit hörenden Ohren hören sie nicht« (*Matthäus* 13, 10-13). Nimmt man diese Geschichte wörtlich, müßte man schließen, daß Jesus nicht gekommen ist, um zu allen zu sprechen, sondern nur zu wenigen. Das genaue Gegenteil seiner Antwort an die eigenen »Verwandten«, wie wir sie gerade gehört haben. In Wahrheit spricht Jesus zu allen und für alle. Doch nur diejenigen hören ihn, welche die *Geheimnisse* jenseits der offenkundigen Bedeutung der Worte verstehen, das also, was sich in den Worten immer aufs neue *offenbart*. Die verstehen, daß das Wort immer *doppelt* ist, indirekt, lügnerisch. Daß das *Göttliche* nicht in Sprache übersetzbar ist. Wie Johannes sagt: »lux in tenebris lucet, et tenebrae eam non comprehenderunt« (*Johannes* 1, 5). Aus diesem Grunde auch befiehlt Jesus den Jüngern, »niemandem zu sagen, daß er Christus sei« (*Matthäus* 16, 20). Nicht einmal die Jünger verstehen ihn: Als er Petrus zum ersten Male seinen Tod ankündigt – seinen immer schon geschehenen Tod für die Welt – und dieser erschüttert sagt: »Gott bewahre dich, Herr! Das widerfahre dir nur nicht!«, erwidert Jesus: »Geh weg von mir, Satan! Du bist mir ein Ärgernis; denn du meinst nicht, was göttlich, sondern was menschlich ist« (*Matthäus* 16, 23). Satan nennt er hier die Welt der Menschen. Der Menschendinge. Das Reich der Äußerlichkeit. Des Gesetzes. Griechisch *skandalon* heißt auch »Falle«, »Hinterhalt«. Für Jesus selbst ist die Welt »Falle«, »Hinterhalt« – deshalb fürchtet er sie. Deshalb *muß* er von seinem Tod reden. Und von seiner Auferstehung. Die keine Rückkehr ins Leben ist, keine Wiedergeburt nach dem Tode des Körpers, nach dem physischen Tod. Die Auferstehung ist der Tod selbst: der Tod für die Äußerlichkeit des Gesetzes, der das *Leben* in der Innerlichkeit des *Glaubens* ist, oder eigentlich des *Gewissens*. Dies ist seine Lehre:

»Habt ihr denn nicht gelesen von der Auferstehung der Toten, was euch gesagt ist von Gott, der spricht: Ich bin der Gott Abrahams und der Gott Isaaks und der Gott Jakobs? Gott ist nicht ein Gott der Toten, sondern der Lebenden.« (*Matthäus* 22, 31-32)

Eine Lehre, die nicht nur die Sadduzäer, sondern auch seine eigenen Jünger nicht verstehen. Weil sie den notwendig *indirekten*, *lügnerischen* Charakter der Sprache nicht verstehen. Der wahrhaftigen Sprache. Weil sie die ständige Bedrohung nicht verstehen, unter der das Wort Jesu steht, das sich so leicht – wie auch recht bald geschehen – in Gesetz verwandeln läßt, in Gemeinschaft, Kirche, Welt. Weil sie den Unterschied zwischen dem Wort Jesajas – »Er hat unsere Schwachheit auf sich genommen, und unsere Krankheit hat er getragen« (*Matthäus* 8, 17) – und der *Wiederholung* dieses Wortes nicht verstehen.

Die Worte des Alten Bundes waren Prophezeiungen des Heils, der Erlösung des Bösen im Guten; das Wort Jesu dagegen sagt aus, daß kein Übel der Welt den inneren Menschen je erreichen kann. Krankheiten und Gebrechen verschwinden nicht, sie werden nicht *erlöst*, sie bleiben, was sie sind – in der Welt, denn ohne sie, ohne Krankheiten und Gebrechen, wäre die Welt nicht, was sie ist. Auch Gewissen und Glauben entziehen den Menschen nicht dem Bösen der Welt. Im Bösen der Welt *lebt* das *Göttliche* des Menschen. Aus diesem Grunde erinnert Jesus bei seiner Aufforderung zur allgemeinen *philia* daran, daß der Vater, der im Himmel ist, »seine Sonne aufgehen [läßt] über Böse und Gute und läßt regnen über Gerechte und Ungerechte« (*Matthäus* 5, 43-45).

Wenn wir jetzt den Schrei der neunten Stunde noch einmal hören, verstehen wir den abgrundtiefen Unterschied zu den Worten des 22. Psalms. Im Schrei des Sohnes offenbart sich der Vater. Die Verlassenheit ist nicht die Strafe für eine Sünde: Sie ist die Offenbarung des Vaters. Dies ist das äußerste Paradox, der reine Widerspruch: Der Vater ist Vater nur in der und durch die Verlassenheit des Sohnes, des Menschensohnes, aller Söhne, der Welt. Dies ist die *Wahrheit*, die der Messias verkündet. In der einzig möglichen Form, der Form des indirekten, lügnerischen Diskurses, des Gleichnisses, das von den Dingen redet, die »vom Ursprung der Welt an verborgen« sind – und sie offenbart.

b) *Paulus*

»Warum versteht ihr denn meine Sprache nicht? Weil ihr mein Wort nicht hören könnt! Ihr habt den Teufel zum Vater, und nach eures Vaters Gelüste wollt ihr tun.« (*Johannes* 8,43-44)

Der Teufel – oder Satan – ist, wie gesagt, die Welt der Menschen, die Welt der Äußerlichkeit, des Gesetzes. Aber die Verführung durch die Welt, die Verführung durch das weltliche Wort, welches das *Geheimnis* der Innerlichkeit des *Glaubens zur Äußerlichkeit* des Gesetzes entfaltet, die Decke aufhebt, die das *Wahre* in der tiefen Innerlichkeit des *Gewissens* bedeckt und behütet – diese Verführung bemächtigt sich auch der Lehre Christi.

Aus dem zweiten *Brief an die Korinther*:

»[...] und tun nicht wie Mose, der eine Decke vor sein Angesicht hängte, damit die Israeliten nicht sehen konnten das Ende der Herrlichkeit, die aufhört. Aber ihre Sinne wurden verstockt. Denn bis auf den heutigen Tag bleibt diese Decke unaufgedeckt über dem Alten Testament, wenn sie es lesen, weil sie nur in Christus abgetan wird. Aber bis auf den heutigen Tag, wenn Mose gelesen wird, hängt die Decke vor ihrem Herzen. Wenn Israel aber sich bekehrt zu dem Herrn, so wird die Decke abgetan.« (*aufertur velamen* [3, 12-16])

Paulus stellt die Lehre Christi buchstäblich auf den Kopf. *Auferre velamen* – das ist sein Anliegen. Um die Decke abzutun, um das Wort in die Welt zu übersetzen, begibt er sich nach Athen auf den Areopag und *entdeckt* die Gentilen, jene frommen Heiden, die dem unbekannten Gott einen Altar geweiht haben, den *Deus absconditus*. Nach dem Bericht seines Freundes Lukas (*Apostelgeschichte* 17, 19-32) machten sich einige Athener Gelehrte über ihn lustig, nachdem sie ihn von der »Auferstehung« reden gehört hatten, andere gingen ihrer Wege. Diese Geschichte schien ihnen wenig glaubhaft: Tod und Wiederauferstehung des Gottes begleiten die religiöse Erfahrung der Griechen seit Urzeiten. Nein, für die Athener Weisen war das keine umwerfende Neuigkeit. Auch das übrige nicht, was Paulus ihnen erzählt hatte, daß nämlich dieser ihnen unbekannte Gott »die Welt gemacht hat und alles, was darin ist«. Dies war ihnen ja von ihrer Philosophie – vor allem von der des Aristoteles – nicht nur erzählt, sondern *erklärt* und *bewiesen* worden.

Paulus bringt zusammen, was Christus getrennt hatte: Gott und Welt, Innerlichkeit und Äußerlichkeit, Glaube und Gesetz. Paulus *säkularisiert* das Christentum. Er macht es zur historischen Kraft. Zur geschichtsbildenden Kraft. Und zwar höchst bewußt. Hierin liegt seine Größe: Er, der bekehrte Jude, hat in die *neue* Religion die ganze jüdische Kultur hineingebracht und so das historische Christentum *begründet*, das Christentum, das wir kennen und in dem »wir leben, uns bewegen und sind«. Christus hatte behauptet, er sei nicht gekommen, um das Gesetz aufzulösen, sondern zu erfüllen (*Matthäus* 5, 17-20). Daß sein *Erfüllen* ein *Umstürzen* sein würde, ist allen klar, die die nachfolgenden Verse lesen. Jesus erfüllt das Gesetz in dem Sinne, daß er dem menschlichen Universum ein anderes Ziel verkündet, das wichtigste, das – vom Standpunkt der *Religion* aus gesehen –

einzig wichtige, die göttliche Seite des Menschlichen, den *Glauben*, das *himmlische* Ziel, das anders ist als das *irdische* und jenseits von ihm, absolut anders und absolut jenseits. Paulus dagegen sieht das Gesetz als Ergänzung und Realisierung des Glaubens. *Ho dikaios ek pisteōs zētēsetai* (*Römerbrief* 1, 17) – aber aus dem Glauben kommt, schon mit Abraham, das Gesetz. Und schon vor dem Christusglauben ist das Gesetz der »Zuchtmeister« des Juden (*Galather* 3, 24) gewesen. Der Apostel der Gentilen leugnet nicht die Überlegenheit des Juden über die Gentilen, auch wenn es bisweilen gerade diese Überlegenheit ist, die den Juden, die Sünde des Juden, tiefer verdammt sein läßt als die Sünde *contra natura* des Heiden (*Römerbrief* 2-3). Das historische Christentum, das von Paulus eingesetzte Christentum, ist also die Religion des auf den Glauben gegründeten Gesetzes. Die Religion des gänzlich aufgedeckten Wortes, die Religion der *Offenbarung*. Die Religion des Juden, für den der Messias gekommen ist, die verwirklichte Zukunft, die Gegenwart, die zum Raum geworden ist, in dem alle Zeiten versammelt und aufgehoben sind. Die Wüste ist nicht mehr Wüste: Es ist möglich geworden, auch das Angesicht Gottes zu sehen. *Aufertur velamen.*

Dies ist das Christentum, das gesiegt hat. Das historische Christentum, das Christentum, das Geschichte gemacht hat, die Geschichte unseres Okzidents. Und dies ist die *Tradition*, die sich mit Hegel vollendet, dem Philosophen, der christlich und heidnisch zugleich ist, weil er ein Philosoph der Gegenwart ist, der Anwesenheit, der *Parusia* des Absoluten. Philosoph jener Philosophie, die sich definiert als »Philosophie, die ihre Zeit in Gedanken erfaßt« (*Grundlinien der Philosophie des Rechts*, S. 16).

Zwar gibt es auch im Christentum des Paulus das *Noch-Nicht* der zweiten Auferstehung, die *Zukunft* der Apokalypse. Aber diese Zukunft ist in der Verkündigung schon anwesend. Die »Stunde« des paulinischen Christus umfaßt alle Zeiten.

Jahrhunderte später wird ein italienischer Dichter, getreuer Interpret des Geistes des paulinischen Christentums, schreiben:

Und der noch nicht geborenen Jahre
Entsinnt sich Daniel
(A. Manzoni, *Inni sacri: La resurrezione*, 55-56).

a) Augustinus

Das Christentum des Paulus ist die religiöse *Wiederholung* der epistemischen Gegenwart. Das bedeutet: Paulus möchte die ganze weltliche Zeit *erlösen*. So sehr er auch den »animalischen Leib« vom »spirituellen Leib« getrennt hält, so sehr er beteuert, daß die Auferstehung nicht die des vergänglichen, sondern die des unvergänglichen Leibes sein wird (»gesät im Vergänglichen, wird er im Unvergänglichen auferstehen«), so sehr *will* er doch, daß mit der Seele der Körper aufersteht. Die Gegenwart der Verkündigung, die »Stunde« Christi, hat einen Sinn nur durch die zweite Auferstehung. »Gibt es keine Auferstehung der Toten, so ist auch Christus nicht auferstanden« (*1. Korintherbrief* 15, 13).

Augustinus leugnet die zweite Auferstehung nicht geradezu. Und wie könnte er auch, er, der Bischof, das Haupt der Kirchengemeinde von Hippo? Aber es steht doch fest, daß er den Akzent auf die *erste* Auferstehung legt. Zum Beleg der Kommentar, den er in *De civitate Dei* dem Abschnitt 5, 24-25 des *Johannesevangeliums* widmet. Der Bibeltext lautet:

»Wahrlich, wahrlich, ich sage euch: Wer mein Wort hört und glaubt dem, der mich gesandt hat, der hat das ewige Leben und kommt nicht in das Gericht, sondern er ist vom Tode zum Leben hindurchgedrungen. Wahrlich, wahrlich, ich sage euch: Es kommt die Stunde und ist schon jetzt, daß die Toten hören werden die Stimme des Sohnes Gottes, und die sie hören werden, die werden leben.«

Der Kommentar:

»Hier spricht [Jesus] noch nicht von der zweiten Auferstehung, nämlich der der Leiber, die am Ende sein wird, sondern von der ersten, die schon jetzt stattfindet. Um sie zu unterscheiden, sagt er ja: ›Es kommt die Stunde, ja sie ist schon da.‹ Das ist aber nicht die der Leiber, sondern die der Seelen. Denn auch die Seelen haben ihren Tod, sie haben ihn in der Gottlosigkeit und in den Sünden, und nach diesem Tod sind die gestorben, von denen der Herr sagt: ›Laß die Toten ihre Toten begraben‹: die in der Seele Toten sollen die im Leibe Toten begraben.« (XX, 6, 1)

Augustinus trennt die beiden Auferstehungen deutlich voneinander und spricht die grundlegende Rolle der ersten zu: »Also steht bei der ersten Auferstehung auf, wer nicht bei der zweiten verdammt werden will.« (ebd., XX, 6,2) *Venit hora, et nunc est.* Augustinus betont diese Gegenwart – die eben jetzt ist. Die Gegenwart der Auferstehung, der Wiedererweckung der Seele zu sich selbst, zu ihrer *Innerlichkeit.* Diese »Auferstehung« von der Unfrömmigkeit und Ungerechtigkeit betrifft die Welt nicht. Die Welt ist und bleibt in der Ungerechtigkeit, in der Verlassenheit der Sünde.

Die »Stunde« der ersten Auferstehung ist die *Gegenwart* des Kreuzes; die *Zukunft* der zweiten Auferstehung ist die paulinische *Zeit,* ausgerichtet an der Gewißheit des Glaubens nicht an das Kreuz, sondern an das, was *nach* dem Kreuz kommt. Aber die »Stunde«, die *jetzt* ist, ist kein *Augenblick,* bedeutet keinen Übergang, kein Vergehen. Vielmehr ein Bleiben, ein Stehenbleiben des *in-stans,* dessen, was in der Zeit *stehenbleibt,* ohne an ihr teil zu haben. *Erchetai hōra kai nyn estin*: Das griechische *hōra* bezeichnet die Zeit der Jugend, des Frühlings, des Blühens und also Wieder-Erblühens; zugleich aber auch die Zeit der Ernte, der Fülle, der Früchte. Dies will sagen, daß die *Stunde,* die jetzt ist, auf nichts anderes mehr wartet, weil sie vollendet ist: Für die *Seele* ist die Stunde des Erwachens die Stunde der Reife. Die *Stunde* ist keine Zeit, die vergeht. Nicht weil die Seele nicht zurückfallen kann in die Zeit der Sünde und der Ungerechtigkeit, in die Zeit der Welt, sondern weil sie in ihrem *Augenblick* der Gnade keinerlei Bewegung unterliegt. Die *Stunde* vergeht weder noch dauert sie – *sie ist, sie ist einfach.* Wenn sie vergeht, dann weil sie von der Zeit und der Welt (oder von etwas anderem, wie es gerade hieß) mitgerissen wird.

So kommt die zweite Auferstehung zur ersten hinzu, sie ergänzt sie nicht, vervollkommnet sie nicht; sie ist ein Mehr, das nicht erforderlich ist, wie das Johannesevangelium klar und deutlich sagt: »Qui verbum meum audit [...] *transit* a morte in vitam.« Der Übergang vom Tod ins Leben geschieht im *instans,* in der Gegenwart der *Stunde.* Und es ist wichtig, auf die Bedeutung hinzuweisen, die die *erste* Auferstehung in einem Werk bekommt, das von der *künftigen Apokalypse* der zweiten Auferstehung beherrscht wird.

Daß das Christentum des Augustinus noch über das des Paulus hinausgeht, wird noch deutlicher in *De Trinitate.* Dieses Werk wurde im Zeichen des *auferre velamen* des Paulus konzipiert: Es möchte nämlich die Identität des Wesens Gottes mit der Offenbarung beweisen. *Trinität – Dreieinigkeit* – heißt genau dies: Daß Gott ganz in der *Mission* des Sohnes ist. So daß nicht nur der Vater dem Sohn befiehlt, sondern die ganze Dreieinigkeit: *a Patre et Filio missus est idem Filius.* Die Ewigkeit der Engel, die anzeigt, daß es keine Zeit gab, in der diese rein geistige Natur nicht schon dagewesen wäre, hebt den Unterschied zwischen Schöpfer und Geschöpf, Ewigkeit Gottes und Ewigkeit der Engel, nicht auf, sondern setzt ihn im Gegenteil voraus (*De civitate Dei*, XII, 16), während die *Zeugung* des Sohnes durch den Vater im Gegenteil die Identität ihres *ewigen Seins* impliziert, ihrer *gemeinsamen Ewigkeit* (*De Trinitate*, I, 6.9-7.14). In der tiefsten Tiefe des Göttlichen ist Gottvater, als der Eine und Dreifache, der Sohn. Worin aber besteht dann der Unterschied zwischen beiden? Darin, und nur darin, daß der Vater als Vater, der in sich alle Vollkommenheiten hat, die auch im Logos des Sohnes sind, sie doch *anders* hat als der Sohn, nämlich ungeschieden. Im Sohn, in der Offenbarung, sind Gerechtigkeit und Wahrheit, Güte und Barmherzigkeit geschieden, im Vater dagegen sind sie *in Einem.* Augustinus steht hier, gegen seinen Willen und seine Absicht, ganz im Banne von Plotins Denken. Aber wenn der Vater insofern Vater ist, als in ihm alles aufgehoben ist, nämlich in der Form der *simplicissima complicatio*, dann ist der Logos, der das Einfachste, *to haploustaton, ex*-pliziert, *ent-faltet*, nur insofern seine Wahrheit, Tradition, Trans-Mission, als er zugleich auch sein Verrat ist, seine Lüge. Es liegt in der *Natur* des dreifaltigen Wesens, daß die Wahrheit nur *in Gleichnissen* gesagt werden kann, und also als Lüge. Die herausgeschriene Verlassenheit des Sohnes ist dann die eigentliche Offenbarung des Vaters. Der Geist ist nur die Vereinigung dieses göttlichen Wesens des Vaters mit dem Sohn, der Offenbarung – oder *Mission* – und der Wahrheit mit der Verlassenheit und der Lüge.

Offenbarung, oder Mission, ist Verlassenheit – Wahrheit ist Lüge: Dies ist der *unerhörte* Sinn der göttlichen *kenōsis*, des Skandals des Kreuzes – um den auch Augustinus, bei all seiner Treue zum Apostel, schließlich nicht herumkommt.

b) Kant

Kants Philosophie stellt den *Ort* dar, an dem die Erfahrung des Wortes Jesu – also nicht die des paulinischen Christentums – ihre höchste und kohärenteste *Interpretation* findet.

Kant geht von der radikalen Trennung zwischen unendlich und endlich, Noumenon und Erscheinung aus. Was erscheint, sich zeigt, was Gestalt und Bestimmtheit hat, ist *Erscheinung* nur insoweit, als es in einem Verhältnis zu einer anderen Gestalt und Bestimmtheit, einer anderen Erscheinung steht. Die Erscheinung ist in sich selbst vielfältig, weil die Verhältnisse vielfältig sind, die sie mit den anderen Erscheinungen *verbinden* (vgl. *Kritik der reinen Vernunft*, insb. A 285, B 341). Verhältnis heißt also: Verbindung, Bedingung, Notwendigkeit. Darum ist die Erscheinungswelt, die Welt der *Dinge*, die Welt der Notwendigkeit. Nichts, was in der Zeit und im Raum geschieht, kann frei sein, weil es immer von etwas anderem bedingt ist. Frei ist also nur das Nicht-Endliche, das heißt das, was keine Gestalt hat, keine Form – was nicht *schematisierbar* ist. Was keine Zeit hat. Das Noumenon eben. Das keine Vergangenheit hat, die es bedingt; und also auch keine Zukunft. Und tatsächlich betont Kant auch ausdrücklich, daß in der Welt des Noumenon – in der Welt der *Freiheit* also – *nichts geschieht* (ebd., A 541, B 569) – und, fügen wir hinzu, nichts geschehen kann. So sehr auch Kant bei der Auflösung der *dritten Antinomie* in gefährliche Nähe zu Spinoza gerät – insbesondere dort, wo er von der »Kausalität der Vernunft« (A 551, B 579) und vom »empirischen Charakter« als dem *Schema* des »intelligiblen Charakters« (A 553-554, B 581-582) spricht, das heißt: von der empirischen Welt als *Gestalt* der Welt der Noumena –, so *radikal* unterscheidet sich doch seine Position von der Spinozas. Bei Spinoza hat das Unendliche eine *positive* Bedeutung, es bezeichnet die Substanz, die sich in den endlichen Attributen und Seinsweisen *ex-pliziert*, die *natura naturans*, die sich in der *natura naturata* verwirklicht. Bei Kant dagegen ist das Unendliche ein *negativer* Begriff. Er bezeichnet das *Nicht* des Endlichen, die dem Endlichen immanente Negation. Auch dies wird von Kant ausdrücklich gesagt, und zwar an einer grundlegenden Stelle der ersten *Kritik*, dort, wo es um die Doppeldeutigkeit der Verstandesbegriffe geht, und das heißt um die *transzendentale Topik*. Vom Noumenon, sagt Kant, können wir nichts sagen, nicht einmal, ob es äußerlich oder innerlich ist;

nicht einmal, ob es noch existiert, wenn unsere Begriffe und unsere Anschauungen nicht mehr sind (A 288-289, B 344-345). Das Noumenon ist ein *negativer* Begriff, der die Macht der Sinnlichkeit begrenzt (A 255, B 310-311), den Anspruch also, dem wahrhaft Seienden, dem *alēthōs on*, Gestalt zu geben, *Sichtbarkeit*. Kants Philosophie ist die präzise Grundlegung der aussagenden Theologie. Von der Unsagbarkeit des Wahren: *aperiam in parabolis os meum*. Nichts liegt Kant ferner als das paulinische »*aufertur velamen*«. Aber nicht genug damit. Die Trennung der beiden Welten – »Ich bin nicht gekommen, Frieden zu bringen, sondern das Schwert« – bedeutet nicht, daß eine Loslösung möglich wäre. Die Negativität des Unendlichen weist darauf hin, daß es kein Leben für das Endliche gibt als in der Bedingtheit und Notwendigkeit der Welt. Das »*ut consummati in unum sint*« des Johannes (*Johannes* 17, 23) ist nur *Todestrieb*. Daß Gott sich nur in der Verlassenheit offenbart, im Elend der Welt, im Unglück des Zwangs. Und dies ist der tiefste Sinn der zweiten *Kritik*, mag es auch derjenige sein, der sich am meisten entzieht – und zuvörderst Kant selbst.

Es könnte scheinen, als eröffnete der kategorische Imperativ in seiner deutlichsten Formulierung der Freiheit einen gewissen Spielraum: »Handle...« (*Kritik der praktischen Vernunft*, § 7). Aber gerade das Gegenteil ist wahr. Der Imperativ, der von der Vernunft ausgeht, wendet sich an nichts anderes als die Vernunft, den vernunftgestützten Willen. Und welcher von Leidenschaften beherrschte Mensch hätte je auf die Stimme der Vernunft zu hören verstanden? Um den Befehl zu hören – der kein anderer ist als der Befehl, sich von den Sinnesneigungen zu befreien –, müßte man schon frei von ihnen sein. Als würde man sagen: Um dem Befehl zu gehorchen, müßte man ihm schon gehorcht haben! Doch gibt es nicht nur keine Wahlfreiheit – denn nur der Mensch, der bereits gut ist, kann moralisch gut handeln –, sondern nicht einmal ein Handeln, das zu vollziehen wäre. Kants Moral – als reine Moral der Absicht, die durch das Handeln in der Zeit und in der Welt in keiner Weise ergänzt, vervollkommnet oder auch nur vermehrt werden kann – betrifft nicht das Tun, sondern das Wissen, das alles Tun begleitet. Hierin besteht das *Göttliche* des Menschen und im Menschen: in der *negativen Selbstzufriedenheit*, die man in sich selbst empfindet, wenn man sich, in der Welt lebend, den Zwängen und der

Notwendigkeit der Zeit unterworfen, bewußt ist, daß man nicht *von* der Welt ist, ihr nicht angehört, ihr fremd ist und in diesem Sinne, und nur in diesem Sinne, *frei* (ebd., S. 117-118).

Die moralische Entfremdung des Menschen, seine konstitutive *Utopie*, erklärt, warum das »*aperiam in parabolis os meum*« nicht einmal in Symbole übersetzbar ist. Das Symbol zeugt immerhin noch von einer ursprünglichen Zusammengehörigkeit von Wahrheit und Wort, Ewigkeit und Zeit, Gott und Welt – einer Zusammengehörigkeit, die sich auch als unterbrochene immer wieder herstellen läßt, wenn auch nur in Form der Metapher und der Allegorie, des Etwas-anderes-Sagen, des Ein-Zeichen-für-etwas-anderes-Sein, des Verweises. Das *indirekte* Sprechen, das Sprechen in Gleichnissen, zeugt dagegen von einer ursprünglichen Getrenntheit – und ist deshalb Lüge: die dem, was sich jeder Gestalt und jedem Bild entzieht (Ō⁻), Gestalt und *Bild* gibt; die dem Unbegrenzten Grenzen gibt, *horizei to aoriston*, die das Unteilbare teilt, *polla epoiēse tēn miam* (Plotin, *Enneaden*, VI, 7, 15). Eine im übrigen *notwendige* Lüge, denn nur die Decke der Lüge schützt das Endliche vor der ständigen Gefahr und Drohung der Wahrheit, die tötet, vor dem göttlichen Licht, das blind macht (kein Mensch kann Gott sehen außer per speculum et in aenigmate), vor Gott, der in seiner *absoluten Positivität* jede Negation und also – *omnis determinatio est negatio* – jede Bestimmtheit negiert; der in seiner und durch seine *Vollkommenheit* das Endliche als solches *negiert*. Gott, in seiner *Wahrheit* gedacht, ist der Tod des Endlichen.

Aber das indirekte Sprechen, das In-Gleichnissen-Sprechen Jesu ist lügnerisch im höchsten und edelsten Sinne, denn es bedeckt das Gesicht der Wahrheit und schützt damit das Bewußtsein, daß das Wort des Menschen, das *endliche* Wort, nur durch sein *negatives* Verhältnis zum *Unendlichen* endlich ist, zum *Schweigen*, zum *Einfachsten* und *Vollkommensten*. Nur das Ewige als die *mögliche* Negation der Zeit verhindert die Reduktion der Differenz auf die epistemische Identität des »Immergleichen« *(tanta aei)*. Deshalb ist das höchste Wort die Lüge, die die Wahrheit sagt, indem sie sie – wissend, daß sie sie nicht anders sagen kann – verrät. Auch ist dieses Bewußtsein nichts *anderes* als die Lüge: Im Gegenteil, es ist zu denken als die Lüge der Lüge. Auf sich selbst zurückgeworfene, *re-flektierte* Lüge, rechter Ausdruck der doppelten Entfremdung des *Wortes* des Menschensohnes: Entfremdet dem Vater und der Welt, der Ewigkeit und der Zeit. Rechter Ausdruck des *utopischen Augenblicks* (*instans*) des Kreuzes.

Aus dem Italienischen von Hella Beister

Bibliographie

Aristoteles, *Metaphysik*, in: *Philosophische Schriften in sechs Bänden*, Band 5, Hamburg 1995.

–, *Physik*, in: *Philosophische Schriften in sechs Bänden*, ebd., Band 6,.

Augustinus, Aurelius, *Der Gottesstaat (De civitate Dei)*, Paderborn 1999.

–, *De la Trinité*, Paris 1973.

Barth, K., *Der Römerbrief*, Zürich, 1954.

Benjamin, W., *Die Aufgabe des Übersetzers*, in: *Gesammelte Schriften*, Frankfurt/M. 1972-1985, Band IV 1, S. 9-12.

–, *Schicksal und Charakter*, in: ders., *Gesammelte Schriften*, ebd., Band II 1, S. 171-179.

–, *Trauerspiel und Tragödie*, in: ders., *Gesammelte Schriften*, ebd., Band II 1, S. 133-137.

–, *Über den Begriff der Geschichte*, in: ders., *Gesammelte Schriften*, ebd., Band I 2, S. 693-704.

–, *Über die Sprache überhaupt und über die Sprache des Menschen*, in: ders., *Gesammelte Schriften*, ebd., Band II 1, S. 140-157.

–, *Der Ursprung des deutschen Trauerspiels*, in: *Gesammelte Schriften*, ebd., Band I 1, S. 203-430.

Cacciari, M., *Icone della legge*, Mailand 1985.

–, *Del' Inizio*, Mailand 1990.

Diels, H. und Kranz, W., *Die Fragmente der Vorsokratiker*, Berlin 1954.

Forte, B., *Eternità e il Tempo. Saggio di antropologia ed etica sacramentale*, Mailand 1993.

–, *Sui sentieri dell' Uno*, Mailand 1992.

–, *Teologia della storia. Saggio sulla rivelazione, l'inizio e il compimento*, Mailand 1991.

Gregor von Nyssa, *Der Aufstieg des Moses*, Freiburg im Breisgau 1963.

Hegel, G. W. F., *Der Geist des Christentums und sein Schicksal*, in: *Werke*, Frankfurt/M. 1971, Band I, S. 274-418.

–, *Glauben und Wissen*, in: *Werke*, ebd. 1970, Bd. II, S. 287-433.

–, *Grundlinien der Philosophie des Rechts*, Hamburg 1967.

–, *Phänomenologie des Geistes*, Hamburg 1952.

–, *Wissenschaft der Logik*, in: *Werke*, Frankfurt/M. 1969, Bd. V und VI.

Heidegger, M., *Brief über den Humanismus*, in: *Wegmarken*, Frankfurt/M. 1978.

–, *Holzwege*, Frankfurt/M. 1972.

–, *Nietzsche*, Pfullingen 1961, Bd. II.

Heraklit, *Fragmente*, Zürich 1995.

Hölderlin, F., *Sämtliche Werke und Briefe*, Berlin/Weimar 1970.

Jabès, E., *Le Livre de l' hospitalité*, Paris 1991.

–, *Le Livre des questions*, Paris 1988-1989, Bd. 1 und 2.

–, *Le Parcours*, Paris 1989.

–, *Un étranger avec, sous le bras, un livre de petit format*, Paris 1989.

Kant, I., *Kritik der praktischen Vernunft*, in: *Werke*, Akademie Textausgabe, Berlin 1968, Bd. V.

–, *Kritik der reinen Vernunft*, in: *Werke*, ebd., Bd. IV: Ausgabe von 1781 (A); Bd. III: Ausgabe von 1787 (B).

Kerényi, K., *Die Mythologie der Griechen*, Band II: *Die Heroen-Geschichten*, München 1992.

–, *Miti e Misteri*, Turin 1979.

Kierkegaard, S., *Furcht und Zittern*, Hamburg 1992.

Lévinas, E., *Autrement qu'être, ou au-delà de l'essence*, Den Haag 1978.

Lukrez, *De rerum natura/Welt aus Atomen*, Stuttgart 1981.

Manzoni, A., *Inni sacri*, in: *Opere*, Mailand/Neapel 1953.

Nietzsche, F., *Sämtliche Werke*, München/Berlin/New York 1988.

–, *Der Wille zur Macht*, Stuttgart 1980.

Parmenides, *Die Fragmente*, 3. Auflage, Zürich 1995.

Pindar, *Oden*, Stuttgart 1986.

Plotin, *Die Enneaden des Plotin*, Berlin 1978-80.

Rilke, R. M., *Duineser Elegien*, in: *Werke*, Frankfurt/M. 1982, Bd. II.

Vitiello, V., *Cristianesimo senza redenzione*, Rom/Bari 1995.

–, *Elogio dello spazio. Ermeneutica e topologia*, Mailand 1994.

–, *La Parola riflessa. Logica ed etica della contraddizione*, Mailand 1994.

–, *Topologia del moderno*, Genua 1992.

–, *Utopia del nihilismo. Tra Nietzsche e Heidegger*, Neapel 1983.

Maurizio Ferraris
Der Sinn des Seins als bestimmte ontische Spur[1]

> »Hier ruhen meine Hunde / Meine unnützen Hunde /
> Dumm und schamlos / Immer neu und alt, / Treu und
> untreu / Dem Müßiggang, ihrem Herrn, / Nicht mir
> nichtigem Menschen. / Unter der Erde benagen sie / In
> der Finsternis ohne Ende / Benagen die Knochen, ihre
> Knochen, / Sie hören nicht auf, ihre Knochen zu bena-
> gen / Entleert von Mark / Und ich könnte aus ihnen /
> Die Pansflöte machen / Wie aus sieben Schilfrohren /
> Ohne Suchen und ohne Faden könnte ich / Die Pans-
> flöte aus ihnen machen / Wenn Pan das Ganze ist /
> Wenn der Tod das Ganze ist. / Jeder Mensch in der
> Wiege / sabbert, wenn er am Daumen saugt / Jeder be-
> grabene Mensch / Ist der Hund seines Nichts.«

Gabriele d'Annunzio, Oktober 1935

1. *La Umanità del Figliuolo di Dio* – Die Menschlichkeit des
Gottessohnes –, dies ist der Titel eines Gedichts von Folengo,
das einer typisch humanistischen Gesinnung Ausdruck verleiht.
Die Menschwerdung ist auch der Kern der christlichen Religion, zutiefst politisch und anthropologisch, wie sie sich auch in
Rousseaus *Profession de foi* oder in Kants *Die Religion innerhalb der Grenzen der bloßen Vernunft* darstellt. Nach der Zukunft einer Illusion zu fragen und sich unvermeidlich als Christ
zu erklären ist in dieser Perspektive dasselbe: Gerade weil wir
Buddhisten, Taoisten, Historiker, Vegetarier, Umweltschützer
und Gefühlsmenschen sein können, sind wir vor allem Christen.
Dieser Umstand, der von Anfang an und polemisch als das uti-
litaristische und eudämonistische Wesen des Christentums an-
geprangert wurde (Christus ist Chrestus, nützlich, sagte Sue-
ton), wirft ein Licht auf den Versuch, die Religion vor den
Einwänden der Vernunft zu schützen. Rousseau, ganz kritischer
Aufklärer, erkennt an, daß die Evangelien Lehren enthalten, die
wider die Vernunft sind, und befindet in *Lettre à M. de Beau-*

1 Dieser Essay ist dank der Unterstützung der Alexander von Humboldt-
Stiftung zustande gekommen.

mont, es bedürfe keiner Vermittlung (bedurfte Gott denn Moses', um zu Jean-Jacques zu reden?); Christus also ist kein Vermittler, sondern ein großes Beispiel der Menschheit, größer noch als Sokrates. Also ist die Nachahmung Christi möglich, bei der es allerdings ganz darauf ankommt, nicht in den Deismus zu verfallen und bei einer Art Theismus zu bleiben (die andere Stimme des Wechselgesangs kommt hier vom Hume der *Dialogues concerning natural religion*, die zum Beispiel Kant sehr präsent waren.)

Tatsächlich ist der allzu menschliche Gott gar nicht so nützlich. Zwar ist die Reduktion Gottes auf einen moralischen Gott funktional für die Religion – doch hat diese Funktionalität ihre Tücken, zerstört sie doch am Ende die Religion, indem sie sie mit alternativen Formen der Moral und noch effizienteren Ideologien in die Enge treibt und schließlich übertrifft. Vielleicht war es das, was Bonhoeffer meinte, als er vorschlug, diesen moralischen Gott aufzugeben. Es ließe sich jedoch auch einwenden, gerade hierin liege die maßlose *hybris* als das Kennzeichen der Moderne: Sich vorzunehmen, auch noch auf den moralischen Gott als auf eine Projektion des Ichs zu verzichten, heißt immer noch und gerade, das – auf seine Quintessenz gebrachte – Problem aufzuwerfen, was mit Gott anzufangen sei, es heißt postulieren, daß wir auch ohne Gott auskämen, daß man überhaupt erst eine Verwendung für ihn finden müßte. Mehr denn je braucht Gott hier den Menschen, der allein schon deshalb Gott prinzipiell nicht mehr braucht. Spräche Gott aus dem brennenden Dornbusch, ließe er denjenigen zur Salzsäule erstarren, der ihn anschaute, so dürfte sich das Problem, was wir mit ihm anfangen und welche Verwendung wir für ihn finden sollen, gar nicht erst stellen. Das Christentum aber entsteht ganz im Gegenteil angesichts eines toten Gottes, dessen Auferstehung nach und nach von der *kenōis* verharmlost wurde. Nicht die Christen sind also die wahren Gläubigen – nicht die, welche sich moralisch verhalten und es auch täten, wenn es Gott nicht gäbe, sondern diejenigen, die die Wunder gesehen haben, die an sie glauben oder Gott fürchten. Ist dagegen die prästabilierte Harmonie erst einmal aufgegeben, die Gott bereits zu einer Randfigur des Universums macht, bleibt nur noch die Theodizee als das Ende eines den Menschen in die Hände gefallenen Gottes.

Genau damit rühren wie an die Kernproblematik der Säkularisierung. Diese bewegt sich im Spannungsfeld zwischen der Reduktion Gottes auf einen moralischen Gott, mit dem die Notwendigkeit der Religion verschwindet, und der Berufung auf eine Religion, die die einfache Vernunft übersteigt, da sie ihr widerständiges Fundament, aber auch ihre treibende Kraft darstellt, sich damit allerdings der Möglichkeit einer rationalen Kritik der Religion begebend. »Ich bin Gott, ich habe diese Karikatur gemacht« (Wagner, Christentum, Erlöser, Parsifal): Nietzsche hatte vollkommen recht mit seinem Willen zur Selbstvergottung; nach Jahrhunderten eines moralischen Gottes (des Menschengottes) hatte er alles Recht dazu. Im Verlaufe eines Prozesses, den wir – wenn auch vielleicht ethnozentrisch und dünkelhaft – mit dem Christentum gleichsetzen, ist die Religion, wie wir sie in der Geschichte (einer Geschichte, die in der Religion die Bedingung der Möglichkeit ihrer Geschichtlichkeit findet) erlebt haben (Scheiterhaufen, Widerrufe, Religionskriege, gewiß aber auch seliges Sterben und Ekstasen), im Verschwinden begriffen. Anders gesagt, die christliche Religion als derjenige Glaube, zu dessen eigenen Apologien es zählt, der vernünftigste zu sein, der wahrste, von einer Wahrheit, die ihrem Wesen nach dem Wahren von Geschichte und Wissenschaft verwandt ist, ist in Auflösung begriffen. Nichts wird ihn auferstehen lassen, es sei denn das Eintreten von Krisen, die uns auf frühere Stadien der Weltgeschichte zurückwerfen – das heißt, hinter den historischen Ursprung, auf den die christliche Religion zurückgeht. Es könnte natürlich auch sein, daß die Säkularisierung, um Bedürfnisse zu befriedigen, die im Grunde psychologisch oder philosophisch sind, eine moralische und politische Theologie beibehalten will. Aufgrund der Logik der Säkularisierung jedoch müssen wir schließen, daß sich eine gänzlich vollendete Säkularisierung den mythischen oder außermoralischen Rest der Religion womöglich als etwas gar nicht so Unvereinbares einverleiben könnte – einer Religion, die dazu bestimmt ist, ganz und gar in der Vernunft aufzugehen und also andererseits neben sich jegliche Art von Auferstehung und Archaismus zuläßt, nunmehr bar jeder Vernunft und Moral und durch eben deren Abwesenheit gerechtfertigt. Aus dieser Sicht wäre, bei endgültiger Aufspaltung in Säkularisierung und Theodizee, der Tag des Antichrist oder des Himmelreichs auf Erden jener – vielleicht nicht allzu ferne – Tag, an dem die Evangelien

– nicht die Apokryphen, nicht die Gnostiker, sondern die Synoptiker und Johannes – in einer Reihe mit religiösen Texten des Orients publiziert würden. In diesem Falle wäre die Religion – von der einfachen Vernunft aufgesogen und *zugleich* eben damit (nämlich durch rationale Entscheidung) auf den bloßen Mythos zurückgeworfen – gewissermaßen zur Gedenkfeier geworden. Die Wiederkehr Gottes als ein im großen und ganzen auf ein Brauchtum reduziertes Ereignis wäre damit eine Folgeerscheinung der Säkularisierung.

Daß mit dem Christentum die Härten der Religion gemildert erscheinen und daß dies seinem Wesen nicht äußerlich ist, dürfte die Grundlage jenes Verlangens nach Tragik und Abgründigkeit sein, das es periodisch durchzieht; es sind dies Forderungen der Vernunft, vielleicht auf der Suche nach einem Anderen. Doch wir können uns dem Gott Abrahams nur zuwenden, weil wir den Gott der Philosophen in Frage gestellt haben – schon allein aufgrund des elementaren Umstands, daß der Gegensatz zwischen dem Gott Abrahams und dem der Philosophen grundsätzlich selbst dann noch innerphilosophisch ist, wenn er von heiligen oder auch nur religiösen Schriftstellern aufgegriffen wird, die die Philosophen der geistigen Infamie oder der Dummheit bezichtigen. Es handelt sich nämlich weder um rein religiöse Probleme, noch ist die Berufung auf das Christentum als auf den vernünftigsten oder den der Gattung des *animal rationale* zukommenden Glauben *philosophisch* so einfach. Im Rahmen der Toleranz jenen gleichen Abstand zu allen Religionen zu halten, für den Lessing in seinem *Nathan der Weise* eintritt, ist schwer – wobei im übrigen anzumerken wäre, daß diese im Namen der Vernunft und des Menschengeschlechts hergestellte Gleichwertigkeit dem Wesen des Christentums durchaus treu bleibt. Die unausgesprochene Voraussetzung ist in der Tat die von Voltaire: Gerade weil wir uns des wahren Glaubens sicher sind, müssen wir die Ungläubigen tolerieren. Allerdings läge einem anspruchsvolleren oder unruhigeren Glauben die Toleranz vielleicht ziemlich fern; vielleicht müßte man zu einer genau umgekehrten Sichtweise gelangen wie der Artikel »Tolérance« des *Dictionnaire philosophique*, dem zufolge es paradox erscheint, daß das Christentum von allen Religionen die am wenigsten tolerante sei, während es aufgrund seiner Wahrheit die toleranteste sein müßte: Daß sich in diesem Anspruch

auf die Vernunftwahrheit ein Höchstmaß an Intoleranz nieder-
schlägt, ist offensichtlich.

Diese Ambivalenzen polarisieren sich bei Kant. Es gibt eine
einzige Religion für alle Menschen und alle Zeiten (Ak, VIII,
367). Im reinen Christentum hat sich die Idee der moralischen
Religion verwirklicht; die Kirche wird zum Schema des unsichtbaren Reiches Gottes auf Erden (Ak, VI, 156-161); das Höchste,
was zum Lobe des Christentums gesagt werden kann, ist seine
Übereinstimmung mit dem reinsten moralischen Vernunftglau-
ben (Ak, VII, 7 ff.), und der Kirchenglaube nähert sich immer
mehr dem reinen Religionsglauben, die streitende Kirche verwandelt sich in die triumphierende Kirche (Ak, VII, 52). Anzumerken ist jedoch, daß die moralische Religion nicht aus einer
Unterscheidung zwischen verschiedenen Formen der Religion,
sondern zwischen Religion und Heidentum resultiert: Religion
ist derjenige Glaube, für den das Wesentliche aller Verehrung
Gottes in der Moralität liegt, Heidentum ist ein Glaube, bei dem
diese Bedingung nicht gegeben ist (Ak, VII, 49) und der damit
als Religion ohne moralische Gewissenhaftigkeit auf einen
Aberglauben hinausläuft (Ak, IX, 494-495). Das Wesentliche
des Christentums fällt also *von Anbeginn* an mit dem Wesentlichen der Vernunft zusammen, und diese mit dem Wesentlichen
der Subjektivität – und der Anfang ist im Ende zu erkennen. Die
Ideologien des reinen Herzens als Erben der Mystik haben,
ohne sich allzuviel dabei zu denken, diese Argumentation wei-
terentwickelt (die dann auch die des Apothekers von Madame
Bovary ist: Ich bin für die Religion Voltaires, die Religion des
Fortschritts usw.), die jedoch eine von Nietzsche klar erkannte
charakteristische Schwäche aufweist: Was anfangen mit einem
menschlichen Gott, wenn wir uns gerade deswegen Gott zuwenden, weil uns die Menschen anwidern? Was anfangen mit einem Krankengott (dem Gott der Lazarette), einem onto-theo-
logisierten Gott (dem Gott der Philosophen), einem Gott als
Spinne?

Von daher die originelle Version der Menschlichkeit Christi
bei Nietzsche, der im Erlöser nicht das Beispiel eines herausra-
genden Menschen anerkennt, sondern (im Kielwasser Dosto-
jewskis) das Beispiel eines Idioten, der Halluzinationen hat, eines kindlichen Gemüts usw. Hierin jedoch erweist sich
Nietzsche zumindest teilweise als Erbe der Aufklärung (die Ver-

störungen des Erlösers im *Antichrist* sind die gleichen wie die des Sokrates in der *Geburt der Tragödie*); indem er die Aufklärung (*Rêve d'Alembert*, Sade) durch etwas ergänzt, was er für eine neue Aufklärung hält, was aber in Wirklichkeit ihre direkte Folge ist, erklärt Nietzsche seine Hinneigung zu einem furchterregenden Gott. Mit einem Bruder wissen wir nichts anzufangen, was wir wollen, ist ein grausamer Vater (ein Argument, das von de Maistre und Baudelaire im wesentlichen geteilt wird). Was anfangen, nicht nur mit einem brüderlichen und menschlichen Gott, sondern auch noch mit einer Religion ohne Geheimnisse? Welchen Sinn hat ein Christentum à la Toland? »Der Priester ist ungeheuer, weil er die Menge dazu bringt, die erstaunlichsten Dinge zu glauben. Daß die Kirche alles tun und alles sein will, ist ein Gesetz des menschlichen Geistes. Die Völker beten die Autorität an. Die Priester sind Diener und Sektierer der Einbildungskraft« (Baudelaire, *Œuvres complètes*, 1248).

Sektierer der *Einbildungskraft*. Baudelaire ist wahrlich der Anti-Feuerbach (oder besser, er kommt bei gleichen Voraussetzungen zu entgegengesetzten Schlüssen): Für Feuerbach nämlich ist die Einbildungskraft die illusorische Grundlage der Religion (SW, VIII, 224), und das Gefühl von Abhängigkeit, Unwissenheit, Angst, Furcht die Quelle der Gottesvorstellungen. Der Zweck der Religionskritik ist somit die eigentliche – nämlich religiöse und nicht politische – Befreiung des Menschen, sind doch die wahren Wünsche des Menschen nicht real, sondern eben imaginär (und hier stimmt Feuerbach wieder mit Baudelaire überein, für den der wahre Fortschritt nicht in der technischen Entwicklung liegt, sondern in der verminderten Last der Erbsünde). Auch der philosophische Okkultismus und die Suche nach der im Menschen angelegten Transzendenz entsprechen diesem allgemein menschlichen Bedürfnis, nicht überall Klarheit zu haben, über das bloß Menschliche hinauszugelangen. Dies stand auch schon bei Kants Polemik gegen die Enthusiasten im Mittelpunkt, ohne daß es Kant deshalb verschmähte, auf das Geheimnis zurückzugreifen – ganz im Gegenteil: man denke nur an §49 der *Kritik der Urteilskraft*, wo die Einbildungskraft entweder nach analogischen Gesetzen verfährt oder in Ausführung von Prinzipien, die ihre Grundlage in den höheren Sphären der Vernunft haben und sich der Analogie nur bedienen, um sie zu transzendieren, indem sie ihre Unzulänglichkeit aufzeigen. Auch in diesem Sinne bleibt de Maistre als Kritiker der Philosophie Bacons exemplarisch; sich über die moderne Erfahrungswissenschaft im Rahmen einer sanfedistischen Apologetik lustig zu machen ist keine »kulturelle«, sondern eine rein spekulative Haltung. Was wäre das, ein völlig gegenwärtiges Leben? Aus dieser anthropologischen Frage folgt auch eine bestimmte Ausprägung der modernen Religion, die dazu tendiert, sich als Religion des anderen darzustellen. Aber es liegt eine große Widersprüchlichkeit darin, das Ende der Transzendenz und der vertikalen Relationen zu verkünden, um dann die Thematisierung der Transzendenz des anderen zu fordern, die – als reife Frucht der modernen Subjektivität – ein Erbe des Christentums ist und ihre Prämissen in der Subjektivität und Intersubjektivität von Augustinus und Descartes hat.

2. »Die Religion innerhalb der Grenzen der bloßen Vernunft« wird so zu einem anderen Namen für das Christentum; umgekehrt ist »Was darf ich hoffen?« eine Grundfrage für den Philosophen (A 805, B 832-33; Ak IX, 25). Dieses Diktum läßt sich allerdings auf zweierlei Weise lesen.

Erstes: im Sinne von Säkularisierung. Der Übergang des Kirchenglaubens in den reinen Religionsglauben ist das Nahen des Reichs Gottes (Ak, V, 115): Je weiter wir in der Säkularisierung fortschreiten, desto mehr nähern wir uns dem Reich Gottes. Hier berührt sich die Religion des Herzens mit dem Atheismus: Die Religion hat voranzugehen, und der bestimmte Gottesbegriff muß folgen. »Religion ist Gewissenhaftigkeit *(mihi hoc religioni).* Die Heiligkeit der Zusage und Wahrhaftigkeit dessen, was der Mensch sich selbst bekennen muß. Bekenne dir selbst. Diese zu haben, wird nicht der Begriff von Gott noch weniger das Postulat: es ist ein Gott gefordert« (Ak, XXI, 81). Gleiche Prinzipien bei Heidegger: Die Götter brauchen das Sein, und das Sein braucht den Menschen.

Dieses Theorem ist ein System. 1. Erst gab es Tempel, dann Kirchen; das ist der natürliche Ablauf, bemerkt Kant und fügt hinzu, daß es moralisch umgekehrt sein müßte (wie seit Descartes in der Alternative von historischer und theoretischer Darstellungsform). 2. Die Bibel muß im Hinblick auf die Moralität erklärt werden, und die Moral darf nicht durch die Bibel erklärt werden, sondern im Gegenteil, die Bibel durch die Moral, so daß

die biblischen Lehren als universale praktische Regeln einer reinen Vernunftreligion verstanden werden können (Ak, VI, 132-
134), ist doch Gott, der durch unsere (moralisch-praktische)
Vernunft spricht, ein unfehlbarer Interpret (Ak, VII, 875-877).
3. Die unsichtbare Kirche als Idee aller Rechtschaffenen dient als
Archetypus aller sichtbaren Kirchen (Ak, VI, 101-102). Die
wahre (sichtbare) Kirche ist diejenige, welche das (moralische)
Reich Gottes auf Erden darstellt: nach der Quantität ist sie die
Allgemeinheit; nach der Qualität, also Beschaffenheit, ist sie die
Lauterkeit; nach dem Verhältnis ist sie die Freiheit (Unterwer-
fung unter einen unsichtbaren, moralischen Vater); nach der
Modalität ist sie die Unveränderlichkeit, als Unterwerfung un-
ter Urgesetze und nicht unter willkürliche Symbole.

Es ist nicht schwer, diese Kategorientafel, Fluchtlinie der
Axiomatik der Reinigung des Sensiblen, und die der reinen ästhetischen Urteile in der *Kritik der Urteilskraft* gegeneinander-
zuhalten: Das Schöne ist interesselos (Qualität), allgemein
(Quantität), frei (Relation; Zweckmäßigkeit ohne Zweck); es
zeichnet sich durch allgemeine Mitteilbarkeit unter Voraussetzung des gesunden Menschenverstandes aus (Modalität). Es ist
also nicht verwunderlich, daß die christliche Religion, da sie ein
schönes Symbol sein soll, ästhetische Anziehungskraft besitzen
muß; die Kirche ist wie die Schönheit ein Symbol des moralisch
Guten, ein Zeichen, das für die eigene Selbstüberschreitung
steht: Die vollkommene Kirche wäre diejenige, der es gelänge,
die Religion des guten Lebenswandels als ihr eigenstes Ziel her-
beizuführen und die Dogmen eines Tages entbehrlich zu machen (Ak, VI, 174-175). Da es sich in beiden Fällen – bei der Religion und bei der Schönheit – darum handelt, vom Sensiblen
abzusehen, um zum Intelligiblen zu gelangen, ist es ebensowenig verwunderlich, daß die dritte *Kritik* und die Abhandlung
über die *Religion* die beiden Stellen sind, an denen Kant von
Zierraten – *Parerga* – spricht, von dem, was materiell das Wesen
umgibt (Ak, V, 226: Rahmen und Einfassungen als *Parerga* des
Werks; Ak, V, 52-53: Gnadenwirkungen, Wunder, Geheimnisse, Gnadenmittel als *Parerga* der Religion: Das Wesentliche
der geoffenbarten Religion wird hier zu etwas Akzidentellem
wie der Rahmen für das Bild). Die Gnade ist also ein *Parergon*,
das sich säkularisiert. Denn sie kehrt als Hoffnung auf den Fortschritt des Guten in Gestalt des Glaubens an das Vorhandensein

einer ursprünglichen Disposition zum Guten in uns wieder *und kann sich durch das Beispiel der von Gott in der Person des Sohnes geliebten Menschheit* (wir werden gleich sehen, wie problematisch diese Beispielhaftigkeit ist) mit Hilfe dieses heiligen Beispiels festigen (Ak, VIII, 43). Die Gnadenmittel sind jedoch nur abergläubischer Wahn und Gegenstand eines Fetischdienstes: Gebete, Gottesdienste, Sakramente gelten nur als sinnliche Mittel zur Belebung der Gesinnung (Ak, VI, 195-201).

Der reine Religionsglaube ist ein bloßer Vernunftglaube, während jede Offenbarung ein Geschichtsglaube (Ak, VI, 195-201) und als solcher frei von jedem moralischen Wert ist (Ak, VI, 111-112). Dieser Säkularisierung entspricht zugleich eine Mythisierung, bei der Gott mit dem moralischen Subjekt gleichgesetzt wird. Der Gottesbegriff entstammt weder der Physik noch der Metaphysik, sondern der Moral: der moralischen Relation in uns (Ak, XXXI, 149). Gott existiert, aber eben nur in uns (Ak, XXI, 144ff.; XXII, 105, 122, 126ff.). Wir erkennen hier Descartes Argument wieder, auf das wir noch zurückkommen werden: Der Beweis für die Existenz Gottes ist seine psychologische Evidenz: Gott hängt vom Menschen ab, denn nur mit dem Menschen kann man über Moral reden. Wir Menschen müssen einen freien Willen annehmen, um die Möglichkeit der Existenz Gottes zu verstehen; die reine praktische Vernunft zwingt uns, uns selbst einen Gottesbegriff zu machen, während die Theophanie aus der platonischen Idee ein Idol macht (Ak, VIII, 400). Auf eben diese Begründung Gottes im *cogito* stützt sich der »subtilste« Anthropomorphismus, der symbolische (Ak, IV, 356-357), aufgrund dessen wir von Gott durch Analogie sprechen; es handelt sich also um eine regulierende Idee, die einen absolut objektiven Wert hat (A, 697-698; B, 725-726). Somit ist alle Gotteserkenntnis symbolisch und nicht schematisch (und wer immer das Gegenteil denkt, gerät in den Anthropomorphismus: Ak, V, 353).

Ist die Objektivität Gottes erst einmal aufgehoben, so steht der Mensch im Mittelpunkt: Wenn die vernünftigen Wesen objektive Zwecke sind (Ak, IV, 427-431), existieren der Mensch und jedes vernünftige Wesen als Zwecke an sich und nicht nur als Mittel. Die Teleologie erwägt die Natur als ein Reich der Zwecke, die Moral ein mögliches Reich der Zwecke als ein Reich der Natur (Ak, IV, 436); ein Reich der Zwecke ist also nur möglich nach der Analogie mit dem Reich der Natur (Ak, IV, 438-439). Desgleichen kann in der *Kritik der Urteilskraft*, da allein der Mensch ein Zweck an sich ist, allein die Form des Menschen das Ideal der Schönheit verkörpern. Andererseits führt – welche Ordnung in der Natur man auch immer betrachtet – das spekulative Interesse der Vernunft dazu, daß wir uns diese Ordnung als aus einer höchsten Vernunft hervorgegangen und die Dinge der Welt als nach theologischen Gesetzen organisiert denken. Es gibt also einen *focus imaginarius*, in dem der Mensch und Gott, der Zweck an sich und der Zweck der Schöpfung, zusammenfallen. Dies ist die allgemeinste Form der Theologie, und es gibt keinen Grund, eine vermeintliche humanistische Gottlosigkeit zu verdammen, da gerade dies der Sinn der Religion Abrahams ist, wie eine Traditionslinie der Philosophie sie versteht: zum Beispiel Hegel (Vorrang des Christentums vor dem Heidentum mit seiner Herabwürdigung des Tieres zu Jagdtrophäe, Opfer und Metamorphosen, weil »der Mensch essen können muß, was ihm gut tut«; die Adam von Gott verliehene Fähigkeit, den Tieren Namen zu geben, indem er sie seiner Herrschaft unterwirft), Husserl (in der Verbindung zwischen Geist, Wissenschaft und europäischer Humanität), Heidegger (der Mensch als Zweck des Seins, das Sein als Zweck des Menschen).

3. Ob Christus ein Beispiel ist oder nicht, stellt also bei Kant den Angelpunkt dieser wechselvollen Verbindung von Göttlichem und Menschlichem dar. Im Gegensatz zum Projekt einer Regierung, das ohne Beispiel eine bloße *fictio* wäre, bedarf die Moral keiner Beispiele, denn das Gesetz geht ihr voraus und existiert, und es geht nicht darum, die Heiligen nachzuahmen, sondern darum, zu beurteilen, ob ihr Handeln dem moralischen Gesetz entspricht (Menzer, 137). Infolgedessen verleiht, wer ein solches Beispiel verlangt oder Wunder fordert, nur seinem Unglauben Ausdruck (Ak, VI, 62-63). Das Verhältnis kehrt sich also um (genau nach der Regel der christlichen Beispielslehre): Zum Glauben an die Existenz des moralischen Gesetzes kommt man nicht über Beispiele, und dies zu behaupten wäre eben Unglaube. Andererseits muß sich das moralische Gesetz, gerade weil es existiert, manifestieren, und diese Aufgabe stellt sich jedem moralischen Menschen, so sehr er auch weiß, daß es sich in jedem Falle um eine inadäquate Manifestation der Idee handeln

wird (Ak, VI, 63). Und noch einmal andererseits ist es notwendig – gerade weil wir die Heiligen nicht nachahmen, sondern ein Beispiel von Heiligkeit geben sollen –, daß der Messias zu einem bestimmten Zeitpunkt auf die Erde herabgestiegen ist; aber nicht, um den Glauben zu schaffen, sondern um seine Existenz zu beweisen.

Die Inkommensurabilität der göttlichen Herkunft Christi ist eine offensichtliche Folge dieses Ansatzes (Ak, VI, 63-64). Der Erlöser muß ein Mensch sein. Hier ließe sich einwenden, daß Christus für das Wohl der Geschöpfe herabgestiegen sei und gelitten und sich seiner Hoheit entäußert habe und wir ihn deswegen lieben könnten und denken könnten, daß diese vollkommene Moralität *als Regel* auch für uns gelte; »dieser göttliche Mensch [kann] aber nicht als Beispiel der Nachahmung, mithin auch nicht als Beweis der Tunlichkeit und Erreichbarkeit eines so reinen und hohen moralischen Guts *für uns* uns vorgestellt werden [...].« (Ak, VI, 64-65). Wozu also dient Christus? »So fängt denn alle menschliche Erkenntnis mit Anschauungen an, geht von da zu Begriffen und endigt mit Ideen« (A 702, B 730). Die Geschichte der Religion und der Offenbarung, der Übergang vom Glauben zur Vernunft, ist ein Prozeß, dem – nach einem System, das im 18. Jahrhundert (Condillac, Vico, um nur die bedeutendsten Beispiele zu nennen) die Norm darstellt und noch lange nicht überwunden ist – psychologische Gesetze zugrunde liegen. So kommt es, daß die Weltgeschichte, die Ankunft des Messias, das Ende der Zeiten die genaue Wiederholung des Geschicks der Seele sind. Lessing wird in seiner Abhandlung über die Erziehung des Menschengeschlechts von dem Grundprinzip ausgehen, daß die Offenbarung für das Menschengeschlecht das sei, was die Erziehung für das Individuum ist; auch der Kern der Offenbarung kann im großen und ganzen auf eine Frage von Phylogenese und Ontogenese zurückgeführt werden. Diese Position wird im wesentlichen von Kant übernommen, für den die Notwendigkeit des Messias die einer seelischen Grenze der Vorstellungskraft ist: Die Beschränktheit der menschlichen Vernunft bewirkt, schreibt Kant (Ak, VI, 64-65), »daß wir uns keinen moralischen Wert von Belange an den Handlungen einer Person denken können, ohne zugleich sie, oder ihre Äußerung auf menschliche Weise vorstellig zu machen« (*dio oudepote noei aneu phantasmatos hē psychē*, Aristoteles, *De anima*, 431a, 16-17). Auf diese Art Vorstellung muß sich notwendig auch die Heilige Schrift einlassen, doch handelt es sich eben um einen Schematismus der Analogie, nicht zu verwechseln mit dem Schematismus der objektiven Bestimmung, mit dem man in den Anthropomorphismus verfiele (Ak, VI, 65-66). Andererseits könnte man einwenden, daß im Argument des Erhabenen auch bei Kant ein Rest des ontologischen Gottesbeweises vorhanden ist: als Beispiel *ex negativo* nämlich, nach dem in der *Kritik der Urteilskraft* entwickelten Modell: Die Nichtadäquatheit des Sinnlichen erweckt in uns das Gefühl des Übersinnlichen. Ist dieses das Gegenteil des Schönen, oder ist es nicht gerade die Erweiterung des symbolischen Gesetzes, dem es unterliegt (wie an anderer Stelle die Relation von gestirntem Himmel und Sittengesetz)? Ganz zu Recht sieht Derrida (1978, 157) eine Beziehung zwischen der Regel dieser Nichtadäquatheit und dem Gott des Anselmus (*aliquid quo nihil maius cogitari potest*): Die Erfahrung des Unendlichen als Grenze der Vorstellungskraft des Endlichen und die Beschreibung des Erhabenen bei Kant sind ein- und dasselbe. In beiden Fällen spielt das Bild eine überaus wichtige Rolle: Indem es da ist, verweist es auch auf das, von dem es transzendiert wird, gerade weil jedes Bild die Darstellung von etwas und das Zeichen des anderen sein kann. Wenn Gott den Menschen braucht (sittliche Religion), und wenn der Mensch das Bild braucht (Begriffe ohne Anschauung sind leer), so scheint dies – auch wenn das Empirische hierfür konstitutiv ist – lediglich ein empirischer Umstand zu sein.

Somit gilt Gott auch als Ideal der reinen Vernunft. Das Maximum der Vollkommenheit, schreibt Kant, heißt heutzutage Ideal, bei Plato Idee; während aber Gott als Ideal der Vollkommenheit der Grund des Erkennens ist, ist er als real existierender zugleich der Grund des Entstehens von schlechthin aller Vollkommenheit (Ak, II, 396). Die Idee gibt die Regel, das Ideal dient zum Urbild der durchgängigen Bestimmung des Nachbildes (A 567-568, B 595-596). Die Idee ist ein Vernunftbegriff, das Ideal die Vorstellung eines einzelnen als einer Idee adäquaten Wesens (Ak, V, 232). Das Ideal der Vernunft ist also das Urbild (*prototypon*) aller Dinge, welche insgesamt, als mangelhafte Kopien (*ektypa*), den Stoff zu ihrer Möglichkeit daher nehmen (A 578, B 606); dieses eine transzendentale Ideal der Vernunft ist das allerrealste Wesen, Gegenstand einer transzendentalen

Theologie (A 614, B 642). Dieser Platonismus gilt auch für die Schönheit, wo das *Urbild* (*archetypon*) des Geschmacks das Ideal des Schönen ist, die unbestimmte Idee der Vernunft von einem Maximum; sie kann nicht durch Begriffe vorgestellt werden, sondern nur durch ein bloßes Ideal der Einbildungskraft (Ak, V, 232). Die umgekehrte und mächtige Relation zwischen dem Ideal der Vernunft (Gott) und dem ästhetischen Ideal der Einbildungskraft ist leicht zu erkennen. Dieses Ideal aber ist, wie gesagt, der Mensch. Das Ideal ist nämlich nicht eine irgendwie geartete Schönheit, sondern eine anhängende, durch einen Begriff von objektiver Zweckbestimmtheit an ein Objekt fixierte Schönheit; nur das, was den Zweck seiner Existenz in sich selbst hat, ist also eines Ideals der Schönheit fähig (Ak, V, 232-236).

Problematisch wird es, wenn er fortfährt: Ein Idol ist eine Gottheit, die sich uns anthropomorphisch und nicht nur moralisch vorstellt (Ak, V, 459-460; VI, 184). Wenn jedoch der Mensch das einzige zur Moral fähige Wesen ist, dann ist der subtilste, der symbolische Anthropomorphismus auch ganz und gar dem gröbsten aller Anthropomorphismen assimilierbar. Nimmt man darüber hinaus an, daß die offenbarte Religion nichts als eine sinnliche Manifestation ist, die aufgrund der menschlichen Unfähigkeit, ohne Bilder zu denken, notwendig ist (während die moralische Religion ihre – ebenso menschliche – Vollkommenheit wäre), und daß dieses Auseinanderfallen das Kennzeichen des historischen wie des psychologischen Fortschritts ist (die Seele als der sich nach und nach aus der Knechtschaft des Sinnlichen befreiende Ort der Bilder), so ist der Übergang von der Offenbarung zur moralischen Religion eben nur noch die Erweiterung oder die historisch-faktische Illustration des phänomenologisch der Einbildungskraft zuzuschreibenden Vorgangs, bei dem das Bild ohne die sinnliche Präsenz des Objekts zurückbleibt und als abstrakte Spur angeeignet wird (der Begriff als *eidos aneu morphē*).

4. Es geht also darum, der Idee jede sinnliche Bestimmung abzusprechen. Daher die von Kant vorgeschlagene Nomenklatur (A 320, B 377): Die *repraesentatio* (die Vorstellung überhaupt, als Gattung) kann eine *perceptio* sein (eine Vorstellung mit Bewußtsein), die wiederum in die *sensatio* (Empfindung, subjek-

tive Wahrnehmung) und *cognitio* (Erkenntnis, objektive Wahrnehmung) zerfällt. Die *cognitio* ist eine *intuitus* (eine einzeln und
unmittelbar auf den Gegenstand bezogene Anschauung) oder
ein *conceptus* (ein mittelbar, über eine *notio*, auf den Gegenstand
bezogener und möglicherweise mehreren Dingen gemeinsamer
Begriff). Der *conceptus* kann empirisch oder rein sein; der reine
Begriff, der lediglich im Verstand seinen Ursprung hat (und
»nicht im reinen Bilde der Sinnlichkeit«), heißt *notio* und, wenn
er die Erfahrung übersteigt, Idee. Dieser Entwurf einer bewußt
gegen den Empirismus (vor allem gegen Locke: Ein Vergleich
mit der Definitionentafel von Buch II der *Nouveaux Essais* von
Leibniz könnte unter diesem Gesichtspunkt interessant sein)
entwickelten Nomenklatur erreicht sein Ziel, wenn Kant nach
diesen Präzisierungen behauptet, man könne schließlich beweisen, daß die These von einer Idee der roten Farbe absurd sei.
Doch wird damit die Schwierigkeit nicht geringer, wenn man
den Doppelcharakter der Idee bei Platon bedenkt, die zugleich
die höchste ästhetische Möglichkeit und die Fähigkeit der Seele
bezeichnet, ohne Bilder zu denken, da diese Differenzierung
ganz und gar *im Bilde* erfolgt (oder in den daraus entstehenden
Veränderungen). Der Begriff ist kein Bild: Dennoch stellt er dessen bestimmte Veränderung dar, auch bei Kant und trotz zahl-
reicher gegenteiliger Behauptungen. Man bedenke nur den
durchgängigen Bezug auf Locke (und also auch auf Leibniz,
Nouveaux Essais, Gerhardt, V, 169: »ces mots métaphoriques de
soutien ou de *substratum*«) in § 59 der *Kritik der Urteilskraft*.
Grund und *Substanz* sind symbolische Hypotyposen; der Begriff des Begriffs ist eine Metapher, und der Begriff (gemäß der
Bewegung der Einbildungskraft) wäre letzten Endes nur die
Aufhebung des Sensiblen.

Die logische Idee kann nicht dargestellt werden, aber die Vernunft erlaubt die mathematische oder dynamische Erweiterung
des Sensiblen, indem sie es bis zu den Grenzen der Darstellung
vortreibt; deshalb ist die erhabenste Vorschrift der jüdischen Religion das Bilderverbot (Ak, V, 274). So wie das Beispiel nur als
Beispiel *ex negativo* gilt, so gilt das Bild nur, wenn es überwunden werden kann. Die logische Idee lebt vom Tod der ästhetischen Idee, nimmt in ihr aber ihren Ursprung. Aus diesem
Grunde verhält sich die logische Idee zur ästhetischen Idee nicht
nur umgekehrt, sondern auch wirklich proportional. Dennoch

ist die Idee als solche allgemein nur schwer vom Ideal und vom Idol zu unterscheiden. Haben wir jedoch erst einmal akzeptiert, daß sich all diese Abwandlungen und Differenzierungen im Bild vollziehen, wird die (kritische und theologische) Unterscheidung zwischen Idee, Ideal und Idol problematisch. Das Ideal ist die Idee nicht bloß *in concreto*, sondern *in individuo* (A, 568; B, 596): Was für uns ein Ideal ist, war für Platon eine Idee des göttlichen Verstandes, »ein einzelner Gegenstand in der reinen Anschauung desselben« (A 568; B 596). Die platonische Idee wird nunmehr als eine noetische Anschauung definiert, und das allgemeine Problem ist, ob die Philosophie von der verstandesmäßigen Anschauung abstrahieren kann. Hat also Kant seine eigene Auffassung von der Idee zunächst der platonischen Idee angeglichen (gegen einen Begriff der Idee als *faint image*), so betont er jetzt den Anschauungscharakter des Platonismus und will die platonische Idee als ein Ideal betrachten. Allerdings hat das Ideal Kants im Gegensatz zum platonischen keine schöpferische, sondern praktische Kraft (A 569; B 597). Auf diese Weise jedoch rückt Kant den teleologischen Wert des Ideals in die Nähe des Begriffs der exemplarischen Ursache. Die moralischen Begriffe gehören in die Sphäre des Sinnlichen (Lust und Unlust), aber »wenn man bloß auf ihre Form Acht hat« (A 569; B 597: noch einmal Form als Abstraktion), »können sie [...] gar wohl zum Beispiele reiner Vernunftbegriffe dienen« (ebd.). Was Kant beschreibt, ist genau diejenige Abstraktion vom Sinnlichen, die es erlaubt, eine Regel abzuleiten: Tugend und Weisheit sind Ideen, der Weise der Stoiker ist ein Ideal. Dieser Weise existiert bloß im Denken, aber, so könnte man sagen, durch Abstraktion, aufgrund der durch Vergleich aller stoischen Weisen, die je existiert haben, gewonnenen Normalidee. Wir haben es ein weiteres Mal mit einer Verknüpfung von exemplarischer Ursache und Zweckursache zu tun, bei der das (vergangene und empirische) Urbild eine teleologische und transzendentale Bedeutung hat: »So wie die Idee die Regel gibt, so dient das Ideal in solchem Falle zum *Urbilde* der durchgängigen Bestimmung des *Nachbildes*« (A 569, B 597). Da dieses Ideal sich jedoch vom Sinnlichen ablöst, wird auch die Unterscheidung zwischen Ideal und Idol problematisch. Es ist daher nicht überraschend, daß es ein Ideal der Vernunft gibt und daß dieses Ideal Gott ist. In der Beschreibung des transzendentalen Ideals (*prototypon transcendentale*) übernimmt Kant die cartesianische Bestimmung: Es handelt sich um eine *natürliche Idee* (A 581, B 609), und er beschreibt die Rückführung des Bedingten auf die Bedingung, auf der dieses Ideal beruht (A 584, B 612). Auch das Transzendentale wird als Zusammenfassung der Unzulänglichkeiten des Empirischen (der »inneren Unzulänglichkeit des Zufälligen« (A 589, B 640)) bezeichnet. Kant macht lediglich den Schluß auf die Existenz Gottes nicht mit, das heißt auf die Existenz allgemein (daher die Unterscheidung zwischen Mathematik als unabhängig und der Philosophie als abhängig vom Sinnlichen, die bei Kant getrennt und bei Descartes zusammen gedacht werden). Nichts hindert uns anzunehmen, daß das Sein mit der höchsten Zulänglichkeit ausgestattet ist. Aber diese Hypothese kann nicht zur Gewißheit werden (A 612, B 640). Andererseits: Wird Gott zu einer teleologischen Hypothese der Einheit der Vernunft, so ist er nicht mehr unerforschlich (A 614, B 642), und das Geheimnis geht statt dessen in den Schematismus über – das folgerichtige Ergebnis der Rückführung der Theologie auf die Psychologie.

5. Cohen (1871, 490) betont, daß für Kant unseren Begriffen nicht Bilder der Gegenstände zugrunde liegen, sondern Schemata. Der Begriff Hund ist ein Schema, also gehört er zu keinem Hund *in concreto*. Der Schematismus ist kein logisches, sondern vor allem ein psychologisches Problem, dessen Ursprung der Konflikt zwischen Berkeley und Hume über die *general ideas* ist. So bei Kant: Das Bild steht für das Individuelle, die Regel für das Allgemeine. Weil die Kategorien schematisiert sind, ist es notwendig, daß die Begriffe mehr sind als einzelne Vorstellungen, wie es mitunter die konkreten Bilder sind; andererseits aber müssen sie mit den Formen des sinnlich Gegebenen übereinstimmen (Cohen 1971, 495). Sie müssen Monogramme sein. Und gerade hierin liegt für Cohen der dunkel-geheimnisvolle Sinn des Schematismus. Aber dieses Geheimnis, vielleicht das Geheimnis schlechthin, ist ein Vermögen des Bildes, ist die Tatsache, daß das Sinnliche sich wie bei den normalen Merkmalen der Idealisierung durch bloße Iteration oder Übertragung verständlich machen kann. Mit anderen Worten, der Übergang vom Bild zum Schema ist wiederum ein Vermögen des Bildes. Der polemische Impuls, der die Notwendigkeit des Schematismus begründet, ist, wie Philonenko (1981) betont, in der von Berke-

ley in der Einleitung zu den *Principles of Human Knowledge* ausgeführten Widerlegung der abstrakten allgemeinen Ideen zu suchen, der seinerseits an die von Locke im *Essay* betonte Schwierigkeit anknüpft, die allgemeine Idee eines Dreiecks zu denken (das also nicht gleichschenklig, ungleichseitig, gleichseitig, von bestimmter Größe usw. wäre). Im übrigen ist für Berkeley die allgemeine und abstrakte Idee eine logische Ungeheuerlichkeit: Wenn ich mir einen Hund vorstelle, so ist er groß oder klein, nicht aber groß und klein zugleich. Letzlich ist es eine psychologische Schwierigkeit, die Berkeley erfahrungswissenschaftlich als Aufforderung an die Leser formuliert: Versuchen Sie sich ein allgemeines Dreieck vorzustellen (*Principles of Human Knowledge*, Einleitung, § 13). Genau hierauf muß Kant eine Antwort finden, und er findet sie, indem er dem Bild die Methode gegenüberstellt: Fünf Punkte sind das Bild der Zahl Fünf, die Zahl Fünf, oder Hundert, ist eine Methode, eben das Schema des Begriffs (A 140). Das Problem ist allerdings, zu bestimmen, ob diese Methode etwas ganz anderes ist als das Bild oder ob sie nicht vielmehr aus ihm folgt, genau wie die von der Empfindung hinterlassene Spur deren idealisierte Dauer ist; mit anderen Worten, ob nicht Kant, als er sich auf das Terrain dessen hinabbegab, was – im übrigen ziemlich ungenau – Empirismus heißt, das Leistungsvermögen und letzten Endes die Bedingung der Möglichkeit des Schematismus behandelt hat.

Indessen sei angemerkt, daß Kant die Gründe, auf die sich seine Ablehnung Christi als Beispiel, und damit die Ablehnung der Idolatrie, stützt, auch bei seiner Unterscheidung zwischen Bild und Schema anführt; und daß sich in der grundsätzlichen Schwierigkeit, Idol, Ideal und Idee zu unterscheiden, die Aporie nur weiter fortsetzt. So gesehen ist es bezeichnend, daß sich für Lévinas die Idolatrie als Mißachtung der Thora bestimmt. Diese ist die Antithese der Idolatrie, ihr absoluter Widerspruch, weil das Wesen des Judentums als ununterbrochene Auslegung des Buches gedacht wird, der unumstößlichen, vom Atem des lebendigen Gottes durchwehten Schriften. Hier ist, schreibt Lévinas, Gott nicht Fleisch geworden, sondern Schrift, um so sein Leben in den Schriften zu leben (Lévinas 1988, 70-71). Lévinas meint damit, daß das Zeichen das Gegenteil des Goldenen Kalbs ist; bedenkt man jedoch den Verweischarakter des Bilds in der philosophischen Tradition (Doppelcharakter des *eidos* bei Platon, das Bild als Zeichen seiner selbst und des anderen bei Aristoteles, bis hin zur Doppeldeutigkeit des Symbols als Ding und als Verweis und zur »wunderbaren« Doppeldeutigkeit des Wortes Sinn bei Hegel), so wird es schwierig, von Rechts wegen und prinzipiell zwischen Bild und Begriff zu unterscheiden, die sich als zwei Ergebnisse der Spur erweisen – so daß der Gegensatz zwischen Thora und Goldenem Kalb eher als ein Verhältnis zwischen zwei einander ergänzenden, aus einer gemeinsamen Genesis – eben aus der Spur als ihrem zugleich ursprünglichen und abgeleiteten Grund – hervorgegangenen Dingen erscheint.

Gerade die grundsätzliche Ununterscheidbarkeit von Bild und Spur und von Spur und Zeichen verweist auf den eigentlichen (jedem historischen, sich auf die Säkularisierung berufenden Argument vorausgehenden) Grund, aus dem heraus es so schwer ist, nicht nur zwischen Philosophie und Theologie, sondern auch zwischen Philosophie und Religion zu unterscheiden. Interessanterweise scheint dies weniger auf geschichtsphilosophische Gründe zurückzuführen zu sein als vielmehr auf den statischen Charakter einer bestimmten Psychologie der Wahrnehmung. Jede empirische Einschreibung bringt eine Idealisierung mit sich. So problematisch wie für Heidegger der Versuch zur Unterscheidung zwischen Ontologie und Onto-Theologie, von Religion und Christentum ist (ohne hier auf die ungeheure theologische und allgemein religiöse Rezeption von Heideggers Denken einzugehen), so schwierig ist für Lévinas die Trennung zwischen der eigenen Sicht der Religion als Metaphysik und dem ontologischen Atheismus, den er Heidegger unterstellt. Lévinas zufolge denkt die Philosophie als Onto-Theologie, wie Heidegger sie versteht, über die Möglichkeit eines Sinns Gottes nach; indem sie dies tut, bestimmt sie ihn unmittelbar als ein Seiendes par excellence; und dies ist der Grund dafür, daß die Geschichte der westlichen Metaphysik die Geschichte der Zerstörung der Transzendenz sei. Dem setzt Lévinas seinen eigenen Weg entgegen – der jedoch auch der für die christliche Apologetik traditionelle Weg des *credo quia absurdum* ist: Gott hat keinen Sinn, daher ist er auch nicht auf ein bestimmtes Seiendes und nicht auf Philosophie reduzierbar. Der Sinn, so Lévinas weiter, gehe außerdem über das Sein hinaus, und ihn in die Ontologie zurückholen zu wollen bedeute bereits eine verhängnisvolle Reduktion. Hierauf folgt die übliche Kritik der Philosophie als Kult der Präsenz und

Immanenz, der zufolge sich ein religiöses Denken, das sich, in Antithese auch zur Philosophie, auf die Erfahrung berufen wolle, als auf eben jenem Boden der Philosophie gegründet erweise. Akzeptiert man, was bisher auch nur über die psychologische Dimension der Spur gesagt wurde, sieht man ohne weiteres, wie leicht sich dieser Satz in sein Gegenteil verkehren läßt: Nichts ist präsent, alles ist Spur, und die Präsenz konstituiert sich in Form der Idealität. Um so eigenartiger erscheint es daher, daß Lévinas in der Frage der Idee des Unendlichen bei Descartes, der ja gerade die Hypothese einführt, nichts sei präsent, weil nichts bloß endlich sei, einen Angriff auf die Philosophie zu erkennen meint. Bei Descartes sprengt die Idee Gottes die Einheit des *ich denke*; noch radikaler ist Malebranche: Es gibt keine Idee Gottes, sondern Gott ist die Idee selbst: »Die Idee Gottes, das ist Gott in mir, aber bereits der von jedem Inhalt abweichende, das auf Ideen gerichtete Bewußtsein sprengende Gott« (Lévinas 1982, 105). An anderer Stelle schreibt Lévinas mit Bezug auf Descartes' zweite metaphysische Meditation, daß das *in* von *in-finito* – unendlich – *nicht* und *in* zugleich bedeute; aber statt bei einer reduktionistischen Haltung zu bleiben, spricht Lévinas nicht von einer Genese des Unendlichen aus dem Endlichen, sondern betont vielmehr, die Negation des Endlichen sei im Unendlichen bereits impliziert, im Endlichen als Spur bereits enthalten, das heißt – nach Lévinas – weder ins Empirische noch ins Transzendentale eingegangen, sondern älter als beides: ein älteres Bedeuten als die Bedeutung, eine ur-ursprüngliche Bedeutung. Im Grunde behauptet Lévinas – gestützt auf eine Analyse, die ähnlich aufgebaut ist wie die Charakterisierung der transzendentalen Einbildungskraft in Heideggers Buch *Kant und das Problem der Metaphysik* –, daß die Priorität der Spur vor dem Empirischen wie vor dem Transzendentalen es uns verbieten muß, in der Spur etwas Transzendentales zu sehen. Wir für unser Teil würden, in grundsätzlicher Übereinstimmung mit dem Reduktionismus, eher dazu neigen, das Transzendentale der Spur als eine Folge ihres empirischen und anthropologischen Charakters zu sehen. Aus dieser Sicht scheint es legitim, den Sinn des Seins nicht als einen Ur-Sinn und im Grunde auch nicht als eine Vergangenheit zu verstehen, die nie Gegenwart war, sondern eben als eine bestimmte ontische Spur, die den Sinn durch bloße Iteration erzeugt.

Tatsächlich ist die Metaphysik im modernen Sinne nicht viel älter als Suarez' *Disputationes metaphysicae* und deckt sich im großen und ganzen mit der ganzen Spannweite der theoretischen Philosophie. Ihre Grenzen sind unbestimmt. Die Scholastiker der Universitäten sehen sie in der ersten Philosophie des Aristoteles; die Cartesianer in den drei Bereichen des Übersinnlichen – Psychologie, Kosmologie, Theodizee. Aus dieser Sicht ist es bezeichnend, daß Heidegger, der die ontische Erkenntnis von der ontologischen Erkenntnis abhängig macht, in *Sein und Zeit* andererseits behauptet, die Fundamentalontologie müsse »in der existenzialen Analytik des Daseins gesucht werden« (Heidegger 1927, 33), um sogleich hinzuzufügen, der Vorrang des Daseins sei vor allem als ontischer Vorrang zu bestimmen. Ein Widerspruch, oder vielleicht eher ein Zirkelschluß, der sich daraus ergibt, daß der ontische Vorrang des Daseins, da das Dasein jenes Seiende ist, dem es »in seinem Sein ums Sein selbst geht,« zugleich als ein ontologischer Vorrang verstanden werden muß. Was nämlich ist transzendentale Anthropologie? Sie ist jene Verbindung von Psychologie und Metaphysik, die in sich den Sinn der transzendentalen Philosophie birgt. Die Metaphysik ist das Unbedingte des Menschen, der dunkle Raum in ihm, der möglich ist, weil der Mensch so beschaffen ist, daß er sich selbst transzendieren kann. Aufgrund ähnlicher Überlegungen hat auch Samuel Alexander in seinen von 1916 bis 1918 gehaltenen und später unter dem Titel *Space, Time, and Deity* veröffentlichten *Glifford Lectures* einen mit dem Schematismus übereinstimmenden Gottesbegriff entwickelt: Das Göttliche ist nicht Gott, sondern Gott in uns, als Verknüpfung von Raum und Zeit: »Deity is not spirit« (Alexander, 1966, Bd. II, 349): Es ist die Möglichkeit von Materie und Geist. Damit *ist das Göttliche auch eine empirische Qualität* (ebd., 358). Wir sind unendlich endlich, was bei Alexander folgendermaßen lautet: Wir sind endlich unendlich, während das Göttliche unendlich endlich ist – wir sind endlich, weil unser Geist als ein in Raum und Zeit ausgedehnter kein begrenzter Teil ist. Wir sind unendlich, weil unsere Seelen – wie Leibniz in der *Monadologie* ausführt – Spiegel des gesamten Universums sind.

6. Das einzige analytische Attribut der Seele ist *ego sum, ego existo* (AT, IX, 21, VII, 27). Gemäß einer auch von Vico und

überhaupt der ganzen Epoche vertretenen Argumentation, die den Bruch mit Aristoteles anzeigt, ist nichts leichter für mich zu erkennen als mein Geist; also: Der innere Sinn ist unmittelbar bekannt, weswegen dann Kant sagen kann, daß die Realität der Zeit größer ist als die des Raums. Zu diesem Zwecke schließe ich die Augen, abstrahiere innerlich von den Sinnen und versuche, meine Kenntnisse zu ordnen. Manche sind wie die Bilder der Dinge, und nur diesen gebührt eigentlich der Name Idee; mit diesen stelle ich mir einen Menschen vor (*cogito-représente*), eine Chimäre, den Himmel, einen Engel oder Gott selbst (AT, IX, 29, VII, 37); bei dieser sensualistischen Definition wird Locke ansetzen, wie vor ihm bereits die Polemik Gassendis. Dieser hatte mit seiner Kritik an Descartes' Doppeldeutigkeit, dessen Argumentation ja gerade auf der ontologischen und semantischen Doppelbedeutung der Idee als sinnlicher Vorstellung (von der ihre Evidenz kommt) und als intelligibles Prinzip (von dem ihre Notwendigkeit kommt) beruht, leichtes Spiel. Andere Ideen, fährt Descartes fort, sind Vorstellungen, die mit einem Affekt oder Willen oder mit einem Urteil verbunden sind. Die Ideen sind – gemäß der Apologie der Sinne, die sich von den Griechen bis zu Kants Anthropologie durch die Philosophie zieht – in sich selbst immer wahr. Auch für Hume, das ist wichtig, sind alle Gefühle wahr, nämlich aufgrund einer Erweiterung der Vorstellung auf das Urteil. Es bleiben die Urteile, und bei diesen ist jeder Irrtum sorgfältig zu vermeiden. Der am weitesten verbreitete Irrtum ist die Annahme, daß die Dinge, die in mir sind, auch außer mir sind, und eben deshalb ist eine genetische Untersuchung des Ursprungs der Ideen wichtig: Manche sind mir eingeboren (*nées avec moi, innatae*, AT, IX, 29, VII, 37), andere scheinen fremd zu sein und von außen zu kommen, wieder andere sind von mir konstruiert.

Man sieht schon, wie schwer diese drei Arten von Ideen zu unterscheiden sind und daß alle drei der Vorstellung untergeordnet sind; im übrigen verfährt Descartes in seiner Analyse psychologisch. Husserl wird dies kritisieren, ohne daß es ihm gelänge, den Nachweis der Unabhängigkeit von der Psychologie zu führen (oder von der Anthropologie: Husserl hat unrecht, Heideggers Anthropologismus als Irrweg zu verwerfen). Die Herkunft dieser Ideen ist also empirisch (psychologisch), sagen wir; und meine Gewißheit (die nicht psychologisch ist), gründet auf dem natürlichen Licht, das ich nicht in Zweifel ziehen kann, da mein Schluß vom Zweifel auf die Gewißheit von eben diesem Licht herkommt. Also ist das natürliche Licht wie der Schematismus, oder genauer: wie die synthetische Einheit der Wahrnehmung; das Licht ist natürlich: etwas Empirisches, das eine transzendentale oder konstitutive Funktion hat. Dieses Licht ist unbezweifelbar: während man annehmen muß, daß es zwischen dem Objekt und seiner Idee einen Unterschied gibt und daß dieser Unterschied so ähnlich ist wie der zwischen analog und digital, zwischen physischer Ähnlichkeit und logischer Gleichheit (tatsächlich bringt Descartes das Beispiel vom Unterschied zwischen sinnlicher Erkenntnis und astronomischer Erkenntnis der Sonne). Die Idee eines Gottes, der allmächtig und der Schöpfer aller Dinge ist, hat sicher eine größere objektive Realität als die der endlichen Substanzen, die ich mir vorstelle. Kraft des natürlichen Lichts also – das heißt, wie gesagt, kraft einer empirischen Gegebenheit, die, da die Sinne niemals lügen, gerade dank ihres empirischen Charakters transzendental ist – ist offenkundig, daß es zumindest ebensoviel objektive Realität in der gesamten Wirkursache wie in ihrer Wirkung geben muß. Das Nichts nämlich könnte nicht der Urheber von etwas sein. Wenn wir also annehmen – einem Argument Augustins folgend, das sich zum Beispiel auch bei Leibniz und Baumgarten wiederfindet –, daß es in der Idee etwas gibt, das nicht aus der Ursache folgt, müssen wir denken, daß es aus dem Nichts kommt. Nun kann allerdings das, was ich subjektiv denke, auch falsch sein – was jedoch nicht heißt, daß es keine Ursache hätte. Daher das Bedürfnis, auf eine erste Idee zurückzugehen, die nicht so etwas wie ein Schnittmuster oder Urbild (*patron ou original, instar archetypi*, AT, IX, 33; VII, 42) wäre, das heißt, auf Gott: Alle Ideen von den anderen Menschen, den Dingen, den Tieren, den Engeln können aus der Verbindung mit der Idee Gottes entstehen, nicht aber die Idee Gottes; insofern hat Gott hier die gleiche Beschaffenheit und Funktion wie die produktive Einbildungskraft bei Kant, die sich auf geheimnisvolle Weise von der reproduktiven Einbildungskraft unterscheidet.

Scheinbar kommt alles von Gott. Tatsächlich aber ist das Empirische hier konstitutiv für das Transzendentale: Gott existiert, weil sonst ich, der ich endlich bin, nicht die Idee einer unendlichen Substanz haben könnte. Dies ist der von Derrida in *La voix et le phénomène* analysierte Mechanismus der Konstituierung der Präsenz durch die Möglichkeit des Verschwindens, und er führt zum gleichen Ergebnis (die Präsenz ist von Abwesenheit durchwoben; hier ist das Transzendentale vom Empirischen durchwoben und umgekehrt). Somit wird Gott auf zweifach empirische Weise abgeleitet: Er ist eine Idee (Psychologie) eines endlichen Seienden. Descartes betont mit Nachdruck, daß man nicht durch bloße Negation des Endlichen zum Unendlichen gelangt, ist doch sichtlich in der unendlichen Substanz mehr Realität als in der endlichen; dem könnte man entgegenhalten, daß es mindestens ebensoviel Realität in der Ursache wie in der Wirkung gibt (AT IX, 39; VII, 49). Der Punkt ist jedoch nicht die naturalistische Herkunft oder Herleitung der Religion oder dergleichen, sondern die Erkenntnis, daß genau in dieser Wechselbeziehung von empirisch und transzendental das religiöse Empfinden besteht. Wie könnte ich wissen, daß mir etwas fehlt, das ich bezweifle oder begehre, wenn es nicht das Unendliche gäbe? Natürlich könnte mir ein anderes Endliches fehlen; das Argument beweist keineswegs die Unendlichkeit und nicht einmal die Existenz dessen, was mir fehlt (wie etwa beim Phantomschmerz, den Descartes als Beispiel anführt, AT, IX, 60-61; VII, 76-77). Was als Struktur des religiösen Empfindens sichtbar wird, ist die Spur, der Mangel, den das Unendliche ins Endliche hineinbringt.

Der Kreis beginnt sich zu schließen: Wäre ich selbst der Urheber meines Seins, würde ich an nichts zweifeln. Mit meinem Zweifel werde ich also zum Beweis des Unendlichen; umgekehrt gehört es zur Natur des Unendlichen, daß ich, der ich endlich bin, es nicht verstehen kann. Zwischen endlich und unendlich besteht ja gerade ein Verhältnis wie das von Spur und Abdruck. Ich bin nach dem Bilde Gottes und sein Ebenbild; Gott hat in mir ein Markenzeichen hinterlassen (*la marque de l'ouvrier empreinte sur son ouvrage, nota artificis operi suo impressa*, AT, IX, 40; VII, 51); aus diesem Abdruck entsteht die Idee Gottes als eine mir eingeborene Idee (die Spur Gottes in mir ist das, was im Endlichen das Gefühl des Unendlichen hervorruft). Augustinisch und platonisch gedacht, ist der Wille (wir sagen, die *cupiditas*, das *Streben* nach dem Absoluten) das Bild Gottes in mir. Das Verhältnis von empirisch und transzendental (und von reproduktiver und produktiver Einbildungskraft) wird anhand des Dreiecks erläutert: Ich kann mir ein Dreieck als Dreieck und zugleich als ewig vorstellen, auch wenn es in mir entsteht; und es nützt nichts, einzuwenden, daß ich es von der sinnlichen Außenwelt empfangen haben könnte, denn ich kann es mir in Formen vorstellen, die ich in der Natur noch nie gesehen habe und die dennoch rationale und ewige Eigenschaften haben. Woraus Descartes schließt, daß sich mit einem ähnlichen Argument die Existenz Gottes beweisen ließe. Das Problem dabei ist natürlich, daß ich das Dreieck, das ich in mir habe, gesehen haben kann und daß das Bild als solches etwas Empirisches ist, von dem ich nicht absehen kann, so daß das Nicht-Absehen-können vom Empirischen dieses in ein Transzendentales verwandelt. Tatsächlich kann ich Gott nicht denken ohne die Existenz, so wie ich einen Berg nicht ohne ein Tal denken kann – was auf eine ästhetische, nicht auf eine logische Unmöglichkeit verweist. Anders gesagt, ich könnte sehr wohl Gott ohne Existenz denken und die Existenz als eine ästhetische Konsequenz und ein Unvermögen der Sinne ansehen, etwa so, wie ich ein Tausendeck nicht von einem Zehntausendeck unterscheiden kann. Damit sind wir wieder beim Dreieck: Wenn ich ein Dreieck denke, kann ich es nicht ohne bestimmte Eigenschaften denken; dies ist wiederum ein in ein logisches Argument verwandeltes ästhetisches Argument – etwas Empirisches, das sich unvermeidlich in etwas Transzendentales verwandelt. Von der unverzichtbaren Funktion des Bildes ist in der Tat darauf zu schließen, daß ich mir, vom Empirischen *abstrahierend*, ein Tausendeck vorstellen kann – ohne es mir vorzustellen –, das ästhetisch ein klein wenig komplexer als ein Fünfeck und von einem Zehntausendeck nicht zu unterscheiden wäre. Die ganze sechste Meditation ist folgerichtig der Einbildungskraft gewidmet, auf der der ganze Beweis gründet (die Passivität der Sinne, die durch die Retention die Idealisierung hervorbringen).

7. In *Glauben und Wissen* zieht Hegel einen Schluß, der tatsächlich von Kant stammen könnte: Die transzendentale Einbildungskraft ist der intuitive Verstand, und der intuitive Verstand ist der archetypische Verstand; aber er ist archetypisch nur insoweit, als er eine in die Ausdehnung eingegangene Kategorie ist, die zur Kategorie wird, wenn sie sich von der Ausdehnung trennt (dies sind die Merkmale des christlichen als des sich im

Sinnlichen abbildenden Gottes). So auch in der *Enzyklopädie*, § 55 (über das Verhältnis zwischen dem Allgemeinen des Verstandes und dem Besonderen der Anschauung in der Idee, wie es in der *Kritik der Urteilskraft* behandelt wird), und, im Hinblick auf den Schematismus, in *den Vorlesungen zur Geschichte der Philosophie*, in denen Hegel meint, daß diese durch die transzendentale Einbildungskraft vermittelte Verbindung von Sinnlichkeit und Verstand im Schema einer der schönsten Punkte der Kantischen Philosophie sei, so recht verstanden nicht einmal von Kant selbst, der den Vorrang der Einbildungskraft vor der Anschauung und vor dem Verstand nicht zu Ende gedacht habe. Aufgrund seines Mißverständnisses dieses Vorrangs sei Kant zu einer äußerlichen Synthese gelangt, so als würde man ein Tischbein mit einem Strick festbinden. Was vollkommen richtig ist, wenn man bedenkt, daß dieses *syn* der Synthese ja zugleich empirisch und transzendental ist und daher nicht als das Ursprüngliche dargestellt werden kann, an das Hegel denkt. Umgekehrt könnte alles, was bei Hegel als Zeichen des Lebens und des lebendigen Geistes behandelt wird, mit mehr Nutzen und weniger Mißverständnis im Sinne einer Zusammenarbeit von empirisch und transzendental aufgefaßt werden (von der das Leben eine bestimmte Modifikation darstellte: daß nämlich das Lebendige Anfang und Ende in sich selbst hat).

Wenn wir nun noch einmal zu *Glauben und Wissen* zurückkehren, so klärt sich andererseits, aus welchem Grund Hegel den Ursprungscharakter der Einbildungskraft so sehr betont. Der Protestantismus gelangt zum wahren Glauben, indem er ihn auf das Gewissen zurückführt, aber er verabsolutiert – bei Jacobi wie bei Fichte und Kant – die Form des Endlichen, so daß eine solche Philosophie nicht zur Erkenntnis Gottes gelangen kann, sondern nur zur Erkenntnis des Menschen; aber »die Wahrheit kann durch ein solches *Heiligen* der Endlichkeit [...] nicht hintergangen werden« (GW, IV, 323; Hervorhebung von mir). Das Absolute ist nicht aus Endlichem und Unendlichem zusammengesetzt, sondern in ihm »ist Endliches und Unendliches Eins«, und die Endlichkeit verschwindet, weil negiert wird, was an ihr Negation ist (GW, IV, 324). Wie man sieht, *wiederholt* Hegel Descartes' Argument, oder genauer gesagt, dessen logische Struktur; sein Ergebnis ist jedoch nicht der Beweis der Existenz Gottes, sondern eines dem Menschen in Gestalt der transzendentalen Einbildungskraft immanenten Absoluten. Dadurch wird seine Untersuchung Kants erhellend und irreführend zugleich.

Für Hegel geht Kants Programm einer Analyse des endlichen Verstandes ganz in Lockes Ansatz auf; mit anderen Worten, es bleibt im Bereich des Psychologischen, über den es nur durch die Frage hinausgelangt, wie synthetische Urteile a priori möglich seien. Aber gerade hier kommt die Einbildungskraft als Möglichkeit des Urteils hinein. Die Einbildungskraft nämlich ist die synthetische Einheit von Anschauung und Verstand, das heißt von Aktivität und Passivität, von empirisch und transzendental (GW, IV, 327). Hegel betont also zu Recht den weitergehenden Charakter der transzendentalen Einbildungskraft. Durch ihre Vermittlung kann eine psychologische Untersuchung des Verstandes gleichzeitig die Möglichkeit von synthetischen Urteilen a priori bestimmen, die gerade »durch die ursprüngliche absolute Identität von Ungleichartigem« realisiert werden (GW, IV, 328): oder vielmehr kraft der ursprünglichen Identität von empirisch und transzendental, reproduktiv und produktiv, nicht der Dialektik unterworfen und der Dialektik unterworfen.

Das Problem aber ist ja gerade, daß »ursprünglich« in diesem Falle eigentlich nicht der richtige Ausdruck ist. Die Einbildungskraft ist ursprünglich (nämlich die Synthese von Anschauung und Verstand vollziehend) nur insoweit, als sie abgeleitet ist; die Urteilskraft ist transzendental nur insoweit, als sie auch ein *judicium sensuum* ist. Hegel behauptet, daß man von der transzendentalen Deduktion nichts versteht, wenn man nicht erkennt, daß die Einbildungskraft kein zwischen Subjekt und Objekt vermittelndes Glied ist, sondern ein Erstes, das Subjekt und Objekt hervorbringt. Da er sich über das Ursprüngliche täuscht (nämlich nicht bedenkt, daß ein solches Ursprüngliches es nicht mehr nötig hat, sich auf Ursprungsbegriffe wie *prius* zu beziehen), kann Hegel als die Grenze der Kantischen Einbildungskraft bezeichnen, was im Gegenteil ihre erste Quelle ist (ebenso wird es Heidegger mit der ursprünglichen Zeitlichkeit gehen, die seiner Ansicht nach nicht mit der verräumlichten und gewöhnlichen Zeitlichkeit vermengt werden darf): »In der Kantischen Philosophie hat man die produktive Einbildungskraft deswegen mehr passieren lassen, weil ihre reine Idee allerdings ziemlich vermischt, wie andere Potenzen, *und fast in der gewöhnlichen Form psychologischer aber apriorischer Vermögen dargestellt ist*« (GW, IV, 329-330). Daß dies mit Kants Schwierigkeit zusammenhängt, den Zusammenhang von Seele und Körper zu erklären, ist Hegel im übrigen durchaus bewußt (GW, IV, 333). Nach dieser Abschweifung aber, zu der er sich durch seine Kritik an der Äußerlichkeit der Synthese veranlaßt sah, an dem Tatbestand, daß Kant den Ursprünglichkeitscharakter nicht thematisiert usw., kritisiert Hegel noch einmal mit Nachdruck den Psychologismus, der den apriorischen Charakter der Einbildungskraft aufs Spiel setze, indem er aus Kants System einen formalen Idealismus mache, der sich in nichts von dem Lockes unterscheide, was zur Folge habe, daß man den als subjektiven vorausgesetzten Verstand als absoluten negiert und ihm auf diese Weise den Zugang zum Absoluten gerade versperrt. Hieraus ergibt sich folgerichtig die Aufwertung der Einbildungskraft in der dritten Kritik, und zwar nicht eigentlich in Bezug auf das Geschmacksurteil als vielmehr auf das teleologische Urteil (womit das Problem der Einbildungskraft aus dem bloß psychologischen oder ästhetischen Bereich in den theologischen Bereich verschoben wird), und eine erneute Betonung der Identität von transzendentaler Einbildungskraft und anschauendem Verstand, welche genau zu einem theologischen Schluß führt: »Wenn wir dem praktischen Glauben der Kantischen Philosophie, (nämlich dem Glauben an Gott [...]), etwas von dem unphilosophischen und unpopulären Kleide nehmen, womit er bedeckt ist: so ist darin nichts anderes ausgedrückt, als die Idee, daß die Vernunft zugleich absolute Realität habe, daß in dieser Idee aller Gegensatz der Freiheit und der Notwendigkeit aufgehoben, daß das unendliche Denken zugleich absolute Realität ist, oder die absolute Identität des Denkens und des Seins« (GW, IV, 344-345). Damit scheint das Problem der Religion in unserer Zeit hinreichend klar formuliert. Es wird anerkannt, daß das Absolute eine empirische und psychologische Genese hat, aber angenommen (in stillschweigender Übernahme eines Arguments von Descartes), daß das Unendliche mehr Realität haben muß als das Endliche.

8. Die gemeinsame und unerkannte Wurzel, der »vielleicht« Sinnlichkeit und Verstand entspringen (A, 15; B, 29): dies ist laut

Heidegger das Unbekannte, in das Kant vordringen wollte. Wir werden uns nun fragen, ob nicht Heideggers Sicht, gerade weil er eine Korrespondenz zwischen Sein und Subjektivität und zwischen Transzendenz und Selbsttranszendenz des Subjekts postuliert, zum Begriff einer transzendentalen Einbildungskraft gelangt, die (nach der von Derrida so genannten »Logik des Supplements«) gerade als abgeleitete ursprünglich ist. Wir haben von »Subjektivität« gesprochen und stillschweigend angenommen, daß sie mit Dasein gleichzusetzen ist, weil Heideggers Kritik der Subjektivität zum guten Teil eine auf einer historiographischen Hypothese beruhende Voreingenommenheit ist. In den *Meditationes* nämlich geht es um die Selbsttranszendenz des Daseins. Selbsttranszendenz aber ist ja gerade das Kennzeichen der Einbildungskraft (die passive Spur in der Retention, die vielleicht spontan aktiviert und idealisiert wird). Umgekehrt ist die Einbildungskraft das Kennzeichen des Daseins. So schlägt Heidegger in seiner Vorlesung vom Wintersemester 1922-23 vor, *Peri Psychēs* nicht mit *Von der Seele*, sondern mit *Über das Sein in der Welt* zu übersetzen (GA, II, 17: 6). Die Seele ist der Sitz der Einbildungskraft: Die Retention der Spur sichert die Zeitlichkeit, die Subjektivität wäre nur das Ergebnis einer Retention des Sinnlichen, das seinerseits Protention und Idealisierung wird (genau das, was Heidegger einige Jahre später als Selbsttranszendenz des Daseins thematisiert, allerdings mit der Bemerkung, schon das Dasein sei selbsttranszendent, das heißt das Resultat einer idealisierenden Retention). Diese gleiche von der Einbildungskraft herkommende Konstellation tritt auch im Verhältnis von Dasein und Sein wieder auf. In *Sein und Zeit* wird das Sein als transzendent bestimmt – als das *transcendens schlechthin* –, das aber im Dasein gedacht wird (das seine Bedingung im Dasein findet). Noch deutlicher wird dies in der Darstellung des Nichts in *Was ist Metaphysik?*, die sich ohne weiteres in den Horizont eines cartesianischen Denkens übertragen ließe: » [...] weil das Sein selbst im Wesen endlich ist und sich nur in der Transzendenz des in das Nichts hinausgehaltenen Daseins offenbart« (Heidegger 1976, 75); »Das Hinausgehen über das Seiende geschieht im Wesen des Daseins« (ebd., 77). *Vom Wesen des Grundes* wiederum thematisiert die Selbsttranszendenz des Empirischen als Möglichkeit des Transzendentalen: Das Nichts ist das Nicht des Seienden; das Nicht des Seienden

(Nichts) offenbart das Sein. »Die ontologische Differenz ist das Nicht zwischen Seiendem und Sein« (Heidegger 1976, 79). Hier finden wir implizit die Definition der Einbildungskraft als des Vermögens, die Spur der abwesenden sinnlichen Dinge zu bewahren.

Es fehlt das Fundament, denn das Fundament ist die Differenz zwischen Sein und Seiendem, das Nichts dieser Differenz, die von der Selbsttranszendenz des Daseins hervorgebracht wird, das über sich selbst hinausgehend transzendental wird. Hier wird exakt ein cartesianischer Gedankengang wiederholt und führt zu einem ähnlichen Ergebnis: Ein Empirisches, das sich als ein das Transzendentale Begründendes erweist, wird als ein vom Transzendentalen, das sich durch Idealisierung emanzipiert hat, Begründetes gesetzt. Wären wir Positivisten, so könnten wir sagen, wir hätten den Ursprung des religiösen Empfindens gefunden, aber diese ziemlich offensichtliche Überlegung ist hier nicht der Punkt. Aus dem Drang zum Ursprünglichen folgt all das, was Heidegger über das Geheimnis, den Abgrund, das Sich-Zurückziehen sagt – wie auch die ganze Reflexion über das Ereignis. Was wir emphatisch einen Schritt nach vorn nennen könnten, sich aber eher als eine Thematisierung der spekulativen Merkmale der Einbildungskraft darstellt, betrifft im wesentlichen zwei Punkte. Erstens, es ist nicht wirklich sicher, daß sich die Vermittlung zwischen Endlichem und Unendlichem in einer Entscheidung für das Unendliche oder für das Endliche aufhebt; die Dialektik zwischen dem, was der Dialektik unterliegt, und dem, was ihr nicht unterliegt, ist immer noch Dialektik – ja, sie ist ihre allerinnerste Möglichkeit –, und doch wird sie nicht in der Vorherrschaft eines der beiden Pole aufgehoben. Genau dies geschieht in der Einbildungskraft, die sich zugleich als Retention und als Idealisierung darstellt, als endliche Passivität und als Möglichkeit unendlicher Iteration. Zweitens, es ist nicht nötig, diese Aktivität als »ursprünglich« (im Sinne Hegels oder Heideggers) zu bezeichnen, denn ursprünglich und abgeleitet sind bereits bestehende, aus der Passivität-Aktivität der Einbildungskraft hervorgegangene Paare; das Ursprüngliche wäre hier nur gewissermaßen etwas Archäologisches, das wie bei Freuds Nachträglichkeit oder Lévinas' »Vergangenheit, die nie Gegenwart war,« durch theologische Schürfarbeit gewonnen wird. Von der Selbsttranszendenz des *cogito* oder des Daseins zu sprechen heißt nunmehr, die physiologische Aktivität der Spur zu beschreiben: Eine Spur schreibt sich ein; der Akt der Einschreibung ist empirisch und passiv. Dennoch wird die Spur als eingeschriebene und damit idealisierte zugleich transzendental. In dieser einmaligen Geste besteht die Transzendentalität der Einbildungskraft.

Die Konstituierung von Präsenz wird möglich durch das Verschwinden des Empirischen; eben deshalb kann Derrida schreiben, daß die unendliche Differenz endlich ist (ein Satz, der nicht als allgemeines Lob des Endlichen zu verstehen ist, sondern als das wechselseitige Ineinander-Enthaltensein von Endlichem und Unendlichem). Die Präsenz ist sich selbst nicht mehr präsent, weil sie sprachlich und letztlich grammatisch konstituiert wird, als Spur. Der Geist hat also seinen Ursprung in der Iteration, das heißt im Buchstaben (in der Iteration als Möglichkeit von Buchstabe wie Geist); was nur eine andere Art ist, um zu sagen, daß das Empirische (eine bestimmte Hervorbringung des Empirischen) transzendental ist – es ist die Möglichkeit des Transzendentalen. Das Zeichen gibt ein Zeichen: Es bezeichnet semantisch sich selbst und das andere, wozu es übrigens auch, als bereits zum Bereich des Bildlichen gehörend, gezwungen ist; ontologisch steht es im Spannungsfeld zwischen Präsenz und Absenz. Als Einbildungskraft ist es zugleich passive Retention und aktive Idealisierung; in diesem Sinne geht das der Ontologie und der Phänomenologie Vorausgehende, das vor dem Empirischen und vor dem Transzendentalen kommt, als Zeichen der Wahrheit voraus; somit hat es ein Dasein, aber kein Wesen.

Deswegen schlägt Heidegger vor, »Seele« mit »Sein in der Welt« zu übersetzen. Die durch die Spur ermöglichte Verschiebung ist keine Abwandlung des *cogito*, sie ist seine Grundlegung. Wie übrigens auch bei Kant: Ich bringe die Zeit in dem Augenblick hervor, in dem ich sie erfahre, das heißt, ich produziere den inneren Sinn in dem Augenblick, in dem ich ihn mit dem äußeren Sinn zusammenbringe, genau wie die aristotelische Definition der Zeit als Zahl der Bewegung von vorher und nachher. Zu fragen wäre, ob der Ursprung Gottes *wie des Menschen* nicht genau in diesem der Spur immanenten Geheimnis liegt (der Bedingung des Empirischen und des Transzendentalen). Aus ihm folgen alle »theologischen« (»metaphysischen«) Begriffe, von denen die Welt des Geistes lebt: Bild oder Vorstellung, Sensibles und Intelligibles, Natur und Kultur, Natur und Technik; dem ließe sich entgegenhalten, daß gerade der Versuch des Zurückgehens, wenn er bei der Möglichkeit der Spur ankommt, zu jener vereinheitlichenden Struktur hinführt, die das Kennzeichen der Mystik ist. Aber noch einmal, gerade deswegen geht es nicht darum, zur Zeit des Ursprungs zurückzukehren (wenn wir die Form annehmen wollen, die Heidegger der Voraussetzung des Ursprungs allgemein gibt), denn es gibt nur eine gewöhnliche Zeit oder besser, auch die ursprüngliche Zeit ist bereits eine abgeleitete; daß alles heilig oder profan, sinnvoll oder vollkommen sinnlos sein kann, scheint hier die einfache Folge dessen zu sein, was als allerweltlichste Evidenz und allerproblematischstes Geheimnis erscheinen könnte, der Übergang vom Sensiblen zum Intelligiblen durch die Einschreibung der Spur.

Aus dem Italienischen von Hella Beister

Bibliographie

Alexander, S., *Space, Time and Deity, The Glifford Lectures at Glasgow (1916-1918)*, Neuausgabe, New York 1966.

Baudelaire, Ch., *Œuvres complètes*, hg. von Y. G. Le Dantec und C. Pichois, Bibl. de la Pléiade, Paris 1975 (OC).

Cohen, E., *Kants Theorie der Erfahrung*, Berlin 1871, 3. Auflage Berlin 1918.

Derrida, J., *La Vérité en peinture*, Paris 1978.

Descartes, R., *Œuvres de Descartes*, hg. von Ch. Adam und P. Tannery, Paris 1897-1913 (AT).

Feuerbach, L., *Sämtliche Werke*, hg. von W. Bolin und F. Jodl, 2. Aufl., Stuttgart, Bad Cannstadt, 1959-1964, 10 Bde. (SW).

Hegel, G. W. F., *Glauben und Wissen*, in: *Gesammelte Werke*, Rheinisch-Westfälische Akademie der Wissenschaften, hg. von H. Buchner und O. Pöggeler, Hamburg 1968, Bd. IV, S. 315-414 (GW).

Heidegger, M., *Heidegger-Gesamtausgabe*, Frankfurt/M. 1975 (HG).

–, *Sein und Zeit*, zuerst in: Jahrbuch für Philosophie und phänomenologische Forschung, 1927, Bd. VIII.

–, *Wegmarken*, Frankfurt/M. 1976.

Kant, I., *Kants Gesammelte Schriften*, Königliche Preußische Akademie der Wissenschaften, Berlin/Leipzig 1900; Deutsche Adademie der Wissenschaften, Berlin 1967 (AK).

–, *Kritik der reinen Vernunft*, 1. Aufl. 1781 (A), 2. Aufl. 1787 (B).

Leibniz, G. W., *Die Philosophischen Schriften*, 7 Bde., hg. von C. I. Gernhardt, Hildesheim 1960.

Lévinas, E., »Dieu et la philosophie«, in: *De Dieu qui vient à l'idée*, Paris 1982.

–, *A l'heure des nations*, Paris 1988.

Menzer, P. (Hg.), *Eine Vorlesung Kants über Ethik*, Berlin 1924.

Philonenko, A., »Lecture du schématisme transcendantal«, in: J. Kopper und W. Marx, *200 Jahre Kritik der reinen Vernunft*, Hildesheim 1981, S. 291-312.

Hans-Georg Gadamer
Gespräche auf Capri Februar 1994

Als einziger deutscher Teilnehmer an der kleinen Gesprächs-
runde war ich in einer schwierigen Lage. Keiner der übrigen
Teilnehmer hatte in Deutsch gesprochen, und mit meinen alten
Ohren habe ich schnell gesprochene französische, italienische
und spanische Beiträge nur in großen Zügen verfolgen können.
Auch jetzt greife ich zur Feder erst, nachdem ich die schriftlichen Ausarbeitungen der Beiträge von Vattimo und Derrida
habe lesen können.

Derrida hat die Atmosphäre unserer freundschaftlichen Gespräche so gut und treffend geschildert, daß ich dazu gar nichts
hinzuzufügen habe. Immerhin hat sich in meinem Kopfe vor allem das Wechselgespräch zwischen Gianni Vattimo und Jacques
Derrida so weit in den Vordergrund gedrängt, daß ich froh bin,
diese Beiträge nun genauer lesen zu können.

Sicher war die Auswahl der Teilnehmer auch insofern eine
einseitige, als außer mir allesamt der lateinischen Welt ent-
stammten. Ich war der einzige Protestant. Noch empfindlicher
war freilich ohne Zweifel, worauf Derrida mit Recht hinwies,
das Fehlen des Islam. Das gleiche gilt von der Tatsache, daß
keine Frau mit dabei war, und immerhin haben Frauen zu diesem Thema »Religion in unserer Welt« ihrerseits eine bevor-
zugte Stimme, insbesondere wenn sie Mütter sind.

Gleichwohl war die Atmosphäre eine durchaus gemeinsame.
Bei aller Vielsprachigkeit war niemand unter uns, der sich dogmatisch gebunden fühlte. Das gemeinsame Wort »Religion«
bleibt freilich nach wie vor ein römisches Privileg, dessen Herkunft aus der bäuerlichen Kultur des frühen Rom stammen
dürfte. Von Etymologien halte ich im Grunde wenig. Weder
Heidegger noch Derrida haben mich bisher davon überzeugen
können, daß Etymologien uns etwas sagen können, wenn sie
nicht im lebendigen Sprachgebrauch noch wirklich mitspre-
chen. Selbst wenn die Etymologie richtig ist – aber was heißt auf
diesem Forschungsfelde »richtig«?

Inzwischen glaube ich verstanden zu haben, welche Motive
zu dieser Zusammenkunft auf Capri geführt haben. Die beiden

ersten Redner, Derrida und Vattimo, haben es deutlich zum Ausdruck gebracht. Mein eigener Beitrag hat aus den schon genannten Gründen nur sehr allgemeine Gesichtspunkte zur Sprache gebracht. Zweifellos ist der Titel, unter dem wir arbeiten müssen, heute etwas weiter zu fassen und muß heißen »Religion und die Religionen«. Das ist einfach die Gegebenheit, unter der heute das Problem der Religion in der gegenwärtigen Welt in den Mittelpunkt gerät. Man wird es nicht geradezu ein Zeitalter der Religionskriege nennen, aber die Katastrophe des Zweiten Weltkrieges hatte in Wahrheit doch etwas von dem Wahnsinn eines blutigen Religionskrieges. Das kam in dem Beitrag von Herrn Vattimo immerhin in der Form zur Geltung, daß der dogmatische Atheismus in der Konfliktlage des Zweiten Weltkrieges tatsächlich eine hintergründige Rolle mitgespielt hat. Dieser Hintergrund hat sich inzwischen so weit geändert, daß er seine alte Stoßkraft nach dem Ende des nationalsozialistischen Rassenwahnsinns und nach dem Ende der sowjetischen Zwangsreligion nicht mehr besitzt.

Immerhin muß man sich klarmachen, daß es eine schwierige Aufgabe ist, die totalitäre Wirtschafts- und Gesellschaftsstruktur so umzugestalten, daß man, wo immer und so auch in Sowjet-Rußland, statt einer mächtigen Zentralregierung und einer Kommandoplanwirtschaft die westlichen Handlungsformen der Wirtschaft und Politik einzuführen sucht. Das gleiche gilt ohne Frage für die Intelligenzschicht in vielen anderen »fortschrittlichen« Ländern. Die »Rationalität« des früheren Gesellschaftssystems lebt auch nach dem Zusammenbruch des Sowjetstaates insofern weiter, als eine jede Planwirtschaft eine rationale Anziehungskraft ausübt. Der Traum von dem »wahren« Sozialismus ist noch lange nicht ausgeträumt. Der nüchterne Alltag hat gegen solche Träume einen schweren Stand. Ein so bescheidenes System von Anpassung, von Risiko, von Abhängigkeit, von schwankender Konjunktur, das das Ideal der Demokratie in Kauf nimmt, kann in die moderne Massengesellschaft nicht so leicht Eingang finden. Der Realismus eines ständigen Kompromißsystems vermag die Traumfähigkeit und die Illusionen einer an Gehorsam gewöhnten Gesellschaft nicht zu befriedigen. Das ist schwerer zu lernen, als an einer noch so erdrückenden Diktatur und ihren Träumen von einer Weltrevolution als einer Heilsbotschaft beharrlich festzuhalten.

Selbst die Religionen haben, nachdem die marxistische Lehre vom ideologischen Selbstbetrug, wie ihn der dogmatische Atheismus lehrt, verklungen ist, es nicht so leicht, die Menschen zu erreichen. Die Fronten haben sich freilich geändert. Die heutige Gegebenheit ist insoweit eine andere geworden, als der dogmatische Atheismus nicht mehr eine der Fronten bildet. An die Stelle des Marxismus und seiner Leugnung der Religion überhaupt ist der Atheismus aus Indifferenz getreten. Das scheint mehr und mehr das herrschende Verhalten der jüngeren Generationen in den Industrieländern zu sein. Gewiß stellen diese innerhalb der Menschheit als ganzer noch nicht eine Majorität dar. Auch ist das Verhältnis zu dieser Indifferenz ein sehr unterschiedliches, selbst zwischen den verschiedenen christlichen Konfessionen. Aber wir können uns nicht länger verhehlen, daß die Industrialisierung unserer Gesellschaft sich manchmal wie eine Religion der Weltwirtschaft ausnimmt und Zukunftstendenzen anzeigt. Wir sind auch gar nicht so überrascht. Wir haben von Max Weber gelernt, daß der Kapitalismus und die Industrialisierung weitgehend vom Puritanismus inspiriert worden sind. Insbesondere war es die Lehre von der Prädestination, die in der heutigen Menschheit das geschäftliche Erfolgsstreben der Menschen in den Industrieländern weitgehend legitimiert hat. Der unleugbare Fortschritt von Wissenschaft und Technik hat die Folgen dieser Entwicklung inzwischen zu einer selbständigen Macht anwachsen lassen, die wir nicht mehr einfach beherrschen. Es ist die innere Gesetzlichkeit des Fortgangs dieser Entwicklung von Industrie und Technik, die mehr und mehr unsere Schicksale bestimmt. Wir Europäer stehen vor der Tatsache, daß wir dieser Schicksalsrichtung kaum noch etwas entgegenzusetzen wissen, und das gleiche gilt für die Vereinigten Staaten von Amerika. Das System hat in der Tat in den Industrieländern auf die Dauer zu steigendem Wohlstand geführt. Aber anfangs war sie schuld an der Verarmung und an der Entstehung des industriellen Proletariats. Das sind die Dinge, die Marx und Engels insbesondere in Großbritannien, dem damals führenden Lande – der Maschinentechnik und der Verelendung der arbeitslos Gewordenen – an den Pranger gestellt haben. Mit der Industrialisierung der Wirtschaft sind in der Folge ganz neue Spannungen in der Gesellschaft entstanden, und so sah sich die Gesellschaftspolitik der modernen Staaten überall vor neue

Aufgaben gestellt. Sie führte im ganzen zu einer fortschreitenden Regulierung aller Lebensverhältnisse, die mit dem Wohlfahrtsstaat unvermeidlich wird. So hat etwa der geregelte Arbeitskampf zwischen Arbeitnehmern und Arbeitgebern zu Prozeduren geführt, die sich im ganzen bewährt haben. Die Arbeitslosenversicherung und die Verhinderung ihres Mißbrauchs sind zu einer Grundaufgabe der Wirtschaft und der Sozialpolitik geworden. Das Heer der Angestellten hat sich hinzugesellt. Das hat zu einer überhandnehmenden Bürokratie und zu einer Veränderung des gesamten Lebensstils geführt. Es kam hinzu, daß in unserem Jahrhundert die wahnsinnige Zerstörung durch furchtbare Kriege immer wieder die technische Revolution, im Wiederaufbau des Zerstörten, neu angeheizt hat. So ist zwar der Wohlstand in den Industrieländern trotz allen Verwüstungen und Zerstörungen der Kriege immer weiter angestiegen, wenn sich auch im globalen Ausmaß die Schere zwischen reichen und ärmeren Ländern immer weiter öffnet. In den Industrieländern hat das zu einem neuen Begriff Anlaß gegeben, den man »Lebensqualität« genannt hat. Insbesondere hat die Industriegesellschaft, in der wir leben, die alte Basis der Familie und ihre bindenden Kräfte geschwächt, und das in allen Ständen: von der Aristokratie, dem Großbürgertum bis in alle anderen Stände und Klassen der heutigen Gesellschaft hinein. So hat auch das Dienen weithin seine Ehre eingebüßt, und das hat auch die christlichen Kirchen und ihre Lebenskraft mit getroffen.

Aber es gibt andere Religionen und ganze große Kulturkreise, die von dieser Welt des Puritanismus überhaupt nicht herkommen, so sehr sie auch von der »Religion der Weltwirtschaft« mit erfaßt sind oder zunehmend erfaßt werden. Immerhin, es ist der größere Teil der Menschheit, von dem wir nicht wissen, ob sie in der dünnen, fast durchsichtig scheinenden industriellen Haut, in der sie alle mehr oder minder leben, ihre eigene religiös gegründete und gesellschaftliche Kulturwelt vielleicht verteidigen werden. Das, was wir die Aufklärung nennen, war ja ein Vorgang in der Neuzeit des christlichen Europa.

Doch müssen wir in Wahrheit wohl noch weiter zurückdenken. Wir beginnen langsam zu erkennen, daß so große alte Kulturen wie die chinesische oder die indische mit der späteren europäischen Aufklärung erst seit relativ kurzer Zeit in Auseinandersetzung geraten ist. Wenn wir uns nun fragen, warum diese christliche Aufklärung in Europa und nicht ähnlich in anderen Erdteilen und Weltkulturen zum Siege gekommen ist, tun wir einen Schritt zur Erkenntnis der Schicksalslinie des Abendlandes. In seinen Anfängen hat – bis in die sichere Dokumentation des Aufbaus der menschlichen Sprache hinein – im europäischen Raum gleichsam eine erste Aufklärung vorgearbeitet. Wir nennen diesen Hintergrund der neuzeitlichen Aufklärung nicht ohne Grund nach seiner Herkunft aus der Antike Renaissance, das heißt nach der Wiedergeburt des griechisch-römischen Altertums. Jedoch, wir müssen in großen Maßstäben denken lernen, wenn wir unter dem Titel »Die Religion und die Religionen« das Menschheitsschicksal zu bedenken und seine Zukunft zu ermessen versuchen. Es muß uns daher die Frage beschäftigen, ob andere Religionswelten und Kulturwelten auf die Universalität der wissenschaftlichen Aufklärung und ihre Folgen auf die Dauer anders antworten könnten als mit der Religion der Weltwirtschaft. Wird die Welt vielleicht eine andere Antwort finden, die wir noch gar nicht ahnen?

Ich wage nichts darüber vorauszusagen. Viel eher bin ich überzeugt, daß der bereits zurückgelegte Weg der modernen Wissenschaft und Technik – und damit der Weltwirtschaft – für das Schicksal der Menschen auf dieser Erde unwiderrufliche Folgen gezeitigt hat. Es liegt mir ganz fern, den Feldweg der Menschheit, der von Griechenland und dem Christentum gebahnt worden ist, auf irgendeine geheimnisvolle Weise auf eine neue breite und zukunftsträchtige Straße hinausführen zu wollen. Ich will nicht die Erwartung erregen, es könne doch noch alles ins Gleichgewicht gebracht werden. Die Macht der Zerstörung, die durch die Technik, die Waffentechnik überhaupt und die Atomtechnik im besonderen, in die Hände der Menschen gelegt worden ist, hat erstmals die Menschheitsfrage, das heißt das Überleben der Menschheit auf diesem Planeten, zu einem aktuellen Thema werden lassen. Was für einen Prozeß des Nachholens durch soziale und politische Erziehung der Menschheit würde es brauchen, wenn uns ein neues Gleichgewicht zwischen Natur und Kultur gelingen soll?

Die Frage ist nicht ohne Grund gestellt und hat einen weittragenden Hintergrund. Die Anpassungsfähigkeit des Menschen, der Spezies Homo sapiens, die allen Lebensformen und Kultur-bildungen der Menschen gemeinsam ist, ist keineswegs von ein-förmiger Natur. Wenn wir etwa an die fernöstlichen Kulturen denken, etwa an China und Japan, dann haben diese Völker auf völlig anderen Wegen uns wohlvertraute Tugenden entwickelt, wie etwa Selbstdisziplin, Energie und Fleiß, die gerade dem enorm zugute kommen, was zur Übernahme der europäischen Wissenschaft und Technik förderlich ist. Ja, bis in die feinen Fin-ger scheinen sie für die Feinmechanik der technischen Welt ge-radezu prädestiniert. Gleichwohl sind sie auf anderen Gebieten als denen der modernen Industrie und Technik ihre eigenen Wege gegangen und haben ganz andersartige Hochleistungen vollbracht, zum Beispiel in der Baukunst oder in der Garten-kunst, in der Schriftkunst oder der Graphik – und das alles schon seit langem. Auch sind sie in ihrer eigenen Religion in ganz anderem Grade an die Geschlechterfolge und Familien-ordnung gebunden geblieben, von denen aus etwa die Men-schenrechte sich von denjenigen unterscheiden, die im christli-chen Abendland gelten. Der außereuropäischen Einschätzung des Todes entsprechen letztere ganz und gar nicht.

Die Teilnehmer des Gesprächs, und das gilt insbesondere für die Hauptredner, Vattimo und Derrida, haben sich in den Maß-stäben unserer europäischen Kultur dem Problem der Religion zu nähern gesucht, wie es sich im Bereich unserer europäischen Aufklärung stellt. Gewiß wird eine Ausweitung der Fragestel-lung auf andere Weltreligionen möglich und notwendig sein, wenn unsere undogmatische Bemühung um die religiöse Erfah-rung, die das Gespräch beherrschte, in planetarische Maßstäbe übersetzt werden soll. Aber wenn es sich um Erfahrung handelt, muß man bei sich selbst anfangen. Immerhin lehrt auch ein flüchtiger Blick auf die übrigen Weltreligionen etwas über die religiöse Erfahrung, die nirgends ganz zu fehlen scheint. Ist es nicht überall das Wissen um den Tod, das zugleich die Unerfahr-barkeit des Todes einschließt? Das ist die Auszeichnung des Menschen. Dieses Wissen um seine Grenze fehlt allen anderen Lebewesen, die in der Natur vorkommen.

Man denke nur an die griechische Tragödie von Prometheus, die angeblich von Aischylos stammt: Dort ist in mythischer Form der Denkversuch gemacht worden, die Auszeichnung des Menschen gegenüber allen anderen Lebewesen einmal nicht nur im Wissen des Todes überhaupt zu sehen. Sondern im Vorauswissen von Tag und Stunde des eigenen Todes. Prometheus, die göttliche Symbolfigur für Vorauswissen überhaupt, stellt sich nun in dem Drama als derjenige dar, der den Menschen dieses Vorauswissen um Tag und Stunde des eigenen Todes verhüllt habe. Er führt seine Verdienste um die Menschheit mehr als auf die Gabe des Feuers auf dieses sein Verdienst zurück. Denn nun haben die Menschen die Trägheit und Zukunftslosigkeit, die sie bisher gelähmt haben, durch Eifer, Arbeit und Zukunftsfreudigkeit überwunden. Das war ein gewaltiger Gedankenschritt, den Feuerdiebstahl des Mythos so umzudeuten. Nun ist nicht mehr nur der Umgang mit dem Feuer als eine Bereicherung für die kunstvollen Fähigkeiten des Menschen gemeint, sondern als etwas, was noch weit darüber hinausgeht: das Planen und das Können überhaupt. Man versteht, daß man dieses Prometheus-Drama nur einem sehr hohen Grade der Aufklärung zuschreiben möchte und daher an der Autorschaft des Aischylos immer wieder Zweifel hat. Die Unergründlichkeit und Unheimlichkeit des Todes bleibt jedenfalls eine Mitgift allen Vorausdenkens, das den Menschen von anderen Lebewesen unterscheidet – und das ist eine gefährliche Gabe. Das Vorausdenken des Menschen führt, wie es scheint, unwiderstehlich auf das Verlangen, über den noch so gewissen Tod hinauszudenken. So sind die Menschen die einzigen Lebewesen, die wir kennen, die ihre Gestorbenen bestatten. Das heißt doch, daß sie sie festzuhalten suchen, über den Tod hinaus – und als im Gedächtnis Festgehaltene kultisch zu verehren. Für jeden Kenner der Frühgeschichte der Menschheit bleibt es immer wieder eine Überraschung, was alles dem Verstorbenen als Votivgaben ins Grab gelegt wird. In Oslo ist es ein ganzes Schiff, und überall werden, wie für ein jenseitiges Leben, Gaben gespendet, ohne daß diese Ausrüstung wirklich gemeint ist. Es ist ein symbolisches Handeln – wie jene andere unbestrittene Auszeichnung des Menschen, die Sprache. Vielleicht ist beides untrennbar voneinander, das Hinausdenken über den Tod und das Wunder der Sprache, die etwas dahingestellt sein lassen kann, das nicht da ist. »Die Angst des Lebens treibt die Kreatur aus ihrem Centro« hat Schelling einmal gesagt, und so ist es für den Menschen, sich daran zu halten, und das hat Heidegger als die Angst des Todes geradezu als das Vorlaufen zum Tode ausgezeichnet.

Unverkennbar stand Heideggers denkende Gottsuche hinter unserem Religionsgespräch auf Capri. Beide Gesprächsführer sahen die gleiche Aufgabe vor sich, sich auf der einen Seite von allem Dogmatismus zu befreien, vor allem von dem Dogmatismus, der in der Religion nichts anderes sehen will als einen Betrug oder Selbstbetrug des Menschen. Um so entschiedener stimmen sie beide darin überein, daß man bei aller Hinwendung zu der Dringlichkeit der Religion keine Rückkehr zu einer Kirchenlehre in Kauf nehmen wolle. Auf der anderen Seite erscheint aber auch die Umbildung der griechischen Metaphysik in eine natürliche Theologie im Zeitalter der Aufklärung nicht mehr tragfähig. So haben beide Stellungnahmen deutlich Heideggers Überwindung oder Verwindung der Metaphysik im Auge. Doch wird man sich fragen müssen, ob die Aufgabe, die auf diese Weise bezeichnet wird, wirklich eine Lösung gefunden hat. Vielleicht geht es um eine Aufgabe, die für denkendes Bemühen des Menschen nicht lösbar ist, und das hat sich Heidegger am Ende auch eingestanden. »Nur ein Gott kann uns retten.«

Bei Vattimo fällt zunächst auf, wie ihn das Problem der Rückkehr überhaupt beschäftigt. Offenbar soll Rückkehr nur ja nicht eine Rückkehr zur Metaphysik sein und auch nicht zu irgendeiner Kirchenlehre. Gegenüber allen vorschnellen Heilsverkündigungen wollen beide die Unverständlichkeit des Todes ernst nehmen und werden alle Antworten, die in den Verheißungen der Religionen liegen, mit unserer Verpflichtung zur Rationalität unvereinbar finden. Nun betont Vattimo selbst, daß das Phänomen der Rückkehr zutiefst in der Erfahrung der Religion verwurzelt ist. Man spricht da nicht umsonst von »Bekehrung«. Die triumphale Inbesitznahme der Welt, die einem aufgeht, wird dem kleinen Kind im Hereinwachsen in seine Muttersprache gewährt. Das ist zwar eine geniale Erfahrung, die uns allen zuteil wurde, ist aber zugleich wie ein Wagnis, da die Erfahrung der Grenze solchen Besitzes uns allen am Ende nicht fernbleiben kann. Der große Aufschwung des Denkens, zu dem das Einleben in die Sprache führt, mag noch so sehr das Triumphgefühl eines unbeschränkten Besitzes wecken – das Wehgefühl des Schmerzes, des Scheiterns und des Mißlingens schränkt die Wahnvorstellung des Allbesitzes auf unvermeidliche Weise ein. So wird die Aufgabe, jede dogmatische Übereilung zu vermeiden, immer wieder in das Geheimnis des Todes verstrickt, dem kein Heimweh kindlicher Gläubigkeit abhilft. So wird kein Mensch jemals den wahren Anfang seiner wahren Existenzerfahrung kennen. Immer wird es sich um Erfahrung und Belehrung und um Erprobung der eigenen Kräfte handeln, an deren Ende eine unüberschreitbare Schranke ist. Es wäre vermessen, diese Herkunftsgeschichte der eigenen Kindheit und der eigenen Erfahrungsbildung wegzudiskutieren. Sie gehört zu dem nicht festgestellten Wesen, das der Mensch ist. Gewiß macht es einen Unterschied, wenn jemand in seiner ersten kindhaften Weltorientierung in die Rituale des religiösen Lebens eingeführt wurde. Niemand bleibt es jedoch erspart, und sei es in der letzten Emanzipation des Heranwachsens, die Ansprüche der Aufklärung zu erfahren, freilich auch deren Grenzen.

Es scheint fast unausweichlich, daß das Existenzbewußtsein des Menschen, das immer wieder in neue Horizonte des Gedächtnisses und des Erinnerns, des Herkommens und des Gewordenseins führt, sich ebensosehr einen Horizont der Zukunft offenhält, in dem Erwartung oder Hoffnung allen Kleinmut, auch noch am nahen Ende des Lebens, zu besiegen suchen. Das ist gerade die Erfahrung, daß die Natur dem Menschen ein wirkliches Ja-Sagen zum eigenen Scheiden kaum erlaubt. Der Todeskampf lehnt sich auf, solange noch die Kräfte reichen. Insofern scheint der gekreuzigte Gott, wie ihn das Christentum allen anderen Vorstellungen von Jenseits und Zukunft entgegensetzt, eine übermenschliche Zumutung. Wenn etwas das Leben in seiner unbeirrbaren Mächtigkeit auszeichnet, dann ist es die Unermüdlichkeit seines Lebenswillens, der immer wieder Zukunft will. Kann es da überhaupt so etwas wie ein Annehmen des Todes geben? Geht das nicht über alle Menschenkraft? Man ahnt, was es bedeutet, daß die in unserem Kulturkreis beherrschende Botschaft von dem Opfertod des Menschensohnes und Gottessohnes als eine wahre Erlösung gelten will und allen Verheißungen überlegen bleibt.

Der Beitrag von Vattimo verlangt eigentlich ein genaues Studium der in den Anmerkungen angegebenen Literatur. Das kann ich freilich nicht mehr leisten. Soweit ich aus dem Text einige Aufschlüsse bekommen habe, sieht die Sache so aus: Ich sehe das Anliegen, die Metaphysik und die von ihr Gebrauch machende Theologie zu vermeiden. Ich sehe ebenso, daß ihm auch die ihm sonst nahestehende Figur von Lévinas nicht genügt, wenn er nur die Endlichkeit und Kreatürlichkeit des eigenen Daseinsbewußtseins unterstreicht. Deutlicher ist mir, wie Vattimo den Inkarnationsbegriff in seiner Unausweichlichkeit und in Heideggers neuer Analyse des metaphysischen Zeitbegriffs (und in seiner Überwindung) vorgelegt hat. Vattimo will sich nun von der Metaphysik lösen, indem er die Wendung zur Positivität in der Lehre des späten Schelling aufnimmt. Nach ihr gilt es, den Mythos anzuerkennen, auch wenn er nach Schelling durch die christliche Botschaft zurechtgestellt werden muß. Hier wird man, wie immer bei Schelling, diese Wendung auf die Problemlage beziehen müssen, die Hegel für das Verhältnis von Religion und Philosophie als ein Stadium auf dem Wege des absoluten Wissens dargestellt hat. Sowohl am Ende der *Phänomenologie des Geistes* als auch in den frühen Entwürfen zur *Enzyklopädie* wird es erst allmählich klar, wie sich dabei das Verhältnis von Religion und Kunst ausnimmt. Es ist nicht ohne die Kunst, daß der Schritt von der Vorstellung zum Begriff überhaupt gemacht werden kann. Es handelt sich offenbar um das Geheimnis der »schönen Kunst«. So nennt Hegel es die eigentliche Leistung der Religion, am Ende alles Besondere abzustreifen und das Allgemeine in noch so beliebigen Inhalten erscheinen zu lassen. Damit leistet die schöne Kunst als »die Kunst« im Grunde dasselbe, was die Philosophie in der Allgemeinheit des Begriffes leistet. Beides meint »Wahrheit«. In Hegels Enzyklopädie § 562 lesen wir: »Über den engen Zusammenhang der Kunst mit den Religionen ist die nähere Bemerkung zu machen, daß die *schöne* Kunst nur denjenigen Religionen angehören kann, in welchen die *konkrete* in sich freigewordene, noch nicht aber absolute *Geistigkeit* Prinzip ist [...] Damit hängt die weitere, höhere Betrachtung zusammen, daß das Eintreten der Kunst den Untergang einer an sinnliche Äußerlichkeit noch gebundenen Religion anzeigt [...] Das Genie des Künstlers und der Zuschauer ist in der erhabenen Göttlichkeit, deren Ausdruck vom Kunstwerk erreicht ist [...], befriedigt und befreit; das Anschauen und Bewußtsein des freien Geistes ist gewährt und erreicht. Die schöne Kunst hat von ihrer Seite dasselbe geleistet, was die Philosophie, – die Reinigung des Geistes von der Unfreiheit.« Allerdings, die wahrhafte Objektivität ist nur im Elemente des Gedankens, sagt Hegel. Aber ist das für die Kunst als Aussage eine Einschränkung? Und Schellings weiterer Schritt zur Positivität vollzieht den Überschritt über die Absolutheit des denkenden Geistes.

Der Beitrag von Derrida nimmt zunächst auf Kant Bezug, und Derrida folgt offenbar der Lehre von den Parerga in Kants Religionsschrift. Danach ist die religiöse Botschaft zwar jenseits unseres Begreifens, aber nicht unvereinbar mit dem Freiheitsbegriff, auf dem die praktische Philosophie Kants errichtet ist. Die zweite Bezugnahme, auf die sich Derrida stützt, wiederholt sein geistreiches Spiel mit dem Begriff der Chora. In diesem Zusammenhang kann ich – selbst auf die Gefahr hin, daß man das dann Metaphysik nennt – einen Schritt des Verständnisses mitgehen, und das ist, daß die Chora als das Raumgebende und Platzmachende überhaupt nichts von dem bestimmt, was da Platz nimmt. So läßt es sich ohne weiteres auf den neuplatonischen Begriff des Einen und des Göttlichen anwenden. Aber auch der Gebrauch von Chora, der im *Timaios* anklingt, läßt sich der Sache nach als ein Ausdruck für das durchaus Unbestimmte verstehen, der das Verhältnis des noetischen Seins zu dem sinnlichen Sein charakterisiert. Dieses Verhältnis ist im Grunde selbst unbestimmbar und muß gleichwohl unbedingt vorausgesetzt werden. Sowohl das Rechnen mit Zahlen wie die euklidische Geometrie sind Wahrheiten, die wir begreifen. Gleichwohl können wir nicht begreifen, wieso es eine wirkliche Welt gibt und eine Weltordnung, die diesen eidetischen Gegebenheiten entspricht. Der Begriff der Chora nimmt also in Wahrheit ein pythagoreisches Erbe auf. Es bildet sich darin in platonischer Zeit der Aufschwung der zeitgenössischen Mathematik ab, die sich bis zu der Lehre von den regulären platonischen Körpern entwickelt hatte. Gleichwohl erzählt Plato in diesem Zusammenhang lediglich eine lange Geschichte von dem göttlichen Demiurgen, der die Weltordnung eingerichtet habe und der selbst noch das irdische Geschehen regelt, all seiner unleugbaren Unordnung zum Trotz. Man kann für den Aufbau der Elemente sogar die neueste menschliche Wissenschaft, die Geometrie des Dreiecks und die Stereometrie in Anwendung bringen, in der man sozusagen die Annäherung an die perfekte Seinskugel wiedererkennt. Geistvolle Spiele, aber wahrlich nur das.

Plato selbst hat niemals, es sei denn in solcher mythischen Spielfreude, über das Verhältnis des Einzelnen zum Allgemeinen eine bestimmte Aussage gemacht. Die Teilhabe, die berühmte Methexis, meint stets die Teilhabe von Ideen aneinander, die den Logos bilden. Die Teilhabe des Einzelnen am Allgemeinen wird offenbar als selbstverständlich vorausgesetzt. Daher findet sie gar keine genauere Beschreibung bei Plato, z. B. im *Phaidon*. Erst Aristoteles hat die Selbstverständlichkeit, die hier vorliegt und die zugleich alles Begreifliche überschreitet, als die erste und die zweite Substanz auf den Begriff gebracht. Er hat damit später den Universalienstreit im Zeitalter der Scholastik ausgelöst, in dem sich der Nominalismus im Wissensbegriff der Neuzeit durchgesetzt hat.

Um zusammenzufassen:

Beide Gesprächspartner sind offenbar darin einig, daß auf die Grundfrage »Warum ist überhaupt etwas und nicht vielmehr nichts?« weder die Metaphysik noch die Theologie eine wissenschaftliche Antwort zu finden vermag.

Doch nun haben die anderen Gesprächsteilnehmer das Wort, für die ich mich zu neuem Nachdenken öffne.

Philosophie in der edition suhrkamp
Eine Auswahl

Theodor W. Adorno
- Gesellschaftstheorie und Kulturkritik. es 772. 179 Seiten
- Ob nach Auschwitz sich noch leben lasse. Ein philosophisches Lesebuch. Herausgegeben von Rolf Tiedemann. es 1844. 569 Seiten
- Stichworte. Kritische Modelle 2. es 347. 193 Seiten

Geist an den Zeitgeist. Erinnern an Adorno. Herausgegeben von Josef Früchtl und Marina Calloni. es 1630. 224 Seiten

Etienne Barilier. Gegen den neuen Obskurantismus. Lob des Fortschritts. Übersetzt von Ulrich Kunzmann. es 2099. 180 Seiten

Roland Barthes
- Der entgegenkommende und der stumpfe Sinn. Kritische Essays III. Übersetzt von Dieter Hornig. es 1367. 319 Seiten
- Kritik und Wahrheit. Übersetzt von Helmut Scheffel. es 218. 91 Seiten
- Mythen des Alltags. Übersetzt von Helmut Scheffel. es 92. 152 Seiten

Roland Barthes. Eine intellektuelle Biographie. Von Ottmar Ette. es 2077. 520 Seiten

Benjamins Begriffe. Herausgegeben von Michael Opitz und Erdmut Wizisla. 2 Bände. es 2048. 854 Seiten

Karl Heinz Bohrer
- Plötzlichkeit. Zum Augenblick des ästhetischen Scheins. es 1058. 262 Seiten

NF 314/1/8.00

- Der romantische Brief. Die Entstehung ästhetischer Subjektivität. es 1582. 268 Seiten

Jacques Derrida
- Das andere Kap. Die vertagte Demokratie. Zwei Essays zu Europa. Übersetzt von Alexander García Düttmann. es 1769. 97 Seiten
- Vergessen wir nicht – die Psychoanalyse! Herausgegeben und übersetzt von Hans-Dieter Gondek. es 1980. 234 Seiten

Manfred Frank
- Einführung in die frühromantische Ästhetik. Vorlesungen. es 1563. 466 Seiten.
- Die Grenzen der Verständigung. Ein Geistergespräch zwischen Lyotard und Habermas. es 1481. 103 Seiten
- Kaltes Herz. Unendliche Fahrt. Neue Mythologie. Motiv-Untersuchungen zur Pathogenese der Moderne. es 1456. 118 Seiten
- Der kommende Gott. Vorlesungen über die Neue Mythologie I. Teil. es 1142. 360 Seiten

Dieter Henrich
- Eine Republik Deutschland. Reflexionen auf dem Weg aus der deutschen Teilung. es 1658. 102 Seiten
- Nach dem Ende der Teilung. Über Identitäten und Intellektualität in Deutschland. es 1813. 233 Seiten

Jochen Hörisch
- Brot und Wein. es 1692. 295 Seiten
- Ende der Vorstellung. Die Poesie der Medien. es 2115. 292 Seiten
- Kopf oder Zahl. Die Poesie des Geldes. es 1998. 370 Seiten

Konstruktionen praktischer Vernunft. Philosophie im Gespräch. Herausgegeben von Herlinde Pauer-Studer.
es 2181. 304 Seiten

Die List. Herausgegeben von Harro von Senger.
es 2039. 500 Seiten

Martha C. Nussbaum. Gerechtigkeit oder Das gute Leben.
es 1739. 316 Seiten

Die Organisation der Philosophen. Herausgegeben von Wilhelm Berger und Peter Heintl. es 2069. 324 Seiten

Richard Rorty. Die Schönheit, die Erhabenheit und die Gemeinschaft der Philosophen. es 2149. 87 Seiten

Peter Sloterdijk
- Der Denker auf der Bühne. Nietzsches Materialismus.
  es 1353. 190 Seiten
- Eurotaoismus. Zur Kritik der politischen Kinetik.
  es 3328. 346 Seiten
- Kopernikanische Mobilmachung und ptolemäische Abrüstung. Ästhetischer Versuch. es 1375. 126 Seiten
- Kritik der zynischen Vernunft. 2 Bände. es 1099. 954 Seiten
- Versprechen auf Deutsch. Rede über das eigene Land.
  es 1631. 82 Seiten
- Weltfremdheit. es 1781. 381 Seiten
- Zur Welt kommen – Zur Sprache kommen. Frankfurter Vorlesungen. es 1505. 175 Seiten

Peter Strasser
- Journal der letzten Dinge. es 2051. 301 Seiten
- Philosophie der Wirklichkeitssuche. es 1518. 235 Seiten
- Die verspielte Aufklärung. es 1342. 164 Seiten
- Der Weg nach draußen. es 2177. 270 Seiten

edition suhrkamp
»Kultur und Konflikt«

Unter dem Titel »Kultur und Konflikt« ist 1994 eine Publika-
tionsreihe des Forschungsschwerpunktes in der *edition suhrkamp* eröffnet worden, die von Wilhelm Heitmeyer, Günter
Albrecht, Otto Backes und Rainer Dollase herausgegeben
wird.

Das Gewalt-Dilemma. Gesellschaftliche Reaktionen auf
fremdenfeindliche Gewalt und Rechtsextremismus. Herausgegeben von Wilhelm Heitmeyer. es 1905. 464 Seiten

Die bedrängte Toleranz. Ethnisch-kulturelle Konflikte, religiöse Differenzen und die Gefahren politisierter Gewalt. Herausgegeben von Wilhelm Heitmeyer und Rainer Dollase in
Zusammenarbeit mit Johannes Vossen. es 1979. 507 Seiten

**Bundesrepublik Deutschland: Auf dem Weg von der Kon-
sens- zur Konfliktgesellschaft.** Herausgegeben von Wilhelm
Heitmeyer. Zwei Bände in Kassette. es 2004 und es 2034.
1138 Seiten

Verlockender Fundamentalismus. Türkische Jugendliche in
Deutschland. Von Wilhelm Heitmeyer, Jochen Müller und
Helmut Schröder. es 1767. 277 Seiten

Die Krise der Städte. Analysen zu den Folgen desintegrativer
Stadtentwicklung für das ethnisch-kulturelle Zusammenleben.
Herausgegeben von Wilhelm Heitmeyer, Rainer Dollase und
Otto Backes. es 2036. 470 Seiten

Die Bindung der Unverbindlichkeit. Mediatisierte Kommunikation in modernen Gesellschaften. Von Uwe Sander. es 2042. 297 Seiten

Politisierte Religion. Ursachen und Erscheinungsformen des modernen Fundamentalismus. Herausgegeben von Heiner Bielefeldt und Wilhelm Heitmeyer. es 2073. 494 Seiten

Schattenseiten der Globalisierung. Rechtsradikalismus, Rechtspopulismus und separatistischer Regionalismus in westlichen Demokratien. Herausgegeben von Dieter Loch und Wilhelm Heitmeyer. es 2093. 544 Seiten

NF 316/2/11.00